U0901458

SIXIANGYUSHEHUIYICONG

丛书主编 ◎ 杨生平 汪宇

反思新左派

——一部阐释性的历史

〔美〕凡·戈斯 ◎ 著
侯艳 李燕 ◎ 译

首都师范大学出版社
CAPITAL NORMAL UNIVERSITY PRESS

图书在版编目(CIP)数据

反思新左派:一部阐释性的历史/(美)戈斯著;侯艳,李燕译.—北京:首都师范大学出版社,2012.7

ISBN 978-7-5656-0876-6

Ⅰ.①反… Ⅱ.①戈… ②侯… ③李… Ⅲ.①新左派—研究 Ⅳ.①D091.5

中国版本图书馆 CIP 数据核字(2012)第 158546 号

思想与社会译丛

FANSI XINZUOPAI

反思新左派

——一部阐释性的历史

(美)凡·戈斯 著 侯艳 李燕 译

项目统筹:来晓宇　　责任编辑:彦 虹

责任校对:李佳艺　　责任设计:王征发

责任印制:何景贤

首都师范大学出版社出版发行

地　址　北京西三环北路 105 号

邮　编　100048

电　话　68418523(总编室)　68982468(发行部)

网　址　www.cnupn.com.cn

三河市博文印刷有限公司印刷

全国新华书店发行

版　次　2015 年 2 月第 1 版

印　次　2015 年 2 月第 1 次印刷

开　本　787mm×1092mm　1/16

印　张　14.25

字　数　235 千

定　价　35.00 元

前　言

英国学者柯林伍德曾说过，“一切历史都是思想史”。思想是从深层次把握社会发展的，因而它更能凸显历史事件的意义，也更能助推社会发展。当然，思想并不能单独决定历史发展，思想史也不能代替现实史，思想亦来自于社会与生活，只有那些深刻揭示历史本质与历史规律的思想学说才能生动展现历史现实并持久推动社会发展。社会现实是思想的活水源头，任何思想必须以自身的形式体现并反映社会现实与社会问题，一种思想的兴衰实际上是特定社会矛盾的具体表现。了解一个社会，不管是把握其生活还是把握其思想都是不够的，只有全面了解社会生活与思想并在它们的互动中才能把握其全貌。西方社会历来不缺少思想和思想家，自19世纪上半叶马克思主义诞生以后，西方陆续出现了像唯意志主义、存在主义、弗洛伊德主义、法兰克福学派、新托马斯主义、后现代主义以及现实主义、新自由主义、新保守主义等众多流派。这些思想和流派都从不同角度、不同层面影响了西方社会的发展。为了较客观地展示当代西方思想与社会的互动景象，《思想与社会译丛》的编者从浩如烟海的西方思想史著述中，精心挑选了一批对当代西方有重要影响或较好反映当代西方社会思想与社会互动的著作。这里既有新左派思想，也有新自由主义与新保守主义思想；既有不同思想的交锋与博弈，也有同一思想或流派的流变与发展。如此做的目的只有一个，就是让读者尽量在多层次、多方位比较中充分、客观又较为全面地了解西方社会，并以此为基础探寻其实质。有一点是必须指出的：尽管由于种种原因马克思主义的社会主义构想在西方没有变成现实，但它对西方社会的影响却不能低估。了解西方社会思想与社会的互动，必须考虑到马克思主义的影响。正如法国哲学家德里达所言：“不能没有马克思，没有对马克思的记忆、没有马克思的遗产，也就没有将来：无论如何得有个马克思，得有他的才华，至少得有他的某种精神。”“不管人们愿意不愿意，意识到或者没有意识到，所有地球上的居民，今天在一定程度上都是马克思和马克思主义的继承人。”

“他山之石，可以攻玉。”改革开放三十多年来，我国取得了巨大进步，经济发展迅猛，综合国力明显提升，国际影响力稳步增强，但与此相比，我国人文社会科学的发展却相对较缓。当有记者问英国前首相撒切尔夫人“中国能不能强大，中国能不能构成对世界的威胁”时，撒切尔夫人答道：“中国是否强大是能否构成对世界威胁的前提。那么中国能不能强大呢？我注意到中国改革开放以来所使用的新思想、新观念、新概念甚至思维方式都是西方的。连理论研究都是在西方的结论基础上进行的，这些结论来自剑桥、哈佛等著名的大学，也有著名的研究机构。我不否认这些新思想、新概念以及新思维的正确性。但是，它是为西方价值观服务的。试想，一个只能步他人后尘的国家能够强大吗？至于对世界的威胁，那更是不可思议的。”撒切尔夫人的回答自然是明显带有西方政客对中国发展的偏见，但细细想来，它也从另一个侧面反映出当前我国人文社会科学的发展与经济发展相比不是十分相称的现状。有问题不可怕，可怕的是认识不到问题的存在。中国人文社会科学的繁荣只有立足于中国的实际，植根于中国制度，通过中国人自己的创新，才可能做到、做好。可任何思想都不可能建立在虚无的基础之上，只有充分吸收人类一切优秀文化成果，我们才能真正创造出引领中国发展并影响世界的，有中国特色、中国气派和中国风格的思想文化成果。就此，《思想与社会译丛》既可以起到了解、借鉴和启示作用，又可以起到批判、继承和吸收作用。为了让读者更好地了解这套丛书的意义，我们特意邀请了北京大学中文系比较文学所在这方面颇有造诣的青年学者蒋洪生为丛书作序。

杨生平

2014 年 12 月

总　　序

“一切历史都是当代史”，意大利著名思想家克罗齐如是说。克罗齐这么说的缘由，或是基于以下几点：其一，所有的历史，包括去日不远者在内，皆是在历史事件发生之后写就的，总是后事件性的(post-evental)。去日如流，不止不息；历史永不能重演，时光断不可倒流，故而一切历史，从认识论意义上说，总是事后在人们的脑海之中被重新构建过的一种当下呈现。其二，有可见的历史，有不可见的历史；相比不可见的历史，可见的历史只是恒河一沙、沧海一粟。我们于今可见的一切历史，也是史家根据其不同的史学兴趣，根据时代和现实所赋予他们的“问题意识”，根据种种主体性的“史家之眼”，来对无边的历史进行甄别、遴选、命名、分类和铭写的结果。史学兴趣也好，“问题意识”也好，“史家之眼”也好，可以说都是当下性/当代性的，即史家总是以当下/当代的期待视野来书写过去的。其三，自历史的终端用户即史学的阅读者、研究者和借鉴者而言，选择、阅读、研究和借鉴何种历史，虽然不排除有“智识”训练之成分在，大抵也是为其所处的时代和现实所驱动的。他们都是带着当代人的欲望、意识和眼光来选择历史、阅读历史、观照历史和借鉴历史的。一段历史如果完全不受时人的关注，那么即使这段历史铭写在案，勒石成碑，对当代人而言，它也不成其为有意义的历史，也免不了湮没尘埃的命运。从某种意义上说，克罗齐的这一著名论断暗示着我们，历史的书写者和研习者追索的与其说是历史之历史性(historicity)，不如说是历史之当代性(contemporariness)。

自现代性在人类历史上生根破土以来，历史在加速度地前进，发生过的历史事件可谓不可胜数，其中有的备载史册，有的则“族繁不及备载”，被人们忽视或遗忘；即便已被载入史册的，其重要性于今人而言，也自各有不同。一些历史事件被今人视为重大事件，而另外一些事件，则基本上已经湮没于荒冢衰草之间。那么，对时人而言，历史事件的重要与否，其决定性的关键因素何在呢？人们截取历史的片段，是否完全是主观随性，而没有客观性的因素在其中起作用呢？恐怕也不是这样。

选取还是不选取某个历史事件，放大还是不放大某个历史片段，往往与特定事件中是否蕴含着丰富的当代性因素、是否能够明晰地透视或折射今人所处的诸种矛盾关系密切相关。事件本身意味着矛盾，意味着断裂，意味着连续性中的非连续性。历史事件的发生，不外是各种矛盾相互角力的结果。地壳的板块运动和碰撞会造成地震；社会的种种矛盾关系，在一定的条件下，同样也会造成类似的断裂性事件。在大的社会性地震之后，某些矛盾可能能够得到历史性的解决，但是从现代社会发展的情势来看，在更多的时候，很多矛盾往往只是得到了一定程度的抑制或缓解，并没有得到根本性的解决；矛盾会以变异的形态，以潜流或地火的方式暂时地蛰伏起来。而原初事件中的矛盾关系越是在当代以变异的形态顽强地持存，那么，这些历史事件中所蕴含的当代性因素就可能更强，也更易受到今人的关注，从而被今人赋予更大的重要性。

现代性以来，重大的历史事件往往伴随着深刻的思想史事件，后者往往是前者的序幕和前奏。以欧洲来说，没有启蒙运动的勃兴，或许就没有法国大革命的爆发；没有国际社会主义思想的广泛传播，很难想象会有巴黎公社的建立；没有毛泽东主义的跨国输出，1968 年席卷法国乃至整个西方世界的五月风暴也不会是后来的样态。以中国而言，没有民族国家理念和民族主义思想的自西徂东，何来辛亥革命？没有打倒孔家店，何来建立新中国？没有新中国成立后关于唯生产力论的论争，何来“以经济建设为中心”的“改革开放”？而没有深刻的思想史事件相伴的历史，则往往是偶然的历史、随机的历史、茫然的历史，是难以追踪其意义和真理痕迹(trace)的历史。

对后来者而言，持续作用于现实、作用于当下的重大历史事件和深刻的思想史事件的重要特质，端在其可以不断地被提出来加以重新检讨的复杂的问题性。它们提出了人类尚无法加以完满地解决的问题：对人类来说，这些问题太棘手，太顽固。人们对这些事件的阐释也是歧见迭出；之所以如此，乃在于人类自身的社会性分裂：在种种矛盾作用之下，人类将自己分裂为不同的种族、阶级、民族、国家等等。这些矛盾一天不转化，这些问题一天不解决，人类就会不断地重返那些相关历史的现场，重返那些有待解决的问题域，从复杂的历史地层中考掘出事件的当代性。毋庸置疑，不同社会和阶级立场、不同文化和政治身份的人可能会从相同的历史事件中，考掘出不同甚至截然相反的当代性意义出来。

例如，时隔近半个世纪的今天，法国前总统萨科齐和某些法国社会名流不断地提出要“清算五月风暴”，而当代理论巨擘阿兰·巴迪欧(Alain Badiou)则大声疾呼要“忠诚于五月风暴的革命真理”。与此相类，尊孔或批儒也成为中国知识界裂变的一个重要因素。历史和思想史事件的意义似乎总是在不断地滑动之中。这就正如德勒兹所言，“事物的历史通常是占有事物的各种力的交替为了控制事物而相互斗争的各种力的并存。同一个事物，同一个现象，其意义根据占有它的力而变化。历史就是意义的变更……”(德勒兹《尼采与哲学》，社会科学文献出版社 2001，第 4～5 页)对特定历史和思想史事件阐释的人越多，争论越激烈，就越能体现这些历史和事件中所蕴含的矛盾的复杂性和深刻性，也越能体现它们对于后来者的重要性。

考察思想史事件，不可避免地要考察思想史事件中的人物，尤其是那些具有较高的曝光度和深刻的精神影响力的著名知识分子。同时，我们也不应忽视那些可见度不高，甚至是匿名的普通书写者，他们不是名流，不是精英，不是卓著的知识英雄，但他们与前者一起，共同见证和书写了历史。谈论德雷福斯事件，我们不会忘记著名的社会主义作家左拉；作为现代意义上的最初的“公共知识分子”，左拉告诉我们，作为有良心的知识分子，我们要反抗一切不公和压迫(所以也要反抗资本主义剥削)。仔细考察德雷福斯事件，我们也可以看到，在抗议对德雷福斯的不公判决上，左拉不是第一个站出来抗议的人，他不是一个人在战斗：有大约三千人在为德雷福斯上尉的请愿书上签上了自己的名字。在这三千人之后，更站立着许许多多的大声疾呼者和籍籍无名的历史书写者。又如谈到法国五月风暴时，我们自然会想到冲在革命最前线的三大学生领袖科恩·本迪特(Daniel Cohn-Bendit)、阿兰·热斯马尔(Alain Geismar)和雅克·索瓦若(Jacques Sauvageot)，也会想到他们背后的精神导师如居伊·德波、马尔库塞和毛泽东等响亮的名字，但是我们不应忘记，除此之外，还有千千万万的学生和市民，更有多达八百万的法国普通工人；他们团结起来，以其燎原之势，共同掀起了五月的红色革命风暴，从而引爆了一个时代。谁能说在五月风暴之中，林林总总的标语、海报、传单、书信、日记、地下报刊等等不是在书写思想，不是在书写历史？在书写历史尤其是书写思想史的时候，好的史家既能勾画出精英和知识英雄在历史上所起到的重要作用，更不会忘记着墨于普通民众的历史性贡献。

英国哲学家柯林伍德(R. G. Collingwood)以思想史为唯一的历史，此说虽然受到不少批评，但赞同或同情柯氏此说的史家，恐怕也大有人在。即使对柯氏此说持批判态度的人，也不得不承认思想史在史学研究中的重要地位。柯林伍德以降，西方思想史研究瓜瓞延绵、各说频出，呈现出一派繁花照眼、万木争荣的景象。重要的思想史研究形态，有以阿瑟·洛夫乔伊(Arthur Oncken Lovejoy)为代表的"观念史派"，有以昆廷·斯金纳(Quentin Skinner)、约翰·达恩(John Dunn)和约翰·波考克(John Pocock)为代表的"剑桥学派"，有以列奥·施特劳斯(Leo Strauss)和艾伦·布鲁姆(Allan Bloom)为代表的"施特劳斯学派"，有莱因哈特·科泽勒克(Reinhart Koselleck)的"概念史"(德文 *Begriffsgeschichte*，英文 History of Concepts)研究，有克里斯托弗·贝利(Christopher Alan Bayly)、大卫·阿米蒂奇(David Armitage)和艾尔伯特·霍兰尼(Albert Hourani)等人的"全球思想史"(Global Intellectual History)研究，还有路易斯·梅南德(Louis Menand)和马丁·杰(Martin Jay)等人的偏重 20 世纪的现当代思想史研究，以及别有洞天的"书籍史"(History of Books)研究等等，甚至从一定意义上说，福柯的"知识考古学"亦可以置于思想史研究的脉络之下。

在这样的知识背景下，近些年来，西方的思想史研究风靡云蒸，成果迭出，蔚为壮观。其最有力的证明，是一大批思想史丛书的出版。现撮其要者，略述如下：1984 年由思想史之"剑桥学派"的领军人物斯金纳等人首编，现由大卫·阿米蒂奇、理查德·伯尔克(Richard Bourke)、珍妮弗·皮茨(Jennifer Pitts)和约翰·罗伯森(John Robertson)接编的《语境中的观念》(*Ideas in Context*)丛书，已出到一百多种，其中绝大多数是新世纪出版的。"剑桥学派"之另外一个努力方向，是翻译和整理思想史原典，是为始于 1988 年、由斯金纳与雷蒙德·盖斯(Raymond Geuss)主编的"剑桥政治思想史原著系列"(*Cambridge Texts in the History of Political Thought*)丛书，该系列主要面向高校师生，致力于呈现自古希腊到 20 世纪早期的西方政治思想史的核心文本，已出到一百余种，每年在全世界稳定销售超过五十万册。号称"愈三百年，专注学术出版"的荷兰博睿学术(Brill)出版社从 20 世纪 80 年代开始，也推出了重磅的思想史系列丛书，其中最主要的是她的《博睿思想史研究》丛书(*Brill's Studies in Intellectual History*)，这套书自1987年始编，现已出到两百多种(丛书现任总编是Han van Ruler)。该丛书从第146卷开始，在其下分设两个子系列，一个是《博睿思想史文本与来源》系列(*Brill's Texts and Sources in Intellectual History*)，另一个则是《博睿艺术、艺术史和思想史研究》系列(*Brill's Studies on Art, Art History, and Intellectual History*)。此外，博睿还连续出版另外数种思想史丛书，比如《博睿基督教思想史研究》(*Studies in the History of Christian Thought*)、《博睿政治思想史研究》(*Studies in the History of Political Thought*)等等。从博睿官方网站所列出的书目来看，加上未被列进上述丛书的相关的单本书籍，博睿出版社这些年已经出版的思想史书籍竟高达数千种！

在出版思想史丛书方面，总部位于伦敦的国际出版大鳄帕尔格雷夫·麦克米伦(Palgrave Macmillan)亦未肯落于人后，重点推出了数个思想史系列，其中最重要的是她的《帕尔格雷夫文化史和思想史》系列(*Palgrave Studies in Cultural and Intellectual History*)，2010年以来已经推出34种。三位主编中，Anthony LaVopa是著名启蒙运动研究教授，Javed Majeed是英语和比较文学教授，Suzanne Marchand则是研究德国的历史教授。帕尔格雷夫·麦克米伦还连续出版《帕尔格雷夫·麦克米伦国际思想史系列》(*Palgrave Macmillan History of International Thought Series*)，关注国际关系和国际政治思想领域的相关研究，由David Long和Brian Schmidt主编，2003年以来已经推出19种。此外，斯普林格(Springer)出版社自1963年由R. H. Popkin和Paul Dibon始编，现由Sarah Hutton接编的《国际思想史档案》多语种丛书(*International Archives of the History of Ideas/Archives internationales d'histoire des idées*)，也已出到了两百多卷。加拿大麦吉尔—王后大学出版社则有《麦吉尔—王后思想史研究》丛书(*Mcgill-Queen's Studies in the History of Ideas*)，由Philip J. Cercone主编，已出版六十余种。另外，美国约翰·霍普金斯大学出版社有《美国思想史和文化史的新研究》丛书(*New Studies in American Intellectual and Cultural History*)；英国Pickering & Chatto出版公司有《启蒙世界：漫长的18世纪之政治史和思想史》丛书(*The Enlightenment World: Political and Intellectual History of the Long Eighteenth Century*)；美国雪城大学(Syracuse University)出版社有《现代中东思想史和政治史》(*Modern Intellectual and Political Histo-*

ry of the Middle East)；美国特韦恩出版社有《特韦恩思想史与文化史研究》丛书(*Twayne's Studies in Intellectual and Cultural History*)；纽约大学出版社有《犹太社会和思想史重估》丛书(*Reappraisals in Jewish Social and Intellectual History*)；位于波士顿的学术研究出版社(Academic Studies Press)有《犹太思想史参考图书馆》丛书(*Reference Library of Jewish Intellectual History*)；甚至连联合国也在美国印第安那大学出版社出版了《联合国思想史工程》丛书(*United Nations Intellectual History Project Series*)。如此等等，不一而足。

新世纪以来，与国外思想史研究和思想史系列图书出版之云蒸霞蔚、欣欣向荣相呼应，国内学界在思想史研究和思想史图书的出版上，也有着不凡的表现。表现之一，是复旦葛兆光教授的多卷本《中国思想史》在新世纪一版再版。中国思想史研究另外一部代表性的著作，则是清华大学汪晖教授于2004年推出的厚达一千六百多页的四卷本《现代中国思想的兴起》。2013年，汪晖教授更主要因这套煌煌大著与哈贝马斯同获意大利面向国际学术界的重要奖项“帕西奥利奖”(Luca Pacioli Prize)。在向意大利学界推介该著时，威尼斯大学著名中国学家李集雅(Tiziana Lippiello)教授认为《现代中国思想的兴起》是一部“宏伟巨著”和“纪念碑式的作品”，该著“极具挑战性地从一个全新的角度提出对现代性问题的追问，并从亚洲视野——或更准确地说，从中国视野——观察整个世界”。《现代中国思想的兴起》以其思想的原创性和厚重的学术性赢得了国际学术界的极大认可，不但意大利和日本已出节译本，哈佛大学出版社也要推出两卷英译本(第一卷已在2014年10月出版)，韩国出版社更将出版《现代中国思想的兴起》四卷本的韩文全译本。在国外思想史图书的引进工作上，中国出版界在本世纪最重要的成绩之一，恐怕是中国政法大学出版社从2003年开始，以原版影印的方式引进前述的“剑桥政治思想史原著系列”。此外，华东师范大学出版社出版了《剑桥学派思想史译丛》(4种)，人民出版社出版了《欧洲思想史译丛》(5种)，广西师范大学出版社出版了《思想史研究小丛书》(含译著1种)，北京大学出版社出版了《艺术与思想史丛书》(含译著2种)和《社会思想译丛》(27种)，译林出版社出版了《西方政治思想译丛》(8种)，商务印书馆出版了《全球史译丛》(4种)。以上思想史丛书的出版，为中国思想史研究的深入拓展作出了重要贡献。但是读者也可以看到，以上丛书的出版都有着各自的局限性。比如“剑桥政治思想史原著系列”，规模不小，已出80多种，但是毕竟是原文影印，一般英文程度有限的中国读者对此还是会望而却步的。其他丛书，除了北大出版社的《社会思想译丛》出书品种比较多之外，一般只有廖廖数种的样子，影响有限。《社会思想译丛》虽然种类稍多，但是涵盖面相对较窄，主要收录的是法学思想史著作。总体来说，上面这些丛书收录的多是专业性极强的思想史学术著作，处理的也多是20世纪之前尤其是前现代的思想史(重点在从文艺复兴到启蒙运动的欧洲思想史)，缺乏这方面知识背景的一般中国读者可能会觉得难以接近。

首都师范大学出版社的有识之士有鉴于此，决定独辟蹊径，从近些年来刊行的与西方思想史相关的浩瀚外文著述中，精心挑选既具有较高的学术性，又具有很强的可读性的作品，将其移译为中文，汇成《思想与社会译丛》。编辑同仁们在选取西文思想史著作之时，比较看重作品的“当代性”，看重其作用于当下、作用于现实的潜在性(potentiality)。读者也会发现，这套丛书讨论的多是从19世纪末直到21世纪的今天所发生的各种思想史理念、事件、人物和潮流。例如，入选本丛书的凡·戈斯的《反思新左派——一部阐释性的历史》，处理的是二战后美国新左派运动的渊源、兴起、发展和成就。与该书书名可能予人的暗示相反，作者戈斯并不认为新左派寿终正寝了。在该书的结尾部分，作者总结说，新左派从未结束，它最大的成功，就是成为了日常政治生活的一部分，也就是说，只要资本主义持续存在，新左派就永远具有顽强的“当代性”和现实针对性。

又如，本丛书收录的戴维·德雷克的《法国知识分子与政治——从德雷福斯事件到德军占领期》和《战后法国知识分子与政治》两书(丛书中将作为《法国知识分子史》上、下册合并出版)，探讨的是思想史研究中的一个永恒话题——知识分子的问题。虽然作者设定的写作起点是19世纪末的德雷福斯事件，但是两书的绝大篇幅都落在了20世纪，着力探讨上世纪的法国知识分子在国内和国际各重大事件中所秉持的政治态度和立场，所以也不妨说，德雷克的这两部著作，一方面书写的是法国20世纪的知识分子史，另一方面书写的也是法国20世纪的政治思想史。在两书中，德雷克既描绘了肇始于左拉的法国左翼知识分子群像，也描绘了肇始于作为反德雷福斯派代表的莫里斯·巴雷斯的法国右翼知识分子群像。按照德雷克的叙述，法国既有左拉、罗曼·罗兰、路易·阿拉贡、萨特、福柯、布迪厄这样的左翼知识分子，也不乏各色右翼知识分子，如反德雷福斯的右翼民族主义者莫里斯·巴雷斯、二战中投靠法西斯的贝当主义者（如罗贝尔·巴西拉奇、皮埃尔·德里厄·拉罗谢勒、莫拉斯）、冷战中的反共知识分子（如雷蒙·阿隆、安德烈·马尔罗、尤金·尤内斯库），以及叛变革命，自左而右，在七八十年代名噪一时的"新哲学家"们（*Nouveaux Philosophes*，如贝尔纳一亨利·莱维和安德烈·格鲁克斯曼）。从德雷克的书中我们可以见出，法国知识界在左右翼之间的摆荡，始终贯穿着 20 世纪的法国思想史，也可以说，这种摆荡也一直延续到今天。在畅销书《萨科齐的意义》一书（2007 年法文版，2008 年英文版）中，当代大哲阿兰·巴迪欧告诉我们，与法国光荣的革命传统相伴随的是一种保守主义的、反动的第二种历史，"每一段革命时期都接着一个长期延续的黑色反动时期，而在这些令人痛苦的反动时期，掌握国家权力的领袖们从来都不缺乏大众和那些声誉卓著的知识分子的支持"，"每一次，都有很多知识分子在摇唇鼓舌，颂扬秩序的恢复，詈骂革命者们的'恐怖行为'，……数不胜数"。（鞠振、王志超译文）从一定意义上说，20 世纪法国知识分子的思想图景，也是当今世界各国知识分子的思想图景。在资本主义全球化的今天，个体知识分子的思想呈现何种总体的面貌，端赖其在根本性的社会和政治问题上采取何种姿态和立场。

"改革开放"以来，在强调与国际接轨、经济形态迅速与西方趋同的大潮之下，中国的思想文化界也呈现出杂花生树、纷繁迷离的面貌。举凡民族主义、虚无主义、自由主义、新左派、保守主义、市场基旨主义、权威主义、国家主义、社会民主主义等思想潮流，无不一一粉墨登场，往复论辩。20 世纪尤其是二战后西方思想界诸种潮流之间的风雷激荡，如今似乎也在中国一一上演。不夸张地说，神州各派思想之间的激烈论战和交锋，其复杂程度和烈度丝毫不让前者。这套《思想与社会译丛》的选目，按照编者的既定方针，也是有其现实针对性和社会意义的：从 19 世纪末以来的西方思想史所走过的历程，中国的思想文化界或许能够取得一些经验，获得一些教训，得到一些启示，还有披荆斩棘、继续前行的动力。

书写总有立场的预设，书写总是立场的书写，世界上恐怕找不到所谓完全中立客观的历史书写。搜寻完全中立客观的书写，注定会是劳而无功的。基于这样的认识，《思想与社会译丛》的编者也不去做这种无谓和徒劳的尝试。在选取西文思想史原著时，编者并不囿于一门一派的观点，而是抱持着"兼容并包"、"百家争鸣"的态度，试图向中文读者最大限度地展示国外学界近些年来对19世纪末以降的思想史进行研究所取得的最新学术成果。所以，在这套丛书中，我们将既能读到自由派学者理查德·沃林的《非理性的诱惑：知识分子对法西斯主义的迷恋——从尼采到后现代主义》，又能读到市场基旨主义者爱德华·扬金斯的《资本主义与商品贸易：自由经济的理论基础》，还能读到新保守主义者穆雷·弗里德曼撰写的《新保守主义》(在该书绪论中，穆雷·弗里德曼坦承，"在某种意义上，所有历史都是传记")。至于原著中可能存在的不当或错误表述，编者也没有进行删削，主持者相信读者的批判精神和辨识能力。

希望这套《思想与社会译丛》能在质量和数量上超越国内同侪，泽惠学林，成为中国的《语境中的观念》、《国际思想史档案》和《博睿思想史研究》丛书。

是为序。

蒋洪生

2015年元旦 芙蓉里

目　录

序言　不止关乎60年代

从20世纪80年代晚期开始，相当多的书籍出版面世，来介绍那个模糊的时期——我们所谓的“60年代”。这明显是个大家感兴趣的问题，也明显有许多话可以讲。但我仍对这种作坊式的出版感到十分不安，尽管我最近也曾和理查德·莫瑟（Richard Moser）共同编撰了一本《60年代造就的世界：近期美国政治文化》（*The World the Sixties Made: Politics and Culture in Recent America*，Temple University Press，2003）。

这本书的焦点并不是一个时代，而是构成新左派的各个运动，这也正体现了我所关注的两个问题。首先，以时间为标准来研究这个国家的历史，始终不是长久之策。有几本只是记录“20年代”、“30年代”、“40年代”的书幸存了下来？事实上，即使不用具体说明，我们也知道“20年代”这样的说法指的是上个世纪，而在2001年后飞速发展的新世界中，这种说法则显得陈腐过时。当然，许多介绍美国革命、重建时期、大萧条或是冷战的书籍，对我们解读过去有着至关重要的作用，但这些主题都具备某种“60年代”所缺少的特性。简单地说，“60年代”无法承担这种重负，这不过是政治上一种简单的隐喻，我们不能把二战后所有的社会变化都归于60年代。没有明确的开始或结束，没有桑特堡战役、珍珠港或是黑色星期五这样的事件，历史学家们如果要撰写全面的历史，就必须开阔他们的视野。这使得越来越多的“60年代”历史学家试图以右派运动和潜在的连续性来纠正以往过分强调左派运动和巨大变化的偏颇。解决这个问题的一个办法，是承认“60 年代”——不论我们如何划定它的范围——确实是冷战美国历史中的一个阶段，是始于 1945～1947 年间、终于 1989～1991 年间的这段时期的一个部分。但是如果我们的目的并不是要撰写全面的历史，就可以不需要面对压缩概括材料的困难，而选择另一种方式——关注于那个时代的一种特殊的动力。这也是本书试图要完成的目标。

本书的目的是要对已有的对新左派运动的研究——从二战后期一直到 70 年代——进行新的综合。这就涉及了我所关注的第二个问题，“60 年代”书籍必须要在时间上有所缩短，并且突出那些差不多落在 1960～1970 这个边界里的事件、运动和人物，而这个边界纯粹是理论上的说法。这种时代的混淆凸显了左翼的一个特殊的派别，白人学生先锋，而同时将其他规模更大的运动推进了后台。我在其他地方也多次提出过这一论点，现在就不必再赘述，但我们必须要承认，新左派开始和结束的日期，都超出了肯尼迪和约翰逊时代。

任何一本类似的书，都只能提供在国家政治层面上对主要事件的综述和分析，而没有涉及到相应的巨大地区差异。本书同时也从内在发展的角度对每个运动进行了考察，这能够再现新左派的多样性和复杂性，但也忽视了运动间的重叠联系和相互的影响。尽管如此，我仍然认为以时间顺序来描述新左派要更加困难，这只会把研究变成一份事件年表。实际上，大多数激进分子都同某一个运动有着相对主要的联系，分析每个运动独立的轨迹，能够让我们对事实进行最清晰的描述。

对于冷战巅峰时期美国激进主义的构成，本书提出了更加广泛的观点，但由于研究的基础不够坚实，使得这种观点具有很强的条件性；对全部运动(如同性恋解放)的分析也远远不够。当我们对地方性运动和一些不那么知名的组织做了更多的研究之后，我们最终的目的，就是一个完整的，甚至是卷帙浩繁的冷战时期激进主义历史，从二战后急转突变的年代——印第安之夏活动、旧共产主义和进步左派——到 70 年代晚期和 80 年代，以越战失利、新右派兴起和所谓“文化之战”为背景的稳步的动员发展。在此之前，那些没有经历过 60 年代、又认为现在的资料不够充足的人，可以将本书作为参考。至少本书在有限的篇幅内做了相当全面的介绍，或许读者还能在其中发现一些新意。

第一章　定义新左派

在这里，我们的生命每天都受到威胁，甚至不得不在睡前取下电话的听筒。这是美国么？是那片自由者的土地、勇敢者的家园么？

——法尼·罗·哈默（Fannie Lou Hamer），密西西比自由民主党（Mississippi Freedom Democratic Party）领导人，资格审查委员会演说，1964 年 8 月民主党全国代表大会

是什么样的体制，会为美国这样的为了一己之私，强行支配越南人民命运的国家辩护？是什么样的体制，剥夺了南方民众的权力，令全国几百万的人民贫苦不堪，让他们无缘美国社会的希望与主流？是什么样的体制，让人民在无耻而劣弱的官僚机构下劳作、生活？是什么样的体制，会选择物质而不是人的价值，却仍旧以自由自诩，仍旧将自己视做世界警察？……我们要说出这个体制的名字。我们要对其进行描述，分析，理解，并且改变。

——保罗·波特（Paul Potter），学生争取民主社会组织（Students for a Democratic Society）主席，在 1965 年 4 月的反对越战集会上的演讲

我们所说的女性的最大利益，是世界上最贫穷，最受侮辱、轻蔑和虐待的女人的最大利益。男人以她的命运、她的不堪境遇来威胁我们，让我们顺从。所有女人都害怕成为她，都害怕别人以对待她的方式对待自己，而在男人的眼中，我们其实都是那个女人。她的名字叫做“每个女人”：丑陋、愚蠢、被称作婊子、唠叨婆、巫婆、妓女、性交和繁殖机器，她是我们所有人的母亲。在“每个女人”获得自由之前，女性的自由无从谈起。当她的美丽与学识展现出来，被世界看到时，新的时代就会接踵而来。

——纽约激进妇女会(New York Radical Women)1967年陈情书

从20世纪50年代到70年代，在全美范围内迸发出了一系列社会运动，从根本上改变了白人与有色人种间的关系，改变了美国政府的外交政策，也改变了舆论对性别与性的看法。同时，这些运动也重新定义了美国民主的概念。事实上将二者连接起来的，是对于激进的民主形式和“权力归于人民”的认可。它们共同构成了“新左派”，一场“运动的运动”，它比其中各个运动之和要大得多。

关于这些运动已经有过许多细致的研究。正是这些运动构成了新左派以及当时的政治纲领，也构成了具体城镇中的“运动”(有时人们使用这种说法)。新左派的整部历史深刻地影响了美国在这个时代所发生的一切重大事件——艾森豪威尔、肯尼迪、约翰逊、尼克松的当选；冷战，以及发生在越南骇人听闻的“热战”；家庭生活的方方面面。本书尝试聚焦于社会运动本身进行阐释和综述。笔者认为，人民无论怎样受到环境、资源和意识形态的制约，都会试图创造出他们自己的历史。新左派的历史，便是一个佐证，一个他们如何成功，他们的成功如何标志着国家趋向深刻变动的佐证。

新左派的成就：一个民主政体——如果我们加以保持

回顾近20年来所发生的立法、社会、文化和选举变革，只需记起昔日美国的状况，就会发现新左派取得了多么卓越的成就。

在1955年后的10年内，从马里兰州到德克萨斯州，白人至上的生活方式(在立法、经济和物质上对美国黑人的压制)通过大众非暴力抵抗被彻底颠覆。与此同时，黑人激进主义分子联合了他们在北部和西部的白人同盟者，向无处不在的歧视发起了系统的反抗。面对着巨大的压力，议会在1964年通过了一项民权法案(Civil Rights Act)，禁止在雇佣时和一切公共场所进行种族、宗教和性别歧视，1965 年又通过了一项选举权法案，在全美 50 个州内打击由于种族原因而剥夺公民选举权的行为。到 20 世纪 60 年代末，在南方已有大量的黑人参加选举，支持“隔离且不平等”学校的种族隔离政策开始瓦解，北方的黑人也开始接管城市政府。在 20 世纪 60 年代末，受到黑人解放运动的鼓舞，其他争取种族平等的运动也在美国广泛展开，为墨西哥裔美国人(即奇卡诺人)、波多黎各人、土著人以及亚裔美国人争取政治权力与尊严。担任选举产生的公职不再是白人的特权，成千上万的黑人、拉丁裔以及亚裔参与到了政治活动之中。由于新的机会和政府在教育、就业上抵制歧视的举措，数百万有色人种获得了中产阶级的生活保障。在美国，明目张胆的种族主义曾经无处不在，现在它虽然并没有消亡，也被迫转入了地下。美国有史以来第一次摘下了有色眼镜。

美国民众对其政府在世界范围内实施的行动的看法，也发生了同样重要的变化。过去，一代代少数上层白人精英控制着美国外交和军事政策——引领着有史以来最强大的国家如何行使其巨大的权力。二战之后，在全球范围内容纳共产主义和其他革命浪潮的军事策略，得到了舆论的压倒性支持。唯一值得注意的反对声音来自强硬的保守派，他们认为美国应当不顾风险全力出击，打垮苏联和中国的共产主义势力。

在 20 世纪 50 年代末，核毁灭的危机激发了一场新和平运动，要求限制核武器的使用。对于反抗由美国撑腰的古巴独裁政权的革命，其他美国民众也作出了积极回应，为菲德尔·卡斯特罗的新政权呼吁“公平竞争”(fair play)。与此同时，艾森豪威尔总统和肯尼迪总统则暗中干涉了越共和右翼亲美力量之间的越南内战。1965 年，林登·约翰逊总统向越南派遣了大批军队，以阻止共产党人的胜利。而令约翰逊始料未及的是，这场全面地面战导致了一场全美范围的反战运动，这次运动击垮了民主党，也迫使约翰逊离任。美国的武装部队陷入僵局，士气消沉，不得不在 1973 年从越南撤军。这次反战运动波及议会和教会等重要机构，充分显示了草根民众的抗议对国家外交政策的影响。一直到现在，美国的干涉主义都心有余悸，这种强有力的制约，就是尼克松总统所谓的“越南综合征”(Vietnam syndrome)。

对已有权威的决定性挑战包括两层含义。一是女性对父权制——全体男性统治女性，一部分男性统治其他男性的权力——发起了挑战。二是男女同性恋者向作为父权制基石的异性恋标准发起了挑战。20世纪前期曾兴起过一场强大的女性运动，但到50年代，女性主义遭到了挫败。在妇女职业团体和工会中，女性主义获得了地下复苏。尽管如此，到了20世纪60年代早期，女性仍无法享受与男性同等的工作、教育和政策，她们对此提出了质疑，并发起了一场自己的民权运动。与此同时，致力于黑人解放运动和学生运动的年轻女性分析了她们被局限为配角的情况。20世纪60年代末期，黑人权力运动激励她们通过地方团体展开了一场妇女解放运动，强调女性的"意识觉醒"。到20世纪70年代，新的女性主义运动已经发展壮大，成为白人妇女、黑人妇女和拉丁裔妇女的多种不同的女性主义。在短短几年之内，新的法典出台，禁止了各类歧视，也增强了生育的自由度，最高法院1973年在对罗诉韦德案（*Roe v. Wade*）的裁决中宣布流产合法化，便是这项新法规的体现。

同时，一场相关运动——为同性恋者争取尊严和法律保护的运动——势力也日益壮大。1969年6月，纽约石墙酒吧发生了一起同性恋者反抗警员骚扰的暴动，导致了运动在全国范围内的爆发。同性恋解放运动在国内迅速发展，并在20世纪70年代迅速转为对歧视的挑战，转为对政治影响的建构。同性恋人群摆脱了耻辱的烙印，摆脱了"透明的少数派"的身份，他们开始出现在街道上，开始表明自身的状态。

这些运动结合在一起，代表了我们所说的"60年代"的精神——虽然"60年代"这种说法并不十分准确。这些运动都试图以激进的平等和民主，来颠覆现存的种族、性别结构和经济上的特权，因此都被定义为左派运动。他们自称为"新左派"（New Left），以强调他们同20世纪上半叶"旧左派"的区别——旧左派从工人运动发展而来，关注的是工人同资本家的斗争。他们以具有法律执行性的全民平等为基础，共同建立了新的民主秩序，这种民主秩序从60年代起不断发展壮大，甚至当同时兴起的新右派运动在八九十年代达到顶峰时，它仍然没有偃旗息鼓。①

① 见由笔者和莫瑟（Moser）所编《60年代造就的世界》中，笔者所写《后现代美国：处于第二个镀金年代的新民主秩序》（*Postmodern America: A new Democratic Order in a Second Gilded Age*）一文。——原注

为什么会有新左派？新左派从哪里来？

我们需要在开始就明确指出本书中“新左派”的意义，这一点十分重要。20 世纪 50 年代，早先的英国共产党人试图寻找一种新的模式来代替等级制政党，是他们率先使用了“新左派”一词。20 世纪 60 年代的绝大部分时期，美国对“新左派”一词的使用涵盖了黑人运动、学生运动和反战运动等种种运动。此后的八九十年代，许多历史学家们在对那个时期的书写中，仅仅将“新左派”定义为当时的一场运动，并将其范围限制在学生争取民主社会组织中的白人青年。这些学者认为，白人学生新左派运动贯穿了其他所有激进运动。但是，以年龄、肤色和学生身份作为界定的依据，存在很大的问题。不管多么无意，其结果都是将白人青年置于描述的中心，而其他运动则被边缘化。事实上，各个种族的青年人都在实践中起到了核心作用，在黑人权力运动和妇女解放运动中，甚至起到了主导作用。他们通常都在新左派运动中扮演着“突击队”的角色，例如密西西比自由之夏(Mississippi Freedom Summer)和同年的伯克利言论自由(Berkeley Free Speech)运动。值得注意的是，新闻媒体在电视中将激进主义描绘为青年一代的战斗，许多各界人士也持有相同的看法。但是从 20 世纪 50 年代直到 70 年代，许多主要参与者都已过而立甚至知天命之年，这使得我们不能将新左派单单视为“青年革命”。反战运动和民权运动的地区领导人通常都是中年女性或者新教牧师，而非大学学生。

正是意识到“新左派”一词的不确定性，本书回到其初始的定义，这个定义具有更强的包容性——它作为一场“运动的运动”，涵盖了从 20 世纪 50 年代早期到大约 1975 年之间所有为基础性改变而作的斗争。[①]这个更广泛的定义使得我们可以关注不同运动形式间的联系——例如在南方组织起来的民权运动是如何使一些白人激进化，继而开始领导反战运动和妇女运动。所有这些运动都相互重叠，每一场运动都参与了对已有秩序的挑战。所以，在权衡新左派的成就与疏漏时，我们应将它们同等

---

① 关于“新左派”这一词语是如何在美国开始使用，直至 20 世纪 60 年代末期广泛地涵盖了当时所有的激进运动，详见 Van Gosse，“A Movement of Movements：The Definition and Periodization of the New Left，” in Roy Rosenzweig and Jean-Christophe Agnew，eds.，*A companion to Post*-1945 *America* (London：Blackwell，2002)，pp. 277-302。——原注

看待。

接下来要做的，是追溯新左派的起源。首先最重要的一点是，新左派是在 20 世纪 50 年代，同美国政治、社会和文化领域中的既有普遍观点的正面交锋。在政治方面，当时的主导意识形态——即学者们所说的“冷战自由主义”——将民主党和温和共和党两党的大多数联合起来，致力于在国内建立新政大政府，在国外施行侵略性的反共主义。新左派向冷战自由主义的前提提出了质疑。在社会方面，当时美国黑人和其他有色人种处于二等公民地位；女性在经济上被边缘化，得不到应有的权力；同性恋者遭受着仇恨与歧视；持不同政见者遭到选择性的打压和排斥；穷人得不到任何关注。新左派向这些长期植根于美国历史中的不平等性发起了斗争。最后，新左派掀起了一场反对战后美国新都市富足生活的文化革命，一次分布广泛、如火如荼的运动浪潮。不论是作为“垮掉的一代”的民谣歌手、民权运动者，还是为同性恋争取权力的“同性爱”活动者，新左派人士都拒绝照章行事，这成为了他们公开的政治立场。第二章将对冷战政策以及 20 世纪 50 年代中产阶级的保守主义进行介绍。正是这两个方面，结合二战所带来的社会变化，促进了新左派的多场运动。

“新”左派这种说法存在一个前提，即此前出现过“旧”左派。但许多针对所谓旧左派的讨论，都只是为了强调新左派是如何摒弃了过去的一切，从而成为“新的”左派。这种观点忽略了新左派运动同马克思主义、激进主义及和平主义各类组织之间的紧密联系。在冷战期间，这些组织虽然深受压制，却依然得以保存。新左派关注的是激进的民主政治，也确实具有分布广泛这一新的特点，但它依然深深植根于当时过气的旧左派的零散运动之中。在第三章中我们将会看到，这些组织自始至终影响着新左派的发展。

激进改革、文化革命和反文化

本书聚焦的是作为一个集合的新左派，这个集合由许多运动组成，它们既相互重叠，又有明确的分界。针对这一看法，在这里我们要阐明本书的最后两个要点。首先，我们不应将新左派的历史精确定义为 1960～1970 年间的 10 年。笔者认为它的历史明显分成两部分，每一部分都持续了大约 10 年。本书采用了这种时期的划分，首先介绍 1955～1965 年，在此期间，激进的反对意见重新出现，成为了美国生活的趋势；然后是

1965～1975 年，在此期间，一个富于战斗精神的、更强大的新左派摧毁了冷战自由主义的旧体制。一些历史学家将涉及三个 10 年的激进改革浪潮称做“延长的 60 年代”，这不失为定义这一时期的一种有效方法。

其次，在新左派运动鲜明的多样性之中，存在着一个本质上的差异，这一点我们应牢记于心。其中的一些运动致力于达到明确的、即时的政治目的，这些目的也许非常激进，但却容易为政府的特定举措而满足。一旦满足了自身的目的，这些运动就会偃旗息鼓，或者至多向新的方向进行转换。民权运动便属于此类寻求激进改革的运动，它要求联邦实施举措(强制立法，或者强制司法审判，在必要的情况下给予执行力的支持)废除歧视和种族隔离，对禁止黑人参选的众多机制进行镇压。另一个例子是反对越战运动，它连续 8 年重申着“立即撤军”的口号，要求美国将军事力量撤出东南亚。最终这两场运动都达到了自身的目的，随即烟消云散，虽然它们当中一些不可小觑的部分，仍在新的领域中延续着反对活动。这两场运动都是通过全国性的组织、联盟和活动来迫使政府力量与其正面交锋，从而引起重大的政策变化，界定这两场运动历史的，也都是这些组织、联盟和活动的持续时间。

有些运动致力于长期的、更加广泛的文化革命，通过废除压迫性的政体框架来改变美国社会的实质，这与上述运动有显著的区别。这些运动不满足于政府的某些特定举措。黑人权力运动和妇女解放运动便是典型的例子，这两场运动深刻转变了数百万美国人的意识，激发了众多的社会变革，却从未通过某些特定改革的成效对自身进行界定，也没有参与有组织的全国性联盟或活动。这些运动高度地方化，取决于参与者(作家、演说家而非组织者)的人格魅力，并且不断向新的生活领域延伸，所以这些运动的结束时间很难确定，但它们的成就却是显而易见的。

最后，“延长的 60 年代”中有一个主要方面，本书却鲜有涉及，这就是延续至今的美国文化与社会的解放。当旧的等级与规范失去了力量，人们便有能力追求一系列更广泛的智力、艺术、精神和感官体验，从宗教到音乐，从有机食物到软性毒品。激进分子通常在这种环境下展开活动，这种对于反主流文化新体验的追求，将许多人同各样的运动连接了起来。大众媒体将激进主义人士粗略地等同于“嬉皮士”——异化了的美国青年——并将这一形象加以推广。事实上，许多反文化和激进运动相互交叉，在妇女和同性恋解放运动以及有色人种权力运动中，很难确定政治在何处结束，文化从何处开始。不论我们将视野置于对性开放的新阐释，流行音乐中迸发出的惊人创造力，还是特立独行的好莱坞左翼的发展，文化都是自20世纪50年代以来持续的激进化浪潮中一个至关重要的方面。本书的结语章将会讨论反文化是如何在多处与新左派结合，以及在20世纪70年代——左派运动正是在此期间融入了一个新的、更加民主的政治秩序——众多的反文化是如何进入了美国社会的主流，带来了新鲜的血液。

第二章　50 年代的美国："最好的世界"

在世界历史的现阶段，几乎每个民族都必须在两种不同的生活方式间选择。这种选择，多半不会是自由的。一种生活方式基于多数人的意志，其特点是自由制度……另一种生活方式则基于少数人的意志——少数人强加在多数人身上的意志。这依赖于恐怖和压迫……我相信，美国的政策必须是支持自由民族的，那些同武装少数派或外来压力所施加的征服与镇压相抗衡的自由民族。

——哈里·S. 杜鲁门总统在国会参众两院联席会议上的讲话，1947 年 3 月

美国最重要的政府机构之一，国务院，正在全面受到共产主义流毒的侵害。我手上有一份 57 人[①]的名单，他们或是正式的共产党员，或是效忠于共产党，而正是这些人，仍在参与制定我国的外交政策。

——参议员约瑟夫·麦卡锡在西弗吉尼亚州惠林城的讲话，1950 年 2 月 9 日

这是个充满了屈从与压抑的年代。美国生活的每一个毛孔中，都散发出恐惧的恶臭，这个集体已经丧失了勇气。那些隔离中的人们，便是我们所见证的唯一的例外。

——诺曼·梅勒(Norman Mailer)，《白黑人》，1957 年

---

① 在惠林的演讲上，麦卡锡似乎声称是有 205 人。上文似乎应是在盐湖城或是雷诺市的演讲内容。——译注

20 世纪 50 年代存在的矛盾，可以用以下两句看似截然相反的话来概括：一方面，消费异常繁荣，数百万家庭都实现了“美国梦”；另一方面，在冷战的阴影下，存在着政治上的焦虑和表面上的和谐。有两个场景经常被用以表现这种矛盾：一个是全美郊区的草坪都被挖掘来建造防空洞；另一个是健康快乐的孩子们在教室里学习“卧倒并隐蔽”，以此作为抵抗苏维埃核武器袭击时徒劳的自我保护。

要理解构成新左派的激进社会运动，就要先了解 20 世纪 50 年代——此时的美国看上去充满了胜利的欢欣和团结的气象。新左派激进的叛逆，许多都是对当时政治、文化中独裁作风的反抗。但是，1941～1945 年间战时动员所带来的广泛而彻底的社会变化——这些变化深入到美国社会的每一层面、每一角落，具有着强大的破坏性力量——才是新左派最终的源头。

冷战自由主义；政治——繁荣与共识

在 20 世纪 50 年代的美国生活中，存在着一些主要的现象，这些现象使人们司空见惯，甚至已经成了陈词滥调。即使是现在，大多数美国人仍将那个年代同物质上的丰裕、社会上的警觉、政治上的共识以及国内外攻势强烈的反共主义联系在一起。

就此而言，多数历史学者都同大众的意见一致——这种陈词滥调也的确反映了现实。美国是当时世界上最繁荣的国家，没有对手可以在经济上与之抗衡。作为多数派的白种人在当时享有的舒适程度以及可支配收入，是在任何国家中都前所未有的。从 1946～1964 年，美国经济增长的持续性也在世界历史上创造了新的纪录，人均收入提升至原来的 3 倍。任何一个白人男性高中毕业生，都可以凭借自己的收入养活全家，买房，买车，购置各类商品，以及供子女读完大学。尤其是考虑到仅在短短几年之前，美国民众还面临着经济萧条的极限，四分之一以上的成年人处于失业状态，这就更使这种中产阶级的生活方式显得犹如奇迹一般。直到二战之前，中产阶级在美国仍属于少数。现在由于政府史无前例的津贴补助，数百万的老兵都获益于《退伍军人法》，得以进入大学校园。仅在一代人的时间内，大学的招生额就增至原来的 4 倍，同时在主要城市周边广阔的新兴郊区，也出现了住宅建设和购置的热潮——这同样也得到了政府贷款担保的资助。

使用政府的基金和政策来干涉经济，提高民众的生活水平，便是保守人士所谴责的"大政府自由主义"的本质所在。但是，共和民主两党都意识到，这些计划都受到选举人空前热烈的欢迎。在两党中，只有少数的保守人士仍将社会保障和政府对教育的援助指责为"社会主义和平演变"。就国内政策而言，即使这种自由主义带来了保守的政治后果——郊区中产阶级白人选民迅速整合为最大的选举人集团——但这一时期仍被认为是自由的时期。没有人密谋想要将30年代和战时斗争不息的工人阶级变为顺民，但实际上确实达到了这样的效果。用新型郊区住宅开发的奠基者，威廉·莱维特(William Levitt)的话来说："一个人若是能拥有自己的房子，就绝不会成为共产主义者。"

莱维特的评论也表明了战后美国社会另一个突出的特点——贯穿于对内对外政策中的反共诫命。在20世纪30年代以及40年代早期，富兰克林·德拉诺·罗斯福的新政改革开启了一个税速自由政府(tax-and-speed liberal government)的新时代，自由主义者将共产主义者和其他激进分子看做是解决方案中的一部分，而非一个需要解决的问题。由于传统保守势力——例如美国联邦调查局局长J·埃德加·胡佛——以及民主党右翼分子强烈的敌意，反共主义在美国政治生活中依然是一个强有力的因素，但大萧条为激进的革新创造了机会。左翼分子只要忠于罗斯福，就可以在新政自由主义的大帐篷下找到庇护所——尽管他们的形势时常并不乐观。在国际范围内，苏联及其他地方的共产主义者并没有被看做是对美国较大的威胁。当时不仅苏联相对较为软弱，在二战之前，美国也没有明确的敌国，美国在外交事务和军事力量上，只投入了微薄的时间和经费。1939年之前，美国军队的规模在世界上仅居第17位。

二战改变了这一切。美国的自由主义发生了根本性的变化。大多数自由主义者转向了右翼，这表现在他们试图规划美国政治经济的结构性改革，也表现在他们对左翼激进分子的态度上。战争期间，自由主义者将左翼分子和共产主义者看做是并肩抵抗纳粹德国的同盟。1946年，冷战逐渐升温，苏维埃军队占领了东欧，强大的共产党在西欧煽动着局势，革命运动也在非洲和亚洲不断涌现，共产主义者成了国内外首要的"牵制"对象。压倒性的证据证明，苏维埃自20世纪30年代以来不断实施着镇压措施，这带来了更加彻底的反共主义转向。自由主义者仍然乐于使用联邦的经费和税收政策来扩大繁荣，消除社会弊病，在这一点上，他们仍是"自由的"(liberal)。他们在自由主义的传统形式上，又增加了新的着力点——通过永久性建立大型军事组织、扩大国防预算来刺激经济。到20世纪50年代末期，美国经济和政府政策的军事化使德怀特·艾森豪威尔总统提出警告，让大家小心“军事—工业集团”所具有的影响决策、破坏民主的力量。然而这并未引起人们的注意。

这种谨慎、反共政纲的主旋律，最终被称为冷战自由主义。自 20 世纪 30 年代至 70 年代的多数党——民主党，便是以此作为自己的官方政策。许多共和党人，例如艾森豪威尔，也同样是冷战自由主义者，他们希望政府在军事和耗资巨大的社会规划上积极投入经费，同时也支持对共产主义的牵制。两党中都存在反对激进联邦政府的保守派（南方的民主党担心民权立法，中西部的共和党则从未接受新政），但反共主义和对繁荣的期望在两党间促成了有力的共识。

在对内对外政策上意见的一致，意味着两党间几乎不存在真正的交锋。艾森豪威尔自身便是这种共识最好的体现——他于 1952 年分别获得了两党的提名。国会中的民主党人（例如参议员多数党领袖林登·约翰逊）同共和党人（如艾森豪威尔）的密切合作，贯穿了 20 世纪 50 年代。在 1960 年，共和党人理查德·尼克松和民主党人约翰·F·肯尼迪的政纲也在温和性上惊人地相似，肯尼迪因此扭转了国家安全的危机局面，例如所谓同苏维埃的“导弹力量差距”，对尼克松进行了右翼包抄。当时主要的史学家们，例如理查德·霍夫施塔特（Richard Hofstadter）和小亚瑟·施莱辛格（Arthur Schlesinger，Jr.），认为政治冲突的缺失并不新奇，自美国革命以来，国内政界就被强有力的共识所统治，这种统治局面只在内战时期才被短暂地打破。施莱辛格同时也在美国民主行动（Americans for Democratic Action）这一反共自由主义者的主要组织中担任领导职位。他自 1949 年起开始提倡国事上的“中间派”，以此展开对极左和极右方针的双线作战。后来他成了肯尼迪总统卓越的助手。基于上述情况，在当时颇具影响力的一本书中，哈佛大学社会学家丹尼尔·贝尔指出，“意识形态的终结”来临了，知识分子放弃了他们作为权力批判者的历史角色。

麦卡锡主义与红色恐怖

既然共和党和民主党在大多数政见上都保持共识，那么两党间持续的强烈纷争未免显得荒谬。这场混战的原因并不在当下——更不在未来——而是在于对不久之前的旧账的清算。少数派共和党人打着彻底清除潜藏红色势力和包庇他们的左倾分子的旗号，对民主党人恶语中伤，试图将新政的成效和罗斯福的光辉业绩一笔勾销。他们的证据由两处而来：一是苏维埃的间谍活动涉及新政中的高层人物，这一证据虽然并不完整，却也十分精确；二是许多自由派民主党人在大萧条和战争期间都与激进分子和共产党人有所交结。这种现象被称为麦卡锡主义，原因是威斯康星州的共和党参议员、煽动家约瑟夫·麦卡锡曾经抨击过一些美国的风云人物——包括冷战的发起者国务卿乔治·马歇尔和迪安·艾奇逊——指责他们软弱无能，叛国投敌。麦卡锡对精英分子的谴责，尤其受到保守派爱尔兰裔和德裔美国人的欢迎，这些人格外欣赏他对常青藤联盟成员控制外交政策行为的恶毒的讽刺。在许多州，麦卡锡都为共和党保持了反对党的位置，尽管他们的编制规模还不及注册选民的四分之一。

麦卡锡版的麦卡锡主义只从 1950 年持续到 1954 年。1952 年，在共和党全国代表大会上，不可一世的麦卡锡发表主题演讲，指责民主党人进行了"20 年的背叛"。但到了 1954 年，共和党的领导人，例如艾森豪威尔，终于对麦卡锡忍无可忍。在他仅凭臆测抨击了几位将军对共产主义的软弱后，参议院对他进行了谴责。最终，1957 年，麦卡锡死于酒精中毒。但是到那时，麦卡锡疯狂的调查和指控，已经给美国的政治留下了深刻的印记，这在自由主义者中产生了自我审查机制和一种谨小慎微的态度。麦卡锡和他的盟友——其中包括当时的参议员，也是此后的副总统理查德·尼克松——一次又一次地证实了他们在任何领域都具有无坚不摧的力量：从鲜为人知的政府机关、工会支部、大学校园，直到参议院。这导致整整一代民主党人，从哈里·杜鲁门到林登·约翰逊，都感觉到他们不得不通过镇压国内外的颠覆活动，来证实自己坚定的反共主义立场。自由派领导人，例如明尼苏达州参议员休伯特·汉弗莱，甚至起草法案来建造左翼分子的集中营。在全国各地的大学、中学、工场、教堂以及工会中，自由主义者不遗余力，试图将拒绝在国会委员会面前回答问题，或是同美国共产党有任何联系的人驱逐干净。

麦卡锡在 1950 年指控国务院已经遭到了共产主义的秘密侵蚀后，立刻变得声名显赫，但麦卡锡主义的重要地位却很容易混淆一个事实——冷战红色恐怖在很多年前就已经开始了。根据人们的信仰和社会关系所展开的计划周密的镇压，其发起者并不是复仇心切的共和党人，而恰恰是自由派领导人自己，他们坚信共产主义者会带来巨大的威胁，决心要清理门户。比起电视上麦卡锡捕风捉影的政治迫害，更为要紧的(虽然没有那么戏剧化)是杜鲁门 1947 年的所颁布的行政法令，法令规定设置官员忠诚部，审查所有联邦雇员的政治关系，此后州一级也出现了类似机构。数百万的公务员被迫接受审查，数千人被解雇，他们的权利完全没有受到法定程序的保护。紧随政府忠诚调查之后的，是在一个个产业中对左翼分子系统化的肃清，从大型的钢铁、汽车工厂、造船厂，到好莱坞的摄影棚，最后延伸到大多数的公立教育体系和大学校园。1947 年，国会无视杜鲁门的否决，通过了《劳资关系法》(即《塔夫特—哈特莱法》，Taft-Hartley Act)，该法令规定国内每个工会的官员必须在宣誓书上签字，保证自己不是共产党的成员或支持者，否则其所在的工会将无法通过国家劳工关系委员会(National Labor Relations Board)的认证。

对美国共产主义势力的致命一击发生在 1949 年。当时 11 个左翼工会，近百万名成员，被驱逐出了美国产业组织联合会(Congress of Industrial Organizations)，而这一劳工联盟，正是激进分子在 30 年代协助组建的。伴随着前副总统亨利·华莱士所带领的进步党在 1948 年总统竞选中的惨重失利，旧左派遭受了决定性的挫败。当时华莱士在新政的大力拥护者和美国共产党的支持下，提出了同苏维埃保持和平局面、立即结束种族隔离等一系列自由派计划——然而他的得票只占总数的百分之二。1949 年，11 位共产党核心领导人被判违反了《史密斯法》，该法令将"阴谋鼓吹推翻政府"的行为定为重罪。在接下来的 5 年里，又有将近 200 名地方和州级的共产领导人受到了起诉。在这些案件的审理中，政府的主要证据是鼓吹资本主义最终将被废除的传单和报刊文章。1950 年的《麦卡伦法》(McCarran Act，又称《麦卡伦国内安全法》)设置了颠覆活动管制委员会(Subversive Activities Control Board)，用以监控和制裁"受共产主义控制"和"处于共产主义阵线"的组织机构，其后的史密斯法则设立了言论自由的明确界限。共产主义并未被明确地定为非法，但它的拥护者却被严密地隔离，同"颠覆活动"有任何联系都意味着显而易见的风险。

红色恐怖对新左派的重要意义，不仅在于它结束了 20 世纪 30 年代广泛的激进运动——这一曾经动员了包含数百万人的"人民阵线"。在美国共产党及其相关组织彻底衰落很久之后，同苏联间的战争威胁和麦卡锡主义所设置的制度机构，带来了一种无处不在的怀疑气氛。对政治争论的严格限制一直持续到 20 世纪 60 年代。在民权运动和越战的鼎盛时期，国会委员会仍在公然地发出质问："你是否或曾经是否是一名共产党员"，仍在公然地要求人们"供出名字来"。在 20 世纪 60 年代早期，司法部长兼总检察长罗伯特·肯尼迪又加强了措施，要将力量已经十分微薄的美国共产党彻底肃清，并大力支持了联邦调查局的反情报项目——系统地渗透并破坏激进团体。最为重要的是，任何教师、教授、工会成员、民众领袖或是记者都清楚，有些观点一旦表达出来，就会危及个人的工作和团体的现状。事实上，任何新生的，或是与众不同的事物，从摇滚音乐到性教育，都可能会被谴责为削弱美国力量的共产主义阴谋。有些事情现在看起来十分荒谬，但在当时却是异常严肃的，例如政府在饮用水中添加氟化物的计划，就被当时的保守派指控为是"苏联授意"的。难怪理查德·霍夫施塔特在将麦卡锡主义置于更大的语境中分析时，着重强调了"美国政坛的偏执之风"。

新左派潜在的根源：二战——一场社会革命

在我们强调麦卡锡主义对政治话语深切的影响力时，要注意不能夸大了20世纪50年代中的压制与张力。只有相对一少部分人，大约1万人左右，直接受到了麦卡锡主义的负面影响，而这种影响大多是失业和社会地位的下降，而非实际上入狱。虽然美国在3年残酷的朝鲜战争中受到重创，但并未像二战一样后院起火。在那些白色种族、异性取向、新生的中产阶级多数派看来，美国人生活在"最好的世界"中。对于自诩为自由世界领导人的美国来说，唯一的挑战，便是征服东方的邪恶帝国。政治、种族、民族、性别以及文化上的少数派群体，最终构成了新左派。在他们看来，美国的政治和社会固步自封，不愿接受任何严肃的异议，对尚存的种族危机和普遍的贫困视而不见，对在家庭组织、性生活和文化价值上离经叛道的做法，也都充满了敌意。带有讽刺意味的是，20世纪50年代，所有的少数派，从黑人激进者、学生知识分子、秘密的同性恋者，到寻求经济独立的妇女，由于二战带来的经济和人口变化，都具备了发表异议的能力和时机。基本上，新左派的运动在政治上都源自战争期间的剧变，这些剧变构成了一场实际上的社会革命。新左派的激进主义，其实是这场剧变的迟发反应，这种反应只是被红色恐怖的影响暂时拖延罢了。

为什么把二战称做一场革命？美国政府显然另有他图。政府只是想要尽可能有效地动员经济和人力资源，以最快的速度击溃德国和日本这两台强大的战争机器。但是这场全国性的动员，几乎瓦解了全部美国长期以来形成的传统和等级制度，尤其是同种族和性别相关的传统和制度。要理解这一点，最简单的方法，是要记住联邦政府所需的两件事情：一是需要士兵来满足临时新建的海陆空军队；二是需要工人来充实巨大的"民主兵工厂"——自1940年开始全部转入坦克、卡车、飞机和轮船建造的工厂联合体。到1945年，共有1 600万人在军队服过役，而在珍珠港事件前，美国总人口仅有1亿3 300万。这些来自城区、农场、小镇的人们被派往边远的地区，通常是海外，接触的人同国内的邻里朋友都有很大区别。他们面对着陌生的天地、奇怪的想法、异域的食品，以及毫不熟悉的语言和文化。他们可能要经受巨大的风险，承担沉重的责任。而在国内的前线上，生活同样经历着巨大的颠覆和重建。大量的人力流入军队，这造成了劳动力的极度匮乏，曾经有一系列的惯例和章程，规定什么人可以做繁重而高薪的工厂工作，现在这些规则瞬间土崩瓦解。政府展示了身着工装的女性打铆工和焊接工笑容满面的照片，在这种直接鼓励下，300 万妇女承担起了“男人的活儿”。同样重要的是，二战加速了来自南方农业地区的黑人移民潮，超过 100 万的非裔美国人放弃了半封建经济的佃农耕作，纷纷涌入城市和工厂。

非裔美国人立刻认识到加入庞大的公民军队和战时经济动员所隐含的极端意义。当美国媒体持续报道美国正在为平等和自由同纳粹和日军作战时，黑人士兵在军队中仍然遭遇着种族隔离，受到许多长官公开的种族歧视——这引发了他们深切的仇恨。1942 年，一份主要的黑人报纸，《匹兹堡信使报》(*Pittsburgh Courier*)，宣称要发起一场争取“双重胜利”的战役——对国外法西斯主义的胜利和对国内白人至上主义的胜利。1941 年，在美国正式参战之前，黑人联盟的领导人 A·菲利普·伦道夫(A. Philip Randolph)就取得了自重建时期以来最激动人心的政治进展。他宣称如果国防工厂不采取措施提供就业机会，就会有十万名愤怒的黑人到华盛顿游行示威。罗斯福因此授权组建了公平就业措施委员会(Fair Employment Practices Committee)来调查存在的歧视。全国有色人种协进会(National Association for the Advancement of Colored People，简称 NAACP)的成员数量在战争期间迅速增长，从 1941 年的 5 万人，激增至 1945 年的 45 万人。随着南方人口的迁移，黑人在北方城市中的选举影响力稳步提升，在从历史角度看来支持民权的共和党和支持种族隔离的民主党之间，非裔美国人维持着力量的潜在平衡。由于新政的就业计划给绝望的贫苦民众，包括非裔美国人，带来了切实的利益，民主党在 20 世纪 30 年代赢得了多数的黑人选票。罗斯福对待黑人领袖就像朋友一样，这俨然成了种族平等的全国性标志。他所任命的自由派最高法院法官，也开始压制种族隔离法令。许多人都预计在战争结束时会出现大规模的民权运动，许多黑人老兵也出现在南方无处不在的选民登记运动的最前线。反共主义者在 20 世纪 40 年代晚期和 50 年代早期所展开的调查和攻击，暂时削弱了这场政治活动，但毫无疑问，二战所带来的非裔美国人对平等公民权利的呼唤，是无法被抑制的。

虽然在 1941～1945 年间，并不存在与之相应的妇女政治运动，但战争的影响同样的深远。在二战之前，即使是大萧条的高峰时期，社会都严格禁止已婚女性在外从事工作(黑人已婚女性是个很大的例外)。在战时的压力下，很多丈夫外出参军的已婚女性和年轻的单身女性获得了带薪的工作。同样重要的是，这些并不是工资较低的无工会工作——妇女历来被局限在洗衣、纺织行业和糖果工厂。有史以来，妇女第一次在加入了工会的重工业中——转入国防工业的工厂和船厂——承担了男人们的高薪工作。这次经济独立的突破比20世纪60年代的妇女运动高潮早了几十年，但却仅仅被定义为战争期间暂时的破例。老兵们返回家乡时，又要求妇女们归还他们的工作。当时大众普遍认为，如果男人有能力养家糊口，妇女们情愿留在家里抚养儿女，操持家务。

但是，大众对二战后家庭生活的记忆却和实际有很大不同。此后的调查显示，一旦已婚妇女得到了带薪的工作，她们就再也不愿放弃了。二战期间，已婚妇女外出就业的比例显著增加，之后在一年内有所下降，继而保持稳步增长。同样重要的是，工会中的女性成员数量也继续稳固地增长，从1940年的80万增加到1952年的300万。战后的几十年里，女性工会成员是争取妇女权利——例如同工同酬、结束工作上的性别限制——最忠实的支持者。20世纪50年代和战争期间的差别在于，越来越多的女性工作者再次被局限于地位较低的"女人的活儿"，例如文秘工作和销售服务，而不能从事高薪的工厂工作。同时，取得职业学位妇女的比例在战后持续减少。对经济独立的渴望，和对限制妇女职业发展的规定的深深的不满，是60年代妇女运动复兴的关键因素。而这场运动的导火线甚至可以追溯到更早之前——因为战争，她们的丈夫、父亲和兄弟不得不离开家庭，男性的权威被无法挽回地削弱了。

虽然战时动员的催化作用在黑人和妇女中最为明显，但同样也给其他群体带来了影响——墨裔美国人、印第安人，第一次见识到大城市灯红酒绿的农场小镇居民，同工人阶级天主教徒和犹太人并肩作战的中上流社会新教徒，以及在陌生的军旅生活中相互结识的同性恋者。除了民权运动的开展、妇女就业和参加工会人数的增长——这催生了20世纪60年代的女性主义"第二波"，新左派的其他成员也从战时和战后的社会更迭、政治决策中应运而生。20世纪50年代小范围的同性恋权利运动，在港口城市——如旧金山——新兴的同性恋亚文化中酝酿成熟，战时动员所导致的同性社交社会(homosocial)，更是加速了它的发展。返乡的老兵建立的"大兵论坛"(G. I. Forum)，成为了战后为墨裔美国人争取全面公民权利的关键性组织。战争结束时出现了恢复本土居民民权和自主的运动，并于1944年成立了全国美洲印第安人大会(National Congress of American Indians)。战争同样助长了盛行于20世纪50年代的波西米亚亚文化，正是这种亚文化创造了新左派的文化气质——不论是“垮掉的一代”的作家，被称做bebop的先锋派爵士乐运动，还是后来被定名为抽象表达主义者的一些画家。最后，正是在战争和战后时期，民族矛盾开始在北方城市中升温。黑人在旧的贫民区之外寻找栖身之地，遭到了白人暴民的攻击。这场地域之战加深了城市中非裔美国人的敌意，并最终导致了对黑人民权之外权力的呼吁。二战彻底震动了美国生活的方方面面，而这些破碎的残片，将永远无法复原。

第三章　新左派在旧左派中的源起

20世纪的问题是种族分界的问题——是在亚洲、非洲、美国和海中各岛上，深色种族同浅色种族的关系。

——W. E. B. 杜波瓦（W. E. B Du Bois），《黑人的灵魂》（*The Souls of Black Folk*），1903年

只要存在着下层阶级，我身上就流着它的血液；只要存在着犯罪因素，我身上就打着它的烙印；只要狱中还囚禁着灵魂，我就不会得到自由。

——社会党领导人尤金·V. 德布斯（Eugene V. Debs）的庭辩，1918年9月14日

共产主义者只关注群众的利益，他们没有狭隘自私的企图。做一个共产主义者并不是一种职业。任何图谋私利、以自我为中心的人，任何不能以集体作为思想和行动出发点的人，任何容易被舆论左右的人，不论他的位置多么重要，最终都会被清除出我们的队伍。“最多数人最大的利益”便是共产主义者的道德准则。共产主义者以此作为自身的利益并付诸实践——他们热情而无私地工作着，通过解放工薪奴役下的劳动者，来解放贪婪和暴政笼罩下的全人类。

——伊丽莎白·格利·弗林（Elizabeth Gurley Flynn），《认识共产主义者》（*Meet the Communists*），1946年

没有多少社会运动是自发产生的，虽然外部的观察者和内部的参与者常常有这种印象。新左派也不例外。20 世纪 50 年代，南方和北方的非裔美国人再次给黑人反抗传统注入了新鲜血液，另外由美国激进传统而来的三股政治洪流，同样对新激进主义起到了关键作用。本章的重点便是新左派的这四个起源：20 世纪 50 年代汇聚于民权运动中的各种各样的黑人政治活动；共产党及其“进步”外围组织；老社会党以及其他“反对斯大林主义的”左翼力量；以及基于教会的和平主义运动——也是美国最早的激进势力。这些远不是全部的旧左派，远不是全部 20 世纪上半叶广泛的改革涌流——还存在着工会运动，后选举时代的女性主义，以及民主共和两党中都存在的自由分子。任何一本书都无法穷尽这一段历史，但也应该注意，所有这些，都同冷战期间激进主义的发展有着密切联系。

黑人抵抗传统

如果我们对新左派采取广义的定义，将其视为 1945 年后在美国发生的所有致力于激进改革和文化革命的行动，那么新左派的起点就显而易见了。学者们和激进主义者们达成了这样一个共识：非裔美国人寻求真正公民权利的广泛运动，便是冷战时期美国社会变化的首要起源。这场运动自 20 世纪 30 年代晚期就开始在南方和北方稳步发展，到 1955 年 12 月，在全球范围内引起了关注——在亚拉巴马州的蒙哥马利市，一部分富有经验的激进人士发起了一场对实行种族隔离的公共汽车的抵制运动。他们招募了一位浸信会牧师来作为发言人——小马丁·路德·金。通过极富影响力的演讲和高瞻远瞩的领导能力，他成为了民权运动中最重要的领导者，成为了整个冷战期间最核心的激进派人物。

历史学家们曾经认为(记者们现在仍然这样评论)，对于黑人，对于美国，民权运动标志着一个崭新的开端。但在最近几十年里，研究人员发现，1955～1956 年蒙哥马利的公共汽车抵制运动，以及随之而来的全国范围内的抵抗运动——随着民权法案和选举权法案的通过，运动在 1964～1965 年达到高峰——都有着深刻的根源。即使是 1965 年后以北方为基础的黑人权力运动，也都在不为美国白人社会所知的黑人激进主义的历史中有其渊源。

20 世纪 50 年代，任何一个思考着当时所谓“种族关系”的美国人，所参考的仍是 1866～1877 年内战后南方的激进重建。在这期间，宪法赋予了曾经是奴隶的黑人们新的权利，他们通过选举使数百名黑人获得了公职——从郡长到美国国会议员。1877 年，最后一批联邦军队也从南方撤军，此后经过数十年才确立了白人至上主义——即所谓“乌鸦吉姆”①。到1910年，南部各州都剥夺了非裔美国人的选举权，在1890年之后，私刑也愈演愈烈。最后一个南方黑人共和党人在1901年离开了国会，非裔美国人从此退出了美国政坛。

直到1929年才有另一个非裔美国人被选入国会，这一次是从芝加哥。自一战期间开始，就出现了来自南方的大规模移民，随着时间的变化，这些移民发展成了北部的城市选民团体，成了向民主共和两党提出民权要求的后备军。但这仍是一个缓慢的过程，直到20世纪下半叶，民主党中仍包含着公开的南方白人种族主义者的强大力量。至1952年，民主党提名一位“温和派”种族隔离主义者为副总统——亚拉巴马州参议员约翰·斯巴克曼，来平衡伊利诺伊州州长阿德莱·斯蒂文森的力量。在美国的多数党中，存在着种族改革和白人至上主义间强烈的矛盾，这对于理解20世纪30年代到70年代的政纲，起着至关重要的作用。这足以解释许多新左派人士，在同北方民主党人，例如约翰·F. 肯尼迪打交道时，所怀有的愤怒——他对控制着主要国会委员会的南方民主党人，从未有过出色的表现。

由于被主流的选举和立法政治活动排除在外，非裔美国人从很早就发展了其他的政治活动形式，包括联合抵制、非暴力不合作、游行示威以及大规模的抗议集会。准确地说，现代民权运动并非诞生于20世纪四五十年代，而是发起于1909～1910年间“乌鸦吉姆”的鼎盛时期。正是在此时，伟大的黑人知识分子W. E. B. 杜波瓦同白人自由人士和社会党人一起创立了全国有色人种协进会。在数十年里，全国有色人种协进会致力于通过法律手段来逐步消灭种族隔离制度，他们揭露了1896年最高法院在“普莱西诉弗格森案”(*Plessy v. Ferguson*)中判决背后所谓“隔离但平等”一说的伪善。这是一场艰辛的斗争。虽然种族隔离只在南方被写入法规，但作为一种社会习惯，却是遍及全美的。中小学、大学、商店、旅馆、酒店、剧院、寓所、工会、警队——甚至海军陆战队——都公开地排斥着非裔美国人。全国有色人种协进会在重重困难下仍然强撑力持。到了20世纪40年代，该组织不断地取得胜利，例如1944年最高法院对“史密斯诉奥尔赖特案”(*Smith v. Allwright*)的判决。在这场诉讼之前，民主党在一党制的南方用“白人初选”原则来将黑人排斥出仅有的几个有

---

① 乌鸦吉姆是一个唱歌跳舞、对自己和世界感到满意却又有点儿弱智的黑人的刻板形象，这种说法代表了美国种族隔离的历史，也成为了歧视黑人的代名词。——译注

意义的选举，这次判决彻底击垮了这种原则。

同时，在美国黑人被隔离的世界中，许多民族主义者领袖或是所谓“种族人”挺身而出，抨击白人的压迫——这种批评甚至比中产阶级的全国有色人种协进会更加尖锐——鼓励黑人完全依赖自身的力量。在20世纪20年代前后，马库斯·加维(Marcus Garvey)领导的全球黑人促进协会激励了一大批工人阶级的黑人民众，尤其是那些在北部正在成型的犹太人聚居区中，拥有了争取自身自由的意识和经济上自足的条件的黑人民众。从20世纪30年代开始，以利亚·穆罕默德(Elijah Muhammad)创建了独立的伊斯兰国(Nation of Islam)，将白人谴责为魔鬼，呼吁回归传统的文化价值观，通过自我规训来逃离白人的控制。最后，在大萧条和战争时期，因其对种族平等的强烈支持和将最贫苦的小佃农和工人们组织起来的义务，美国共产党在从亚拉巴马到哈莱姆[1]的美国黑人中设立了基层组织。

无论阶级和意识形态存在多么大的差异，从纽约全国有色人种协进会的律师，到底特律身为汽车工人的共产主义者，所有的激进分子都意识到不论拥有怎样的教育背景和事业成就，他们按照常规永远无法得到权力和尊重，因而紧密地团结了起来。白人历来所持的定论——任何黑人在根本上都比任何白人要低劣——对美国政坛产生了深刻的影响。在这种前提下，黑人获得的任何形式的政治权力，不论多么微弱，都暗含着对现有秩序的颠覆。种族隔离主义者恶意地称之为“社会平等”。这种潜在但是根深蒂固的激进主义——意识到美国的历史仍是悬而未决，意识到为基本的民主和公民权利所做的斗争仍具有革命性质——便是黑人抵抗传统留给新左派最重要的遗产。当全国有色人种协进会以及其他北方的领导人自20世纪40年代晚期开始同冷战自由主义形成统一战线时，在“乌鸦吉姆”的南方的草根阶层中，任何形式的黑人激进主义仍具有不可否认的颠覆性质。在20世纪50年代，南方的州立法机构动用了反共的机制，要求全国有色人种协进会在南方的分支机构将成员名单交给当局，以此对其进行打压和取缔。种族隔离，公开的白人至上主义，以及黑人民众对征服与镇压的抗争，最终创造了一个契机，使得可以对冷战美国存在的一切观念，发起根本性的挑战。

---

① 美国纽约的黑人住宅区。——译注

共产党与进步左派

对于多数白人来说，黑人抵抗传统的身影直到20世纪50年代晚期才为人所见。而成立于1919年的共产党，则成为了20世纪20年代至40年代左翼最活跃的力量。共产党在新政和二战中饱尝了胜利的喜悦，招募了数以万计的成员。更重要的是，共产党拥有近百万的支持者，他们或是阅读共产党的报刊，或是参加共产党创立的组织，或是活跃在共产党组建的工会中。在那些年代里，共产党在忠于苏联高压社会主义专政的同时，也为美国的民主作出了两个重要贡献。首先，他们致力于多种族、多民族的劳工运动，起用作风严谨的组织者，从而在20世纪30年代——那个同自由主义者和其他左翼分子结成"人民阵线"同盟的年代——协助建立了规模巨大的产业工会：产业组织联合会。数百万的工人被赋予了权力，这将美国变成了一个更平等的社会。其次，作为由白人领导的政治团体，共产党是当时唯一敢于公然与"乌鸦吉姆"及南方信奉白人至上主义的机构对峙，为黑人争取完全意义上的平等的组织。这种立场为共产主义者赢得了美国黑人的尊重——共产党在别处从未获得过如此高度的尊重；而共产党最具影响力的政治胜利，是哈莱姆出身的黑人共产主义者小本杰明·戴维斯(Benjamin Davis, Jr.)被选为1943～1949年的纽约市议员。

虽然此后的激进者对美国共产党在组织上的优势欣羡不已，但它却从未取得过欧洲和其他地方共产党所具有的合法性。即使在巅峰时期，美国共产党仍活动在新政自由主义和主流劳工运动的边缘。大多数在工会和其他组织担任领导职务的党员，都怕丢掉工作而隐藏起自身的政治面貌，这更让人觉得共产党在进行非民主的阴谋活动。在同苏维埃的战时联盟变为冷战之后，美国共产党势力脆弱的基础土崩瓦解，而由于盲目地支持苏联的政策——包括杀害了数百万人的大清洗运动——也使其失去了公众的信任。自由派领导人，例如埃莉诺·罗斯福，在1947年迅速成立了反共组织——美国民主行动会(Americans for Democratic Action)，来孤立由共产党领导的左派。一场由法律上的镇压和社会上的驱逐组成的浪潮在左派中蔓延开来。最重要的是，国务院官员阿尔杰·希斯(Alger Hiss)在1949年被判为伪证罪，朱利叶斯·罗森堡和艾瑟尔·罗森堡夫妇(Julius and Ethel Rosenberg)在1953年由于窃取有关原子弹的最高机密被判处死刑，由于这两次审讯引起了高度的关注，使得许多美国人长期以来的怀疑得以证实——所有共产党员都是苏维埃间谍。

当最高法院的判决推翻了史密斯法，麦卡锡主义在1955～1956年开始衰退时，共产党则困兽犹斗，成员已减至2万人，仅为1945年的三分之一。但这还不是最坏的局面。1956年2月，苏维埃领导人尼基塔·赫鲁晓夫将其前任约瑟夫·斯大林指责为偏执的罪犯。在世界范围内，曾经崇拜斯大林的共产主义者面对这种评论都感到手足无措。美国共产党人也不例外。一场就如何在更民主的路线上重建政党的激烈争论展开了。当革命者同传统的斯大林主义者争论不休时，大多数党员们也"用脚投票"，作出了他们的选择。到1958年，只有5000名立场坚定的党员留了下来，而到了1960年，共产党则几乎退出了政治舞台。对于自由派人士，这成了一个笑柄，有人笑称，若不是有数千名渗透入党内的FBI间谍所缴纳的党费作为支撑，共产党就不复存在了。而对于年轻的新左派，势力削弱了的共产党——多数中年的党员仍保持着支持苏联的信念，却投身于自由民主政治——则示范着如何才能避免激进。

但这并不是说，这一小部分核心激进分子没有影响力和重要性。在美国黑人中，共产党人仍然保持着一定的威信。由于美国黑人与白人被分隔开来，麦卡锡主义并未有效地孤立黑人激进分子。许多同共产党保持密切联系的杰出人士，例如出色的演员、歌唱家保罗·罗伯逊(Paul Robeson)，全国有色人种协进会的创始人W. E. B. 杜波瓦，都深受民众的尊敬，大多数的非裔美国人都拒绝相信他们也是叛徒。当20世纪六七十年代众多黑人首次通过选举担任公职时，其中很多人都在过去同共产党有着联系，例如底特律的市长科尔曼·杨(Coleman Young)和许多国会成员。在少数城市中，例如洛杉矶、圣弗朗西斯科和纽约，共产党都有足够的成员，可以在当地政坛扮演一定的角色，同时也在劳工运动中保留了立足之处。另外，美国共产党仍然拥有一个全国性的组织，组织者也从自己的工作中得到报酬。新左派的去中心化，更是扩大了这些优势。政党的财力物力，同世界各地共产党的联系，以及数十年结盟的经验，使得美国共产党员及其盟友在主要的民权运动和和平运动中，通常扮演着关键的幕后角色。

比起日益减缩的共产党正式成员，更具重要意义的是那些"进步人士"，他们20世纪三四十年代作为受共产党影响的左翼分子存在，在60年代之后仍然保持着政治上的活跃性。他们的共同点是支持新政，支持工会，反对冷战(或支持苏维埃)。一些人维持着同共产党的联系，而大多数人则没有。这些旧左派的积极分子遍布在郊外和城市社区中，对冷战激进主义起到了至关重要的作用，他们将自身经验的积淀，传递给了富于浪漫主义激情的年轻一代。他们便是我们不能将新左派定义为青年运动的主要原因之一。

社会党和反斯大林左派

虽然共产党是最重要的马克思主义组织，但它并未垄断社会主义思想。1900 年早期社会党成立了，其路线较共产党略为偏右。社会党和其他规模较小的团体组成了同美国共产党相对的“反斯大林派”。在 20 世纪的前 20 年，社会党力量相当可观。社会党发行了数百份报纸杂志，许多成员都被选举为地方或州级行政人员，有些甚至进入了国会。其魅力型(charismatic)前领导人尤金·V. 德布斯曾 4 次作为该党总统候选人参加竞选，1912 年在普选中获得了 6%的选票。但在 1920 年之后，由于共产党更加活跃，社会党不得不退居次席，到了 20 世纪 40 年代，则只剩下了几千名党员。在和平主义者诺曼·托马斯(Norman Thomas)牧师数十年的领导下，社会党仍得到主流工人领袖的支持，其中许多人，例如汽车工人联合会主席沃尔特·鲁瑟(Walter Reuther)，在年轻时就曾是社会党党员。即使在冷战时期，托马斯也仍然得到自由派人士的尊重。但是，正如共产党对苏联毫不动摇的忠诚给自身带来了污名，在 1945 年后，社会党对美国政策支持与否，对国内外共产主义者谴责与否，也都影响着其声誉。托马斯在美国政府的支持下，巡游了刚刚独立的印度和其他中立国家，这使得激进人士嘲笑他为“国务院的社会主义者”。在托马斯等社会党领导人和中央情报局之间也存在着联系，社会党人曾帮助中情局在拉丁美洲及其他地方建立了反共的劳工组织。

社会党虽然是反斯大林左派中最大的组织，但却不是唯一的。1928 年，列夫·托洛茨基被开除出共产党。托洛茨基是俄国革命的最高领导人之一，但却被斯大林流放，最后于 1940 年在墨西哥被苏维埃间谍暗杀。虽然批评苏联是“畸形的工人国家”，托派分子仍然认为自己是正统的马列主义者，甚至比共产主义者更具革命性质。到 20 世纪 50 年代，托派分子分裂为两个组织，一个是社会主义工人党，另一个是独立社会主义联盟(Independent Socialist League)，即沙特曼派(Shachtmanites)，因其领导人，托洛茨基的前任秘书迈克斯·沙特曼(Max Shachtman)而得名。社会主义工人党时常从左派的立场批评共产党，在冷战中也始终没有支持过美国。虽然社会主义工人党成员较少，但因其心无旁骛的作风，在许多新左派运动，尤其是反战活动中，都扮演着重要的角色。与此相反，沙特曼派则在 20 世纪 50 年代转为右翼，在 1958 年并入了社会党，形成了其最保守的势力，强烈地反对共产主义、质疑新左派。

麦卡锡主义带来了许多令人始料未及的结果，其中之一，便是在20世纪50年代晚期增强了社会党的政治声望。当共产党人受到法律上的指控，并因其同间谍和斯大林专制的联系而受到制约时，社会党的威信则在不断增加。另外，托马斯和其他社会党人都同许多和平主义组织保持着密切联系，这些组织通过声势渐强的民权抵抗运动和反对核试验的新和平运动确保了社会党的影响力。社会党中的反斯大林左派和托派分子相对共产党还具有其他优势——他们积极发展新的知识分子论坛。1954年由欧文·豪(Irving Howe)创建的《异议》(*Dissent*)杂志，以及德怀特·麦克唐纳(Dwight MacDonald)编辑的早期《政治》杂志，都给二战后非正统马克思主义潮流的发展提供了环境。这些设立于纽约的杂志催生了政坛的“第三种力量”——既不效忠于苏联，也不效忠于美国。在这种独立思想的鼓舞下，从附属于社会党的组织中——例如社会主义青年团和争取工业民主学生团(于1960年改名为学生争取民主社会组织)——直接产生了许多新左派学生运动。

社会党拥有显赫的历史，拥有同自由主义、和平主义团体的联系，拥有工会的经济资助，拥有真正多样化的思维方式，因此，在麦卡锡主义于20世纪60年代衰落后，社会党是复兴的激进主义理所当然的受益者。然而令人惊讶的是，社会党并未充分利用它的影响力，而是很快从60年代的激进运动中分离开来。曾有这样一个众人皆知的掌故，社会党领导人试图向学生争取民主社会组织强加反共主义思想，这导致了1962年令人不快的分裂。另外，当共产党人、进步人士和和平主义者都积极地参与到反对越战运动中时，社会党却分裂成两派，其中一派对美国的战争举措予以支持。最后，许多年长的白人男性社会党人被黑人权力运动、妇女解放运动和同性恋解放运动排斥在外。他们同工会运动中的保守领导势力产生了相当的共鸣，并在20世纪70年代早期开始向所谓“新保守主义”的方向继续发展。社会党没有经历复兴，而是成了破产的旧左派的重要代表，并最终于1972年土崩瓦解。

在二战战后相当一段时期内，共产党人和社会党人的分界线都非常明显——他们对冷战的看法存在巨大分歧。然而他们的共同点也是值得关注的。除了坚持社会主义世界观和马克思主义历史分析，这两个小规模党派都相信工人运动对改变美国社会起着核心作用，都坚持致力于实效性的改革，包括优先支持民主党中的自由分子。两党都从第一、第二代移民家庭中吸收了大量成员，其中很大一部分是犹太人。除了在苏联问题上截然相反的观点，两党间最大的差异在于对非裔美国人的态度：共产党在黑人问题上表现激进，政党中存在大量的黑人成员和领导，这一点是社会党无法企及的。最后一点，共产党和社会党都是真正意义上的政党——他们拥有等级严明的官僚组织结构。而新左派分子，无论其背景和年龄，都对常设的行政结构持有异议，并认为在其背后隐藏着地方当局和“老大哥式”政府的强权与力量。新左派寻找着社会成员关系和政治激进主义的另一种模式，他们将目光转向了非暴力、反等级、反官僚的激进主义。许多人发现，他们并不需要将目光投向远方，在身边，在美国和平主义长期的历史中，就存在着这样的传统。

和平主义左派

美国左派真正的“第三种力量”，和平主义者，在 20 世纪上半叶很少受到关注。与社会主义者和共产主义者不同，他们并不是一个政治党派，也不基于工人运动。他们包含了松散的教会网络、小型区域性和平团体、少数既成的宗教派别和非宗教组织。但这些少数白人新教徒却有其深厚的基础：虽然没有哪个美国总统是马克思主义者，却有许多人在 19 世纪曾是贵格会会员或一位论教徒。和平主义者利用这些优势，对新左派产生了巨大的影响。

和平主义将非暴力的主张当做伦理上的信条，他们拒绝参与对任何人的暴力行为，不论是在政治还是个人的情况下。政府最基本的权力，就是号令民众参与战争，因此，即使是消极形式的和平主义，也都对当局进行着带有潜在激进性的挑战。和平主义的渊源可以追溯到美国革命之前一些传统基督教新教的变体之中。最著名的和平主义团体是教友会（即贵格会），同时也有其他“和平教会”，例如门诺派和弟兄会，在一位论普救派等派别中也存在着力量强大的和平主义洪流。所有这些派别都强调要服务于贫民和受压迫者，都强调要避免战争。在 20 世纪 30 年代，出现了一支新的和平主义宗教派别。在多萝西·戴（Dorothy Day）的领导下掀起了一场天主教工人运动，为无家可归的人建起了“避难所”——这同时也是“意向社区”，为天主教工人志愿者们提供公社生活的实验环境。天主教工人组织的成员拒绝任何正式的机构，将他们连接在一起的，只是在全国范围发行的《天主教工人报》，以及多萝西·戴卓越的领导能力。

19 世纪，美国和平主义者组织了第一波和平运动，试图把战争定为非法；他们也协助领导了反对奴隶制度的废除主义运动。大多数现代美国和平组织都是在一战期间或其后不久诞生的。在这一时期成立了美国教友服务委员会(American Friends Service Committee)，旨在帮助外来难民，直到现在仍是重要的国际机构，拥有数百名美国国内和国外的职员。妇女和平与自由国际联盟(Women's International League for Peace and Freedom)成立于1916年，旨在维护欧洲公正的民主和平。唯爱社(Fellowship of Reconciliation)和反战者联盟(War Resisters League)则旨在反对征兵制和谴责战争本身。

所有这些组织在20世纪20～40年代都孜孜不倦地致力于它们的工作。在许多方面，和平主义都表现出极大的号召力，但无论从何种意义上来说，在这几十年里绝不是他们在领导着左派。然而，就在共产主义者的力量被冷战削弱时，和平主义者则迎来了机会。核武器给广岛和长崎带来的严重后果，使对裁军和停战的和平呼吁显得更加紧迫。他们始终坚持遵守道德规范，坚持进行民主公开形式的组织运作，这使得他们相对很少受到针对“红色分子”的迫害。因此，在整个冷战时期，美国教友服务委员会、妇女和平与自由国际联盟、唯爱社、反战者联盟等和平组织在很大程度上给新左派提供了机构的稳定性以及各种资源。没有这些组织，新左派确实会更“新”些，但同时力量也会被大幅度削弱。

民众对冷战美国和平主义新浪潮的了解，是基于其对二战期间征兵制的反对。由于大多数旧左派都将反抗希特勒的战争看做是正义的，甚至是神圣的，这一段特殊的历史将和平主义凸显出来。数千名狷介的拒服兵役者被送往了平民公役营，在严格的军纪下长时间工作。在这里，相同的政治信仰和挑战权威的勇气酝酿出了一种暗藏的文化。在平民公役营中相遇的一代年轻激进分子——包括大卫·德林杰(Dave Dellinger)、布拉特·利特勒(Brad Lyttle)和吉姆·派克(Jim Peck)等组织者——从这里走出来后，领导了20世纪五六十年代美国和平主义的复兴。他们信仰平等个人主义，他们关注小股部队的“直接行动”，而非建立大型、常设的组织，这多对新左派产生了巨大影响。同样重要的是，早在其他组织展开非暴力不合作运动之前，白人和黑人和平主义者就以这一策略向种族隔离发起了攻击。在1942年，唯爱社支持组建了种族平等大会(Congress of Racial Equality)，这是民权运动和新左派的一个主要组织。20世纪40年代中期，在种族平等联合会的带领下，人们到芝加哥等城市实行种族隔离政策的旅馆中静坐示威，在南方还展开了不同种族共乘一辆公共汽车巡游的示威活动(这在当时还是非法的)。他们的这些举措，在60年代早期，引起了全国上下的巨大关注。

但是，在20世纪四五十年代，大多数美国人都把和平主义者看成是无害的空想家。然而不论是漠视还是批评，都不能影响和平主义者。和平主义组织直言不讳地反对核武器，而不去讨论到底哪个超级大国更应当承担责任。正是这种彻底性将和平主义者置于新左派的中心位置——不论在道德上还是组织上。他们致力于克服彼此的差异团结一致，而非伺机建立自身组织的统治地位。

和平主义并不是冷战前和平激进主义历史的全部。传统的和平运动分为两个派别：一是略带激进主义倾向的和平主义，二是历史学家们所称的“自由国际主义”，该派别的革命者致力于通过加强国际合作来避免战争的劫难。在两次世界大战之间，这两个和平运动的派别结成了强大联盟，拥有数百万的选民和国会议员的支持。他们的影响力打击了对拉丁美洲——美国的传统势力范围——的军事干涉，并限制了对欧洲事务的参与。但是在二战期间，自由国际主义者转而赞同通过军事手段战胜希特勒。虽然他们在 1945 年热烈地支持联合国的创建，但却延续了他们确保国家安全的新式强硬手段，同苏联进行对抗。1955～1963 年反核武器和平运动和 1965 年开始的反战运动的胜利，在很大程度上都依赖于这些自由派人士的再次加盟。这些我们将在第五章继续讨论。

虽然旧左派具有不同的历史和各样的组织，但我们仍然可以轻松地将其分为两类：一是马克思主义政党，这些政党都为工人阶级服务，立足于工人运动，在 20 世纪上半叶，是他们在领导左派；二是远离主流的政治群体，例如非裔美国人和和平主义者，他们由于长期以来的“局外人”身份而产生了激进主义思想。这两个类别存在明显的重叠。小本·戴维斯等非裔美国人共产主义者和诺曼·托马斯等社会党和平主义者在两种传统间有力地架起了桥梁。但是，要理解美国激进主义在冷战时期的变化，关键是要理解旧左派对工人阶级的高度重视如何让位于对结束种族压迫、军国主义、男性至上主义或父权制的关注。这种从阶级政治到一系列更广泛、更分散的意识形态关注的转换，标志着新旧左派的分界。

第四章　黑人自由斗争：从“我们必将胜利”到“现在就要自由”

请谨记：要想革命就得先造成道德上、精神上和政治上的压力，好让总统、国家和世界都无法忽视你……唯一的方法就是借助于一支非暴力大军。让南方基督教领袖会议(SCLC)和其他信奉非暴力的团体通力协作，去谋划、征召、组织并训练一支非暴力部队……我们要招募两千到七八千名志愿者……我们要训练这些人去参加南方腹地的群众非暴力运动。

——詹姆斯·劳森(James Lawson)牧师，《非暴力革命的前夜?》，《南方爱国者》(*Southern Patriot*)，1961年11月

下一次游行示威，我们不去华盛顿，而是要走遍整个南方，我们要深入南方各州的中心地带，就像谢尔曼(Sherman)当年那样。我们要掀起一场轰轰烈烈的运动，而不是像过去的这几个月里的那样微不足道。

——约翰·刘易斯(John Lewis)，学生非暴力协调委员会(SNCC)主席，华盛顿游行运动中的演讲原稿，1963年8月28日

强大的人民不需要强大的领导。

——埃拉·巴克(Ella J. Baker)

民权运动(the Civil Rights movement)是新左派的原动力，也是1964～1965年间形成的政治分水岭的新左派的主要

因素，在这两年里国会最终采取行动，将一些主要的种族(或者宗教、性别及族群)歧视定为非法，并保障黑人的选举权。这是那 10 年唯一的群众运动和唯一受到媒体持续关注的运动，也是那些年唯一引起全国性的政治格局变动的激进运动：共和党放弃了他们作为"林肯之党"对美国黑人的历史性的(或许仅是名义上的)职责，民主党则向民权党演变。成千上万的南方黑人觉醒了，冒着被逮捕、殴打、焚烧、炸死与杀戮的危险，他们游行示威、静坐、联合抵制，还迎着暴徒去登记选举。众多其他运动亦随之兴起。随着不满、异化、反抗的分裂因素越来越多，20 世纪 50 年代的"所有可能世界中的最好的世界"就开始显得像一件紧身衣(strait-jacket)一般让人窒息。所有被拒绝与被轻视的局外人——学生和波希米亚人、男女同性恋、地下女权主义者、知识分子及少数族群——都被非裔美国人的顽强和勇敢所鼓舞，开始将他们自己想象成为"运动"(当时新左派之自称)的一分子。但是公开反抗的复兴是以极其稳健的方式开始的，起因是奉公守法的非裔美国人在一个南方小州首府的公共交通中长期受压迫，每天都受到侮辱。

冷战时代的民权：蒙哥马利之路

一位名为罗莎·帕克斯(Rosa Parks)的黑人女缝纫工人在亚拉巴马州蒙哥马利市的公共汽车上拒绝给白人让座——这个没有任何情节的故事被拿出来作为一个人类尊严的寓言讲述给了几百万在校学生。从某种意义上来说，这个故事确有其事。1955 年 12 月罗莎·帕克斯被捕了，这一勇敢的反抗行为引发了富有传奇色彩的蒙哥马利联合抵制公共汽车运动。不过这个受压迫的族群突然觉醒的故事从许多方面来看都是一个神话。首先，罗莎·帕克斯不是单独行动的，她也不仅仅是一个被逼无奈的疲惫的妇女。她是一位非常受人尊敬的社会人物，是全国有色人种协会蒙哥马利支部的前书记，而且最近在多个种族组成的高地人民公学(Highlander Folk School)参加了一个关于非暴力抵抗(当时称为"消极抵抗")的讨论会。其次，蒙哥马利的这场群众运动看似爆发于一夜之间，但其实如果没有几年来的策划与发动，这是不会发生的。主要的组织者是黑人工人领袖尼克松(E. D. Nixon)、大学教授乔·安·吉布森·罗宾逊(JoAnn Gibson Robinson)，来自南方弱小的白人激进分子群体的克利福得·杜尔(Clifford Durr)和维吉尼亚·杜尔(Virginia Durr)夫妇支持他们。这个领导小组长期以来都在讨论联合抵制公共汽车或者其他措施的可行性，借以显示蒙哥马利黑人的政治自信不断增长。1955 年底，他们感觉时机到了，而帕克斯事件可以做一个先行的标识。他们集合了蒙哥马利权利促进会(Montgomery Improvement Association)的牧师们，发表了一个抵制公共汽车的公开呼吁。为了寻找一个来自该城现有的黑人领导层之外的品德高尚的发言人，他们选中了著名的德克斯特大街浸信会教堂(elite Dexter Avenue Baptist Church)新来的牧师：26岁的小马丁·路德·金(Martin Luther King, Jr.)博士。

罗莎·帕克斯拒绝让座的事件远近闻名，其实这件事背后有着深刻的文化根源。北方人认为南方态度很消极，然而，50年代中期亚拉巴马等南方腹地各州早已蓄势待发。对黑人、白人座位分开这一做法的愤怒并不是什么新鲜事。二战期间，在亚拉巴马州最大的城市伯明翰，成百的黑人市民因为拒坐“有色人种专座”、顶嘴或者仅仅是“大声说话”而被逮捕、罚款或者被武装司机用枪托殴打。由于上千名回国老兵要求法定权利，战争末期南方黑人选举登记人数(几乎从零)迅猛增长。在北卡罗来纳州格林斯博罗(Greensboro)这样偏北的南方(Upper South)城市，一些黑人被选入地方政府，但是在其他地方则不然——1946年非裔美国老兵被武装分子阻挡而无法投票。而且，民权运动无论如何都不能算是一场地方运动。在北方，黑人可以投票，但是不得进入餐馆、电影院、游泳池、游乐园及公共居住区，而是一般被安置在全黑人的破败的学校里。在纽约、底特律和奥克兰这样的城市，复杂的反抗运动在二战期间及战后此起彼伏，这为20世纪50年代它们在南方的集中爆发奠定了根基。

事后，许多历史学家认为，若无冷战及它所引起的红色恐怖的巨大影响，现代民权运动将在二战之后立即遭遇种族隔离，而不是在50年代末期或60年代。然而，麦卡锡主义对20世纪40年代的反抗运动有着深远的影响。很多事实证明，北方城市民权联盟的最热忱的参与者恰是与共产党关系密切的人。黑人和白人左派在北方和南方同稳健分子联合起来控诉剥夺公民权、私刑、警察暴力及工作和住房歧视。麦卡锡主义瓦解了这些联盟，黑人工团主义者以及保罗·罗伯逊(Paul Robeson)及杜波瓦等领袖因为反对与苏联的冷战对抗而受到猛烈攻击。全国有色人种协进会为了保持其民主党自由主义阵营的地位，迫于压力在1948年开除了杜波瓦，并且开始肃清有着左派污点的会员。由于种族隔离主义者坚称支持民权运动就是参与颠覆美国根基的“国际共产主义阴谋”，到50年代早期，北方的民权充其量只能说是稍有改善，而在南方则彻底裹足不前。

然而，矛盾的是，冷战也为迫切要求全面的民主和种族平等创造了新的契机。全国有色人种协进会高兴地看到，吉姆·克罗(Jim Crow)种族隔离制度使美国在国际上极度难堪。美国如何在容忍国内人权公然遭到践踏的情况下，宣称领导自由世界抵抗苏联独裁的威胁？西欧及遍布亚洲与非洲的几十个欧洲殖民地和前殖民地的报纸不断指出这种伪善行径。更糟的是，不论何时发生私刑或“有色的”亚洲或非洲外交官被餐厅拒绝提供服务或者被宾馆拒绝提供房间（这种事情是经常发生的）时，苏联代表就会在联合国抨击美国。北方的民主党、共和党及杜鲁门总统都宣称吉姆·克罗造成了全国性的安全威胁。杜鲁门本人，因为渴求黑人的选票，在1946年任命了一个关于民权运动的官方委员会，进而于1948年在军队中取消了种族隔离。稳健派的黑人领袖们期待着他们可以收获民权的实质性改善——这将是他们默许麦卡锡主义的回报。他们没有失望。1954年，在由全国有色人种协进会杰出的首席法律顾问瑟古德·马歇尔（Thurgood Marshall）提起诉讼的布朗诉教育局（*Brown v. Board of Education*）案中，最高法院判定公立学校中的种族隔离违宪。这个信号正是蒙哥马利的活动家们和许多其他南方人民所期待的。

无巧不成书，像是形成某种鲜明对照的是，正当布朗案的影响开始渗入国民意识之时，一宗表面上无缘无故的谋杀案，一宗形式非常传统的私刑，成了美国各地和世界各国的头条新闻。1955年8月，一个14岁的芝加哥黑人小伙子埃米特·蒂尔（Emmett Till）去密西西比州的莫尼（Money）镇走亲戚。在商店里从一位白人妇女那里买糖果的时候，他壮起胆子对她调情。当晚这位妇女的丈夫就和他的同母异父兄弟一起劫持了蒂尔，狠狠地揍了他一顿，又开枪把他打死，把尸体抛入了塔拉哈奇河（Tallahatchie River）。19世纪80年代以来，数千名黑人成年男子和男孩都是以类似的方式遇害的，但是埃米特·蒂尔的母亲玛米·蒂尔（Mamie Till）和全国有色人种协进会不想让事情就此平息。50000名芝加哥黑人在他那敞开的棺材旁列队经过，而伤痕累累的腐烂尸体的照片则刊登在流行的黑人杂志《深黑》（*Jet*）上。全部由白人组成的陪审团宣判谋杀者无罪，而后者立刻把他们如何杀害这个小伙子的故事原原本本卖给了一家重量级新闻杂志《看》（*Look*）。在那个许多美国人认为改变会慢慢到来并且法庭裁决能和平地抚平吉姆·克罗案件的时候，埃米特·蒂尔遭谋杀一事深刻地提醒着人们，白人至上主义者的暴力是不肯让步的。

小马丁·路德·金和新美国激进主义

全国的黑人活动家们都认为布朗案的判决预示着一场法律革命的到来。美国政府的最高权威已经宣判了种族隔离在道德上和法律上都是错误的。这一判决对南方白人和黑人都有着极大的影响——因为它宣告着他们将要放弃以前的全部生活方式。问题变成了：第一场挑战将在哪里出现？南方各地的地方反抗运动开始迅速成长，但是蒙哥马利联合抵制公共汽车运动最为公众所瞩目，这在很大程度上是因为小马丁·路德·金是一位新型黑人领袖，他对非裔美国人和许多北方白人都有着极大的感染力。

蒙哥马利联合抵制公共汽车运动从1955年12月一直持续到1957年1月。该市的数万黑人虽然具有不同的背景，但是在此期间他们以非凡的团结和纪律把自己组织了起来。充满敌意的白人官员和充满怀疑的新闻记者几度惊讶于蒙哥马利黑人领袖的战略动机。他们设计了一种交通运输的替代系统来运送数千黑人上下班而不必搭乘公共汽车。大型的祈祷会和集会每周都要召开，一直持续了数个月。爆炸、威胁及对92位联合抵制组织者的控告反倒坚定了他们的抵抗，并使北方的舆论受到了冒犯。在此期间，金声望日增。他到全国各地去发表演讲，新闻界很关注他那沉着、博学而又热情的个性，以及他对非暴力抵抗的坚持——所有这些都源于他对基督的热爱，源于他把南方白人从他们的种族主义拯救出来的责任。但是记者们忽视了一点：金经常把美国南方的民权运动与非洲和亚洲的反帝运动作比较。

1957年1月，最高法院敦促蒙哥马利公共汽车实行种族融合，这一判决是对白色南方的沉重一击，其他城市也有人谋划着类似的运动。然而在随后的三年里，联合抵制运动的唯一切实的成果只有金的新南方基督教领袖会议(Southern Christian Leadership Conference，SCLC)——一个地区性的激进黑人牧师组织。南方基督教领袖会议最初主要是金的机构性工具，成效甚小。由于存在与全国有色人种协进会的竞争，且缺乏一个明确策略，它步履维艰。它的主要成就是在首都华盛顿举行的两次大型的全国性示威活动——1957年的和平祈祷游行(Prayer Pilgrimage for Peace)和1958年的青年人权动员运动(Youth Mobilization for Human Rights)。1957年在阿肯色州的小石城发生了50年代末期主要的种族危机，全国有色人种协进会在那里提起诉讼，要求强制进行学校的种族融合。联邦法院命令一所中学录取9名黑人学生之后，州长奥瓦尔·福伯斯(Orval Faubus)公然对抗法庭裁决。艾森豪威尔总统不得不派遣101空降师强制施行联邦权威，保护学生免遭暴民暴力。小石城事件是粉碎吉姆·克罗制度至关重要的一步，也是美国自重建以来首次动用联邦军队来保障民权。然而，这一事件被视为州和联邦政府之间的角力，而无辜的黑人儿童需要后者的保护。

在其他方面，20 世纪 50 年代晚期对民权拥护者来说是一个令人沮丧的时代。取消学校中的种族隔离进展缓慢，甚至可以说是止步不前。布朗案刚刚判决之后，一些城市主动实施学校种族融合，但是 1957 年白人加剧反抗之后，就没有哪个城市这么做了。因为选民清单的“净化”，南方各州的非裔美国人登记选民人数也减少了。南方各地都出现了白人公民协会(White Citizens' Council)，由当地白人精英领导，他们推行一项“大规模抵抗”政策，反对建议白人开始对种族隔离坐视不管的任何提议。

像许多历史运动一样，民权运动也是蹒跚起步的。早在冷战年代，服从既有规定早已司空见惯。如今，服从(conformity)被公然等同于爱国主义，而任何形式的持异议者要么被奚落为“上了共产主义的当的人”，要么被嘲弄为神经质的“真正的信徒”(哲学家埃里克・霍弗〈Eric Hoffer〉1951 年的一本书的书名，后来成为贬损激进人士为受骗的狂热分子的流行语)。在这样的气候下，反抗本身以及旨在挑战不道德的、压迫人的权利结构的政治领导的观念被彻底怀疑。这种犬儒与怀疑的气候亦有助于解释为何金的出现产生了如此巨大的影响。若无他那非凡的人格，以及他在北方和全世界引起的关注，蒙哥马利运动或许由其自身原因仍可获胜，但必将无人注意。金“对权力吐真言”的意愿引发了波浪效应，为下一个十年的反叛点燃了火花，并在 1964 年登峰造极：他获得了诺贝尔和平奖。他以个人的实例，清晰地表述了处于冷战中的美国的激进主义的新定义。他懂得，这需要一种道德与精神的立场，而非狭隘的政治的权威，后来响应着他对全面民主的号召，新左派逐渐构建了自身。因此，我们需要确定金与左派的联系，以及为什么他实际上是实用主义的新左派。

金得益于一切已有的左派思想流派和阵营，而非隶属于其中之一。他在波士顿大学的博士研究专注于基督教激进主义的遗产，但他也受到了德国哲学家黑格尔和马克思的影响，后来还受到了第三世界革命家的影响，诸如非暴力的倡导者、印度的马哈特马・甘地(Mahatma Gandhi)以及拥护社会主义泛非洲形式的加纳的克瓦米・恩克鲁玛(Kwame Nkrumah)。在社会和政治关系上，金同样思想开放。从联合抵制公共汽车运动的早期开始，他的顾问就不乏重要的和平主义组织者，诸如唯爱社的格伦・斯迈利(Glenn Smiley)和反战者联盟与《解放》(*Liberation*)的贝亚德・拉斯廷(Bayard Rustin)。金还与前共产党活动家斯坦利・利维森

(Stanley Levison)和杰克·奥戴尔(Jack O'Dell)一起工作，甚至在联邦调查局及肯尼迪兄弟不怀好意地关注这些联络的时候，他们都没有放弃合作。在所有这些互动中，金向他人学习，集大家之长于一体。但是他也将自己不可或缺的特质带入了新左派。他对平等的精神阐释植根于美国历史，可美国历史背叛了自己的承诺，金对此毫不留情地指责这种背叛。他那种与每个左派合作的意愿为通过个人的正直超越麦卡锡主义树立了一个典范。最后，他的巨大声望激励了激进改革的洪流；他表明了激进主义者如何再一次"说美国话"，但这一次是用非裔美国人新教徒的嗓音。

当然金的声望本身尚不足以推翻吉姆·克罗制度。无论魅力型领袖多么能够激励并鼓舞草根运动的力量，却始终不能取代后者。很早以前，被金雇做南方基督教领袖会议的执行书记的全国有色人种协进会资深活动家埃拉·巴克就有先见之明地警告"以领袖为中心的团体"而不是"以团体为中心的领导方式"的危险。金的声望为激进主义的复兴创造了条件，但是数千位不知名的地方领袖则深入各县艰辛地展开草根组织工作，这些工作对白人权力结构的牢固权威提出了挑战。

学生非暴力协调委员会与大众抗议之高涨

1960年艾森豪威尔总统的第二个任期即将结束之际，民权运动看似好像已经停滞了。多数激进分子只取得一点缓慢的进展。1957年的民权法案是19世纪70年代以来的首个此类联邦立法，但它只授权司法部调查侵犯公民权的个案，而没有挑战整个白人权力结构。很多联邦法官通常是艾森豪威尔任命的自由派的共和党人，他们在各处签发当地取消种族隔离的命令。南方的民主党人竞相证明他们永远忠诚于"现在隔离，明天隔离，永远隔离"(这是亚拉巴马州长乔治·华莱士在1963年的就职演说中使用的说法)。当1960年1月这个国家将要进行总统选举之时，没有人能够想象出事情会瞬间变换。20世纪60年代初，运动所需要的是能够唤醒南方黑人，抓住北方想象力，并逐县推倒种族隔离的藩篱的新选民。

突然，选区里出现了黑人青年，一些白人也加入其中并且开创了借助黑人组织的力量反抗传统地方组织的策略。学生非暴力协调委员会是这条道路上的先驱，成为最具影响力的新左派组织之一。学生非暴力协调委员会与一些组织通力合作，其中包括金的南方基督教领袖会议、争取种族平等大会(它形成了囊括各个种族的一张全国性的大网)，以及经验丰富的全国有色人种协进会。融入了众多力量的这场运动使随后的五年一幕一幕地上演着大众抗议、暴力压迫，使得掌管国家政府的民主党压力越来越大。这个过程使很多地区出了名，其中包括北卡罗来纳州的格林斯博罗；佐治亚州的奥尔巴尼(Albany)；密西西比州的格雷伍德；亚拉巴马州的伯明翰和塞尔马(Selma)。尘埃落定之后，种族隔离这一法律与社会体系崩塌了，南方北方皆被彻底改变。

学生非暴力协调委员会之成立纯属意外。它只不过是适时而生。位于格林斯博罗的全黑人的北卡罗来纳州立农业与技术大学的四个年轻学生在 1960 年 2 月 1 日决定，他们要到当地的伍尔沃业斯商店(Woolworths)的白人午餐专柜要求提供服务。他们坐下来，要了咖啡，并拒绝离开。很快，数百人(甚至包括一些白人学生)加入了他们，随后被捕。几周之内，这种“静坐抗议”席卷了南方，成群的黑人青年挤进了赚黑人顾客的钱却不给予他们平等对待的餐馆和商店。成千的人被捕了，随处可见电视工作者也蜂拥而至。各个城镇的地方当局恳求商店不要退让，但是店主们纷纷做出了让步。肤色之界限即将被打破。

1960 年的静坐抗议很容易被视为自然的爆发。格林斯博罗的学生们在一开始并没有任何组织结构。但是这种说法并不十分准确。事实上，这四位年轻人借用了当地强大的激进主义传统。格林斯博罗的黑人已经参加了几十年选举，而且在 20 世纪 40 年代晚期及 20 世纪 50 年代还选举出了他们自己的地方政府。紧随布朗案的判决，该城“进步的白人领导层”似乎欣然接受取消种族隔离，然而随着抵抗的加强，人们终究没有看到什么实质性的进展。到 20 世纪 50 年代末，包括北卡农技大学学生在内的越来越多的格林斯博罗黑人都认为该城号称种族包容其实是一种文雅的欺骗。一个全国有色人种促进协会的青年组织成立了，其成员中有许多参加过静坐抗议的人。有传言称，许多由纳什维尔市的费克斯学院的非暴力行动团(NAG)等类似的新学生社团领导的直接行动反抗纷纷出现在其他城市。很多学生非暴力协调委员会的学生领导就是从这些学生社团中产生的。

1960 年 4 月 15 日，南方基督教领袖会议在北卡罗来纳州纳罗利萧尔大学召集了一个学生反抗领袖的地区性会议。埃拉・巴克足智多谋，她建议学生们脱离南方基督教领袖会议等所有成人组织，成立新的组织；在随后的五年里她担任这个年轻组织的高级顾问。这个组织里的学生组织者们(后来有很多人闻名遐迩，其中包括约翰・刘易斯、朱利・邦德、黛安・纳什、詹姆士・贝弗尔及马里恩・巴里)同意成立学生非暴力协调委员会以继续南方反抗运动。忠实的和平主义者、曾到印度传教并建立了费克斯学院非暴力行动团的詹姆士·劳森牧师曾起草过一份宣言，这份宣言得到了这些学生组织者的肯定。这份著名的“宗旨声明”称学生非暴力协调委员会寻求“充满爱的公正的社会秩序”，并称“这种爱是绝对的；甚至身受敌意亦保持爱与宽恕。它胜过邪恶造就苦难的能力，它有能力化解邪恶，坚守于爱”。

借助于巴克的经验与激进的社区组织以及执行秘书詹姆斯·福尔曼(James Forman)的管理能力，学生非暴力协调委员会很快发展成致力于地区行动的重要机构。福尔曼将组织者置身长期的计划之中，力图在地方社区中发展依靠自身力量的领导层，而非短期反抗运动——像金及他的副手拉尔夫·阿博内西(Ralph Abernathy)和怀亚特·T. 沃克(Wyatt T. Walker)那样定期领导示威游行、召开新闻发布会。成立伊始，学生非暴力协调委员会就迎来了意想不到的支持力量。约翰·F. 肯尼迪在1960年11月当选，这在很大程度上得益于大选前几天打给科雷塔·斯科特·金的一个电话。一位佐治亚法官因未付停车费而判了她丈夫好几个月，肯尼迪在电话里表达了他的同情。肯尼迪的竞选战役打到了黑人的教堂并上了黑人的报纸，漫天飞扬的传单上清楚表明他对运动与金的支持，许多黑人选票转向支持了他，因此他赢得了几个重要的州。肯尼迪一就职就受到了南方黑人好战倾向的困扰，但他又想要建立其选民基础，于是他与他的弟弟罗伯特——新任司法部长——劝说一个北方的基金会资助全南方的选民登记，试图将黑人激进主义与南方民主党人全部中立化。肯尼迪的算盘是把潜在的黑人选民带入地方政府来投票，这样就不会引起像群众联合抵制公共汽车、静坐抗议和反抗进军那样的暴力火花。产生的选民教育项目为众多的民权团体提供了数百万美元，每个团体分别负责特定的州或县。但是学生非暴力协调委员会的选民登记运动，尤其是罗伯特·摩西(Robert Moses)在密西西比州所扶植的运动是整个“运动”史上组织最为精密的，但同时也遭到了最为凶狠的镇压。

总统和他的弟弟当然很担心公众流血事件。1961年5月4日，因为学生非暴力协调委员会的日益壮大而受到刺激的种族平等大会发起的一个种族融合的小分队离开华盛顿，搭乘公共汽车奔赴南方腹地，在这些州法律规定分种族使用交通工具，他们试图检验这些法律的合法性。自由乘客们(The Freedom Riders)遭遇了极端暴力，电视上对此事的报导使得全国上下尽人皆知，这给肯尼迪兄弟带来极大麻烦。在南方偏北地区，公车之旅相安无事。然而5月14日公车驶入亚拉巴马之时事情起变化了。此刻学生非暴力协调委员会和马丁·路德·金都被拖进来了。罗伯特·肯尼迪敦促州官员提供警察保卫，并呼吁“冷却”一段时间，但是亚拉巴马州长约翰·帕特森(John Patterson)之流的州官员公然违抗司法部长，批准暴民使用暴力。司法部的高级代表无法阻止3K党的攻击，他们燃烧公车，暴打自由乘客(其间一名白人自由乘客头部受伤)，大规模袭击金正于其中演讲的蒙哥马利教堂，迫使附近一个空军基地军队紧急调兵以阻止一场大屠杀。1961年学生非暴力协调委员会里出现了更多的自由乘客，这更加清楚地表明美国政府缺少保护其公民的政治意愿。最终，州际贸易委员会(Interstate Commerce Commission)规定所有公共汽车及公车站都必须取消种族隔离——尽管南方市镇没怎么遵守这一规定，但这也算是一个巨大的胜利。

1961～1962年间最艰难的战斗发生在西南佐治亚州的奥尔巴尼。战斗虽然遭遇了惨败，但还是卓有成效的：许多相互抗争的力量都加入了战斗，包括南方基督教领袖会议、学生非暴力协调委员会、全国有色人种协进会以及当地的领袖。奥尔巴尼运动急于获得显著成果：雇用黑人做市政工作；商讨建立学校种族融合的双种族委员会；在当地的公共汽车站取消种族隔离。大多数黑人都参加了合作反抗，包括联合抵制。但是该城的白人领导层首领普里切特知道黑人有很多时间，而大众暴力只会破坏其目标。地方当局逮捕了数百个黑人，但由于地方当局一直在法律范围内行动，从而拖延了这场运动，导致最后当地与外地组织者之间产生了裂痕，运动崩溃了。金自觉受辱，决心下一次南方基督教领袖会议要选择斗争及斗争条件，不会再被拖入没有明确策略的地方斗争。而在学生非暴力协调委员会的许多组织者误以为金很胆怯并一直跟全国有色人种协进会等老团体争夺钱财。

到1963年为止，南方战场对决的双方看上去仍不分胜负。在整个南方地区地方民权运动迅速成长，许多运动都是由学生非暴力协调委员会的战场书记发起的——这些人是被派出的学生，他们带有一些钱和一张名单，名单上列满了需要结成联盟的热心的“当地居民”的名字。种族平等大会的计划与学生非暴力协调委员会类似，但人数上要比学生非暴力协调委员会少些。虽然全国有色人种协进会的领导们对新组织多有猜忌，有时还阻碍新联盟的形成，但是原有的支部由年长些的中产阶级活动家所领导，仍有其重要性。最后还有金带领的以教堂为基地的南方基督教领袖会议的运动，金吸引着全国的追随者，可以在全国范围募集资金；几年来，尽管南方基督教领袖会议远没有学生非暴力协调委员会在亚拉巴马与密西西比等黑人占多数的县受到的关注多，但是其分支机构为登记黑人新选民做了最多的实际工作。这场多样而复杂的运动用了二战后的二十年的时间，运动以其鼓动能力改变着黑人社区的所有角落，使黑人来从事可能的最广泛的政治行动与抗议。在 1963 年初到 1965 年初的 24 个月里，它将永远地摧毁种族隔离。

1963～1965 年：吉姆·克罗制度的垮台

亚拉巴马州的伯明翰市(Birmingham)是南方种族隔离最严重的大城市，因为这里 3K 党的暴力事件不断，所以伯明翰市又被誉为“爆兵翰”(Bombingham)。1963 年冬春之交，南方基督教领袖会议发动了一场与伯明翰当权者的英勇对抗。金与弗雷德·沙特尔斯沃思(Fred Shuttlesworth)(南方基督教领袖会议的分支机构亚拉巴马基督教人权运动的不屈不挠的领导人)吸取了奥尔巴尼的失败教训，决定发动一场短而激烈的运动以实现他们的目标。当时，臭名昭著的警长尤金·“公牛”·康纳(Eugene “Bull” Connor)是白人权力的象征，于是他们故意对峙这位康纳警长。对抗刚一开始康纳就动用警犬和水龙头冲散和平示威人群，导致媒体疯狂报道此事，使得世人皆知。在关键时刻，南方基督教领袖会议的组织者詹姆斯·拜威尔(James Bevel)发动一群群穿着整洁的黑人中学生游行，数百名高唱“自由歌曲”的黑人中学生纷纷被捕。同时，黑人贫民对警察暴力反应强烈，他们使用瓶子和砖头予以回击。金自愿到监狱坐牢以强调其拒绝退步，在牢房里他写下了《来自伯明翰监狱的书柬》，强调他的绝对激进的立场，并抨击对罪大恶极的吉姆·克罗制度采用的稳健处理方式，他以震撼的呼声唤起美国黑人斗争的整个历史：

> 痛苦的经历使我们懂得，压迫者永远不会主动恩赐给我们自由；被压迫者只有自己去争取自由。坦白说，从那些未曾深受种族隔离之苦的人们的时间进度表上看，我从未投身于任何“及时的”直接行为运动。多少年了，直到现在，我们听腻了“等待!”……为了我们的宪法和天赋权利，我们已经等待了三百四十多年。亚洲和非洲的诸多国家正朝着政治独立的目标像喷气式飞机一样飞速前进，而我们还在为了获得午餐柜台上的一杯咖啡而像牛车一样缓缓地蹑足而行。

面临着严峻的黑人经济联合抵制、外界的反对以及可能深化的种族暴力，白人商业领袖们商讨出一个解决康纳问题的方案——他们在市区商店象征性地雇佣黑人，并针对最终取消种族隔离进行进一步谈判，仅此而已。

亚拉巴马州只是南方腹地众多激烈对抗中的一个实例而已。1962 年 10 月，毗邻亚拉巴马州的密西西比州爆发了一场白人暴力造反，他们抵抗联邦法院命令，阻止黑人学生詹姆斯·梅瑞狄斯(James Meredith)进入密西西比大学。数千白人与联邦军队交火了两天两夜。同时，在数十个密西西比小镇上，南方基督教领袖会议发起了动员，这些动员充满了战斗精神。与此同时，黑人贫民与工人阶级的传统的地下组织形式爆发了，这些组织主要由妇女、少数独立农民和中学生领导。许多家庭都加入到运动中来，他们被驱逐出种植园，失去了工作，还遭受着白人的暴打甚至是枪击。通常，他们也开枪回击，母亲们不顾南方基督教领袖会议对非暴力的承诺，手持猎枪赶走白人流氓，保护自己的家园。根据多数组织者的回忆，妇女在运动中起到了核心作用，她们降服了治安官、白人种植园的工头和选民登记员，以及一直垄断南方黑人社区领导权的中产阶级男人。这些中年妇女中的许多人，如汉默(Fannie Low Hamer)、格雷(Victoria Gray)和德外恩(Annie Devine)，都成为了与学生非暴力协调委员会一起“奔赴南方”的青年的楷模，她们成为了蔑视阶级、种族与性别这三重压迫并且能言善辩、英勇无畏的榜样。她们是在格林伍德的黛儿塔(Delta)城赢得胜利的关键。在黛儿塔城里，一位叫做布洛克(Sam Block)的地方书记与几位十几岁的组织骨干，为了召集想去政府大楼尝试登记学生非暴力协调委员会的人，挨门挨户地走访了几个月。1963 年春天，最意想不到的事情发生了：在白人至上主义的堡垒里，布洛克和他的当地伙伴们组织了一场真正的、好战的群众运动。学生非暴力协调委员会的执行秘书福尔曼感觉时机已到，带着全州的数十名组织者，发动了一场殊死之战，并获得了新闻界的关注，他们来势汹涌，似乎马上能赢得白人的让步。

学生非暴力协调委员会与南方基督教领袖会议的对抗运动与日俱增，并取得了一些不友好的胜利，其后果之一便是引发了更多的压迫。从很多方面来讲，1963 年 6 月 11 日都是一个具有历史意义的日期。当天早上，在亚拉巴马大学，亚拉巴马州长乔治·华莱士“站在学校门口”，试图阻挡数名非裔美国学生入学，从此“名声远扬”。当天晚上，肯尼迪总统在国家电视台上发表了一篇历史性演说。在他即席发表的这次极富激情的演说中，肯尼迪总统首次谴责种族隔离是一种罪恶，必须立即予以终止。像自林肯以来的历届总统那样，肯尼迪用最真实的语言告诉这个国家，“我们面临一个道德问题。这个问题像《圣经》那么古老、像美利坚宪法那么清晰明了……是不是所有美国人都应当被给予平等的权利和平等的机会，我们是不是应当以我们希望得到的待遇来对待我们的美国同胞”，他还吁求全面的民权立法以禁止一切形式的种族隔离与歧视。肯尼迪的紧迫感并非空穴来风，为了证明这一点，在他的演讲结束几小时后，全国有色人种协进会密西西比州的勇敢的指挥梅迪卡尔·埃弗斯(Medgar Evers)在私人车道上中枪身亡，举国无不为之震惊(杀人犯贝克威〈Byron de la Beckwith〉两度被全由白人组成的陪审团宣判无罪，直到1994年才被判有罪)。

埃弗斯被谋杀一事加大了白人的赌注，但是在对密西西比要塞的最终袭击之前，发生了一个重大的全国性事件：1963年8月在华盛顿上演了争取“工作与自由”的抗议示威。金在伯明翰市胜利之后，批准了早先由拉斯廷和伦道夫(A. Philip Randolph)提出的建议。以伦道夫1941年华盛顿抗议示威为基础，他们呼吁一次新的抗议示威，强烈要求建立强大的民权立法并解决所有非裔美国人都面临的经济不平等状况。起初现有的民权领导层(由全国有色人种协进会的罗伊·威尔金斯〈Roy Wilkins〉和城市联盟〈Urban League〉的惠特尼·杨〈Whitney Young〉所领导)因担心分裂局面而拒绝参加。然而过了一个夏天，他们同意了，华盛顿的抗议示威成为支持肯尼迪政府的新民权法案的一股驱动力。7月它得到了总统本人的公开支持。拥有了合法性并受汽车工人联合会等强大团体的支持所鼓舞，这一次抗议示威演变成为了一项全国性事业，成为了这一代最伟大的示威，成为当时美国历史上最大规模的抗议集会。

8月底，在运动最后一刻25万人涌入华盛顿，此时华盛顿危机四伏。许多发起人读了学生非暴力协调委员会主席约翰·刘易斯的演讲底稿。数年来民权组织者受尽公开暴力而肯尼迪政府仍无所行动，刘易斯对此愤怒不堪，他用直白的革命语言鞭挞、谴责总统与两党保守分子。恼怒的华盛顿天主教大主教威胁说，如若刘易斯宣读这份底稿他将退出运动。抗议示威正式开始前几小时，司法部官员伯克·马歇尔(Burke Marshall)提议他使用一份语气较为和缓的演讲词(虽然底稿已然出版)。迫于反对压力，刘易斯宣读了马歇尔的版本，从而使这场大事件继续向前发展，金的演讲“我有一个梦想”将之推向高潮。

三个月之后的11月22日，肯尼迪在德克萨斯州达拉斯市(Dallas)中枪身亡，这留给民权运动一笔不确定的遗产。他关于禁止公共设施中一切形式的种族隔离的提案在国会搁浅了，而他的继任者林登·约翰逊的态度并不明确。战斗还看不到尽头，1963 年 9 月 15 日，3K 党炸毁了伯明翰市的一座教堂，杀死了 4 个正在上周日学校的黑人女生；直到 2001 年爆炸者才最终被宣判有罪。

1964 年，战略中心转移到了密西西比州，学生非暴力协调委员会数年来一直在这里开展着社区组织工作，这些工作导致了一场大规模的选民登记运动以支持新的明确种族融合的密西西比自由民主党(Mississippi Freedom Liberal Party)。为了支持密西西比自由民主党，联盟组织委员会(Council of Federated Organizations)召集了所有在该州活动的民权团体组成一个联盟，而学生非暴力协调委员会与它的小搭档——争取种族平等大会——负责多数的组织工作。很显然，州当局与 3K 党必将勾结在一起，竭尽全力终结密西西比自由民主党并击溃联盟组织委员会。为了吸引全国的注意并保护备受骚扰的当地组织者，罗伯特·摩西(Robert Moses)和学生非暴力协调委员会的其他人策划了一个"密西西比之夏"的计划，吸纳了上百名北方白人作为步兵和非暴力盾牌。他们最终的目标是举行一次向所有种族开放的类似总统初选的选举，将自由民主党合法化，并给它一个机会在 1964 年的民主党全国大会上取代全部由白人组成的传统的民主党。

1964 年春天，为密西西比招募人手的工作迅速在北方和西部的大学，如耶鲁大学和斯坦福大学展开。"自由之夏"的道德挑战和人身危险吸引了众多学生先锋。6 月底，数百白人青年集合到俄亥俄州接受摩西和福尔曼关于非暴力抵抗的培训。但是，据报道，种族平等大会的三位工作人员(一位密西西比黑人詹姆士·卡尼〈James Chaney〉和两位北方白人迈克尔·施威纳〈Michael Schwerner〉和安德鲁·古德曼〈Andrew Goodman〉)已经在费城失踪。在这个著名的夏天，近千名北方白人来到密西西比，而联邦调查局和海军则受约翰逊总统之命搜寻古德曼、施威纳和卡尼的尸体。最后发现他们被埋在一个土坝之下。一伙施私刑的暴民(包括当地的县警长)开枪袭击了他们，并把他们殴打致死。他们是当年夏天被杀的 15 名激进分子中的先行者。北方人在该州呈扇形分散开来，他们在招收黑人儿童的自由学校里供职，并挨家挨户劝说成人试试登记投票。他们与当地黑人家庭同住，那些黑人卧榻边放着枪和用以浇灭汽油炸弹的水，他们还眼看着黑人教堂被烧毁。许多人被白人顽固分子赶下公路，受到暴民威胁，他们知道，只有他们的肤色才是能保护他们免遭杀身之祸的原因。

不论结果如何，"自由之夏"对许多白人学生产生了巨大的影响。8

月在新泽西州亚特兰大市召开的民主党全国代表大会上"自由之夏"计划画上了一个令人不安的句号。80000人投票支持密西西比自由民主党的候选人。该党代表团由本来是身为佃农的范尼·汉默(Fannie Lou Hamer)带领前往亚特兰大市，期待民主党全国代表大会上能有她一席之位。可是，约翰逊利用有望当选副总统的参议员汉弗莱和鲁斯汀及金等运动领袖向自由民主党施加强大压力，迫使其撤回对全部由白人组成的民主党的挑战。约翰逊害怕在南方败给共和党候选人古德瓦特，因为古德瓦特采取一种强硬的"州权"对抗民权立法的立场。可是自由民主党没有放弃原则，这令约翰逊惊慌失措。汉默女士通过全国电视直播向全国代表大会代表资格审查委员会义愤填膺地申诉其情况，促使约翰逊召开临时记者招待会试图先发制人。最终，约翰逊一方迫使该委员会的大多数成员否决了自由民主党的挑战，送给他们两个象征性的全国代表大会席位；当时白人党员们都离开了会场，拒绝认可约翰逊。自由民主党怀着愠怒打道回府，而在密西西比的乡野木屋中冒险的学生非暴力协调委员会的组织者们则把这次"密西西比挑战"的失败看做不可原谅的背叛。新兴的新左派和冷战自由派当局之间的脆弱联盟便解体了。

具有讽刺意味甚至略带悲剧色彩的是，1964到1965年间当民权运动向左转之时，约翰逊政府最终履行了冷战自由主义的很多承诺。1964年6月，约翰逊竭力推动肯尼迪全面《民权法案》(Civil Rights Act)在国会通过，将就业以及餐馆、电影院等所有公共设施中的种族歧视行为定为非法。最后，大部分北方的共和党人与北方的民主党人一起推翻了南方民主党人的阻挠议事——这是共和党最后一次有效行使其对黑人平等的历史职责的象征。到了1965年，南方运动的最后一次大对抗升级，政府准备了一个彻底的《选举权法案》(Voting Rights Act)。在这两次事件中，国会中展开的辩论都毫无疑问地表明政治主流之所以果断行事，不是因为他们突然发现了对平等的责任，而是因为民权运动已然造成了危机。

当权的自由主义者顺应了这一潮流，而非引领了这一潮流，只是到了1964年，对参与运动的许多人来说，一切都已经太晚。

1965年初，随着战略中心转移回亚拉巴马，金与南方基督教领袖会议再次冲在了前头。1964年金获得了诺贝尔和平奖，这是赠与美国黑人人权斗争的空前的荣耀，对许多白人来说，这简直不可想象。南方基督教领袖会议希望重演伯明翰式的胜利，通过一系列示威，激怒地方当局，获得全国关注，制造紧张局势。塞尔马县属于黑人带(Black Belt)，学生非暴力协调委员会的组织者们在此曾遇到治安官吉姆·克拉克(Jim Clark)的残酷镇压，因此这里被选为目标。他们筹划了一次从塞尔马到位于蒙哥马利的州议会大厦的进军。1965年3月7日星期日，整齐的队伍行进过埃德蒙德·佩特斯(Edmund Pettus)大桥时，受到了州骑兵疯狂的打击，一时棍棒交加。包括学生非暴力协调委员会主席约翰·刘易斯在内的数十人被打得不省人事，而ABC电视台则中断了常规节目(正好是好莱坞大片《纽伦堡审判》)，现场直播这场大屠杀。

在金的带领下，全国各地的神职人员也迅速加入了重新安排的蒙哥马利的抗议示威中。一位波士顿白人派牧师——詹姆斯·里布(James Reeb)——在塞尔马大街上受白人攻击，殴打致死，举国共愤。就在几天前，黑人小伙子吉米·李·杰克逊(Jimmy Lee Jackson)在试图保护其母亲免受警察袭击时被枪击身亡，但这件事并未引起过多关注，这令运动的组织者们异常心痛。塞尔马臭名昭著的佩特斯大桥“血腥星期天”发生之后第八天，总统本人对国会发表演讲，表明林肯和他自己的南方白人身份，反复强调运动的口号：“我们必将胜利!”约翰逊呼吁通过一项《选举权法案》，此法案将是重建以来保障黑人选举权的首度直接的联邦干预。8月法案以压倒性多数获得通过，文化考试被废止，此外，在选举率低于下限的县派驻政府特别检察员，授权人们登记选民。至今法案仍然有效。尽管还需要多年的斗争来登记黑人选民和执行法律以取消种族隔离，不过到1965年年中之时吉姆·克罗制度明确地走上解体之路。随着它的逝去，民权运动也几乎失去了方向，或者至少看起来是这样。事实上，众多黑人组织者在完成他们的许多目标之后，没有自满而是开始理所当然地迈出了下一步——自决与自治，也即黑人权力。

黑人权力的源头

传统的关于民权运动的历史记载止于1965年，而关于黑人权力运动的复杂而不确定的记载被视为独特而孤立的事情——黑人权力之好战性是对民权之非暴力的否定。这种方法存在本质性的问题，它致使1965年之后主流白人媒体上经常出现对黑人权力运动的敌对且无知的报道。对大多数白人来说，黑人权力似乎是空穴来风。事实上，它植根于黑人政治传统，从蒙哥马利到塞尔马的十年，它的力量稳步壮大，成为一种代替策略。在这十年里，美国白人及其政治领袖猜测有三件事是必然的。第一，黑人争取平等的斗争仅仅是一个关乎南方的问题。第二，其领袖毋庸置疑是小马丁·路德·金，他坚持不使用暴力让黑人融入白人社会。

第三，一旦废止法定的种族隔离，一旦南方黑人可以投票了，斗争就结束了。因此，从 1964 年开始南方之外的城市黑人聚居区（所谓“贫民窟”）兴起了暴力抵抗，年轻的好战分子们开始用马尔康姆·X① 的话谈论“必要时不择手段”实现黑人权力之时，大多数白人要么愤怒有加，要么就是目瞪口呆。他们的震惊与气愤表明了他们深深的不解，白人自由派甚至不能理解黑人的真正生活了。白人没有——不能、也不会——理解从波士顿到洛杉矶美国各地的非裔美国人，他们深受强大的经济结构与政治排斥的压迫。即使他们可以投票了，从法律上他们就餐、乘车和居住不再受到限制，然而南方以外的黑人深切意识到，工作、街区、学校、俱乐部、餐馆、酒吧、保龄球场、游泳池以及其他公共空间依然对他们紧闭着大门。虽然北方包括众多政治团体大多支持民权运动，但是它们还是反对非暴力融合，而且对金不屑一顾。这些组织一般被称为“民族主义”，这反映了他们想强调非裔美国人是一个拥有自决权与自卫权的独立民族。

一直以来，黑人民族主义者致力于通过控制商业与社区机构来谋求黑人的经济与政治独立。从布克·华盛顿（Booker T. Washington）时期开始，这一点对黑人来说已经成为一个强有力的讯息，这个时候的他们已经意识到，即使在自己的街区，他们也在为白人雇主打工，也在白人的商店买东西，也在同白人推销员打交道。二战之后，由于联邦政府支持极具歧视性的银行政策，黑人实业家很难获得贷款，想买房子的黑人也发觉难以获得抵押贷款，所以广大非裔美国人只能租房、只能消费白人卖的东西却不能成为所有者和卖家。在许多北方城市，固然黑人中产阶级确实有所壮大，但是 1950 年之后大多数工人阶级的境况却日渐恶化。在 20 世纪三四十年代，黑人男子在汽车制造业之类的主要工业得以立足，但是漫长的非工业化（deindustrialization）进程又开始了，工厂被搬到没有工会且工资低廉的农村、南方各州或者海外。号称二战“民主兵工厂”的繁忙中心的底特律、克里夫兰和布法罗等城市，早在 20 世纪 60 年代就开始演变成公认的衰落带了。金关于手足之情与法律面前人人平等的演讲震撼人心，它虽然在动员南方的非裔美国人和北方的白人同情者上很是奏效，但是丝毫没能改变困扰着北方贫民窟的住房、系统性的

① 黑人穆斯林组织“伊斯兰民族”领袖，后因政见改变而遭到该组织暗杀。马尔科姆认为黑人原有的非洲姓氏已经被剥夺，在摆脱白人强加的烙印化姓氏，重新找到自己的“灵魂的姓氏”之前，他将自己的姓改为 X。——译注

失业、破败的学校及白人商业统治。面向南方的以权利为中心的运动与北方城区中的恶化的社会问题形成了巨大的反差，催生了形形色色的民族主义者和激进潮流，它们在 1965 年之后融入了黑人权力运动。

20 世纪的黑人民族主义的试金石(touchstone)是马库斯・加维(Marcus Garvey)的全球黑人促进会(Universal Negro Improvement Association)。这个组织在 30 年代衰落了，但是小型的加维派团体在街头运动中得以保留下来，他们在哈莱姆区及其他城市演讲，守护着一个强大的黑人民族(Black Nation)的理想。新的民族主义的力量(伊斯兰民族〈Nation of Islam〉或称黑人穆斯林〈Black Muslims〉)在 50 年代蓬勃发展。20 世纪 30 年代，以利亚・穆罕默德阁下(the Honorable Elijah Muhammad)领导的一个宗教小派别号召完全脱离白色美国并坚决依靠自力更生，伊斯兰民族由此而生。他讥讽民权运动，并不以任何形式参与政治。伊斯兰民族是唯一公开嘲笑白人为“蓝眼睛魔鬼”的组织，同时实行严格的自律。因此，它在北方黑人贫民中间悄悄吸引了一批追随者。无论伊斯兰民族对白人至上主义的谴责多么激进，它在文化上始终极端保守，这使得它有一种父权制的气氛。其成员是清一色的男性，他们穿着保守的套装，打着保守的领结，分外显眼。他们发誓戒酒、戒毒、戒烟。他们依靠卖《穆罕默德讲话》(*Muhammad Speaks*)为生，在伊斯兰民族的众多行业中工作或者作为准军事的伊斯兰果(Fruit of Islam)参加训练。妇女要做顺从的伴侣，但她们很受尊重，家庭生活的重要性得到了强调。这个组织特别擅长在监狱里征召成员。穆斯林组织直到今天仍然是监狱生活的固有部分，为入狱的黑人提供感情支持、身体保护和政治世界观。马尔康姆・利特尔(Malcolm Little)是伊斯兰民族最著名的皈依者，他 20 世纪 40 年代末在马萨诸塞州因盗窃而入狱，当时他的兄长向他宣讲了伊斯兰民族的教义；而他们的父母曾经是坚定的加维派。改了姓氏的马尔康姆・X 在 1953 年获释之后，就开始了公开演说并为以利亚・穆罕默德组织数十个新的清真寺，他的传奇生涯由此开始。借助于他艰苦的工作和雄辩的口才，伊斯兰民族在 50 年代末迅速壮大，征召了数千名成员。

然而，比招募成员更重要的是伊斯兰民族对更多的黑人产生了巨大的影响。尽管接受穆斯林的清规戒律、千年宗教信仰和回避政治的人相对较少，但是它坚信身为黑人之自豪，这使很多人深深感动。只有在它的公开集会上，青年人才能听到一种对黑人历史的别样观点，才能买到被白人学术圈所鄙夷的黑人学者的著作。最重要的是，伊斯兰民族有马尔康姆・X，他那锐利的智慧直击处于“白人的国度”里的黑人所共同蒙受的耻辱，这使他备受推崇，否则有些人就可能对以利亚·穆罕默德的深奥的精神教义感到厌恶。而且尽管伊斯兰民族蔑视政治，从20世纪50年代末起马尔康姆还是逐渐让他带领的哈莱姆区的清真寺参与支持世俗事业的街头集会，这些世俗事业包括克瓦米·恩克鲁玛等非洲解放领导人访问美国、联合运动等。他还带领强壮的伊斯兰果的骨干在警察局外排起严整的队列，要求释放被白人警察毒打的黑人青年，而这是非裔美国人领袖从未尝试过的新举措。

全球政治对新民族主义至关重要。1945年之后是殖民地革命的时代，英国、法国、荷兰、比利时和葡萄牙在广大的非洲和亚洲建立的帝国土崩瓦解，涌现了数十个新国家。绝大多数欧洲人由于强大的政治压力或者彻底的军事溃败被迫放弃他们的殖民地。这个过程始于1947年英国撤离印度，并最终在20世纪90年代早期结束，那时白人统治的南非转变成了由占多数的黑人统治。在20世纪50年代，世界在关注非洲。乔莫·肯雅塔(Jomo Kenyatta)领导的茅茅叛乱(Mau Mau Rebellion)在肯尼亚爆发，阿尔及利亚的民族解放阵线(National Liberation Front)也同法国人打响了游击战。类似的斗争在整个大陆爆发，1957年加纳从英国统治之下独立，这是欧洲在非洲的殖民地中第一个获得自由的殖民地。这个西非国家的领导人克瓦米·恩克鲁玛魅力超凡。与许多非洲独立领袖一样，他曾经在美国的黑人学院接受教育，恩克鲁玛就读的学校是费城郊区的林肯大学。恩克鲁玛是一个极其重要的人物，美国副总统理查德·尼克松和小马丁·路德·金在1957年都飞赴加纳参加加纳的独立庆典。其后，数以百计的非裔美国人(包括杜波瓦)因被恩克鲁玛的民族主义和社会主义所吸引而移民加纳。“黑人权力”这个说法实际上是小说家理查德·怀特(Richard Wright)创造的，1954年加纳解放前夜，怀特原本是将其作为一本讲述加纳的书的书名。全部由黑人组成的美国非洲文化协会(American Society for African Culture，简称AMSAC)是最著名的美国组织之一，通过高层会议和学术交流来拥护非洲的解放和现代化。后来组织受到中央情报局支持才逐渐为人所知。中央情报局支持它是为了把非裔美国人对非洲新国家的支持控制在安全的反共限度之内。

加纳独立后，接着就发生了一连串不同寻常的事件：1959年1月，菲德尔·卡斯特罗(Fidel Castro)在古巴获得了胜利；1960年3月21日，南非警方在沙佩维尔(Sharpeville)屠杀了69名和平示威的黑人；1960年底，新独立的刚果总统帕特里斯·卢蒙巴(Patrice Lumumba)被与美国中央情报局有牵连的组织暗杀。古巴是美国的黑人激进主义的强大动力，不仅因为非裔美国人与非裔古巴人具有历史联系，而且因为卡斯特罗严厉地批判吉姆·克罗制度。顽固的种族隔离主义者认为是他本人挑起了自由乘车运动和静坐抗议运动。北卡罗莱纳州全国有色人种协进会的领导人罗伯特·F. 威廉姆斯(Robert F. Williams)组织了反抗3K党的淫威的武装自卫(参见第五章)，此后就被许多黑人视为真正的英雄；1961年，古巴容留他避难。威廉姆斯在一个自由南方广播节目里发出了革命号召，这个节目从古巴播送到了美国。威廉姆斯还被提名为小型的革命行动运动(Revolutionary Action Movement，简称RAM，黑豹党前驱)的流放主席。还是在1961年，肯尼迪政府起诉了著名黑人记者威廉·沃西(William Worthy)，罪状就是非法到古巴旅行，但大多数非裔美国人认为他是因为公正地报道古巴革命而被起诉。黑人社区密切关注此类事件，因为这些事件揭穿了美国政府宣称支持自由的伪善。美国政府对沙佩维尔惨案和由非洲的白人少数政府制造的血腥镇压事件保持沉默，而对卡斯特罗则大肆谴责甚至竭力搞垮古巴革命；黑人报纸对这些现象进行了猛烈抨击。

在这种气氛中，地方的民族主义和激进组织开始激增。1961年2月，纽约的保卫自由组织(On Guard for Freedom)冲进了联合国安理会的会议室，抗议卢蒙巴的被刺，打断了美国代表阿德莱·史蒂文森(Adlai Stevenson)的发言，并引起了骚乱。保卫自由组织的成员在非洲解放委员会(Liberation Committee for Africa)中也很活跃。非洲解放委员会出版一个名为《解放者》的杂志，报道非洲的游击战以及民权运动中的辩论，而且常常讽刺马丁·路德·金为白人自由派的工具。同时，黑人青年在全国都成立了关注文化认同与自信问题的组织，如湾区的非裔美国人协会(Afro-American Society)。在南方之外的其他地区，争取种族平等大会和全国有色人种协进会在费城和克里夫兰等城市的支部组织了对实际存在的种族隔离的非常激进的挑战，预示着黑人权力将对其习以为常的白人特权(如对建筑业工作的控制)进行攻击。争取种族平等大会的纽约支部大张旗鼓地谋求关闭1964年世界博览会(World's Fair)，这是即将到来的破坏活动的前兆。与南方的其他地方不同，在马里兰州的东海岸，黑人被隔离而且生活贫困，但从未丧失投票权。1963到1964年，格洛莉娅·理查德森(Gloria Richardson)在剑桥市领导了一个依附于学生非暴力协调委员会的运动，在抗议中与白人权力机构遭遇，引爆了与当地白人的巷斗和枪战，国民卫队驻扎一年斗争方休。

民族主义情绪的爆发也在黑人艺术家中间酝酿着。自20世纪50年代以来，诸如约翰·柯尔(John Coltrane)和马克斯·罗奇(Max Roach)等先锋音乐家和诸如(在平等对待古巴委员会和保卫自由组织中都很活跃的)勒洛依·琼斯(LeRoi Jones)等众多的青年作家就开始建构革命新美学，后来这被称为黑人艺术运动。1962年，罗奇的妻子和合作者、爵士歌手艾比·林肯(Abbi Lincoln)打破了一项社会禁忌，她任头发自然生长成后来所谓的非洲式蓬松发型(Afro)。她在读者众多的《黑人文摘》上撰文，敦促黑人脱离白人的标准来定义自己的美感，这在当时是激进的一步。畅销小说家詹姆斯·鲍德温(James Baldwin)以其声望支持黑人反抗的新方向，而不是仅仅要求民权。他警告说：如果不采取更多措施来应对黑人的贫困和无望，“接着就是革命之火”；他还资助诸如《解放者》等杂志。

底特律在20世纪60年代早期是原黑人权力政治(proto-Black Power politics)的一个重要的孵化地，这里充斥着众多的新纲领。高级领导小组(Group for Advanced Leadership，简称GOAL)组织非洲艺术展览，播放广播节目，并且同马尔康姆·X密切合作。资深的独立马克思主义者詹姆斯·博格斯(James Boggs)与格雷斯·李·博格斯(Grace Lee Boggs)担任高级领导小组的顾问和导师。他出生于亚拉巴马州的黑带，做了一辈子汽车工人，在1963年由他编写的《美国革命：黑鬼工人笔记本里的几页》铸就其早期声望。在这本著作里，他论证了非裔美国人已经取代了工人阶级成为美国的革命先锋队。阿尔伯特·克利奇(Albert Cleage)牧师出版了一份揭发丑闻的报纸《新闻画报》，谴责黑人对民主党机器百般顺从。1963年11月，所有这些力量都在史无前例的北方黑人草根领导会议(Northern Negro Grassroots Leadership Conference)上团结了起来，这次会议旨在初步尝试团结那些希望将过去的民权推进到黑人权力的组织。主题演讲家马尔康姆·X发表了一篇强烈号召革命的演讲《致草根》，这篇演讲后来被灌制成唱片。同样在1963年，威廉·沃西、克利奇牧师和博格斯等活动家们发起成立了全黑人的争取自由党(Freedom Now Party)。1964年，他们在密歇根州推出了候选人，但是只获得了很少的选票，因此很快组织就解散了。这次对独立选举政治的不成熟的尝试，预示着在60年代晚期和70年代，众多黑人权力组织将会用选票这种方式来动员黑人社区争取自决。

马尔康姆·X的渐隆的声望引领着60年代早期的所有这些努力。他崛起于1959年COS新闻电视的五集纪录片《由恨生恨》。该片由后来的《新闻六十分》的主持人迈克·华莱士(Mike Wallace)主持。后来，马尔康姆在哈佛这样的著名白人大学发表了许多演讲，甚至曾在英格兰的牛津大学参加辩论。他的演讲被灌制成唱片，在非裔美国人社区中广泛散播。这位非凡的演说家，甚至在决不妥协的对抗中也保持着风趣和人性(想想他那句著名的调侃：“不是我们登上了普利茅斯岩〈Plymouth Rock〉，而是普利茅斯岩登上了我们”)，以他那利刃般的逻辑鼓舞了黑人，挑战了白人。1964 年初，马尔康姆脱离了伊斯兰国，谴责以利亚·穆罕默德道德败坏(他发现信使和许多秘书生了不少孩子)，并斥责伊斯兰国拒绝任何形式的政治参与。在周游中东和非洲之后，他声明放弃严格的种族隔离主义，并宣称乐意同白人革命人士合作。他发起了一个新的世俗的政治组织——非裔美国人团结组织(Organization of Afro-American Unity，简称 OAAU)，其中有一项社区强化(在必要时进行自卫)和政治行动(他称之为“要么是选票，要么是子弹”)计划。1964 年 3 月，马尔康姆在克里夫兰发表了一个预言式的演讲，警告林登·约翰逊“如果支持民权，请下周就到参议院表明态度……去那里谴责他的政党在南方的分支。现在就去，并采取一种道德的立场——就现在，而不是以后。”但是到一年以后林登·约翰逊最终准备好发表这样的演讲时，马尔康姆已经逝世了。1965 年 2 月，他在哈莱姆区发表演说时，被图谋报复的伊斯兰国的成员暗杀，而非裔美国人团结组织还没来得及起步。他的死导致全国性的力量转向黑人权力，反抗开始在北部的贫民窟蔓延。

第五章　越战前对冷战的挑战："禁止炸弹！公平对待古巴！"

非暴力抗法使建筑工人们能真正地认识到以导弹基地为代表的一系列问题。建筑工人和民众可能把导弹基地看成地方收入的新来源，看成一件迷人的玩具……实际上，一枚导弹可以令三百万人葬身火海，可以让世界上最大的城市化为灰烬。在美国的城市中看不到死亡的事实，但卡车前的非暴力抵抗静坐运动，却能唤起民众对这些现实的意识。卡车司机发现自己面临着两个选择：或是径直从静坐者身上轧过；或是停下车来，将他拖到一边……他看到静坐者坐在他车前的泥土里，无声地对他说："先杀了我，再去建造导弹基地；先杀了我，再去杀害上百万的无辜民众。"

——非暴力行动委员会领导人，布拉德·莱特，《论非暴力抗法》，《解放》杂志1958年9月号

"革命"这个概念对我来说很陌生。有些概念拥有不可思议的"浪漫"魅力，但同时，或者，又是毫无希望的——这便是其中之一。我们美国人自公立小学起就被教授这种概念，就被告知要追求"理性之光"。不论这种理性是怎样自相矛盾的谎言，"统治阶级"都买通新闻人员四处传播。这种理性允许在政党间没有差别的国家中进行选举，以确保道德上的义务。这种理性让一个青年知识分子相信，当他说出"我绝不相信穿制服的人"时，蕴含着一些深刻的意义……

我们身边的叛逆者已经变成了同我自己一样的人，

> 蓄着胡须，不问政事。毒品，青少年犯罪，同庸俗的大众完全隔绝开来——现在我们在这些事物中寻求着逃离。但你能说出其他的选择么？一个可以摆脱谎言纠缠的选择……一个也没有。现在已经太晚了。我们已经成了一个老朽的民族。即使是鲜活的艺术之花，也是生长在腐烂的躯体之上。
>
> 但古巴和亚洲、非洲、南美洲的其他民族与我们不同。他们不需要我们，我们最好给他们让开道路。
>
> ——勒鲁瓦·琼斯，《自由古巴》，1960 年

1955 年对黑人抵抗运动者是幸运的一年，而对于和平运动者却没有什么好消息。冷战在这一年达到了巅峰，舆论对外交政策的异议变得难以控制。1953 年，朝鲜战争以休战结束，没有任何一方明确地获胜。1954 年，美国在欧洲的重要盟友——法国，被胡志明领导的民族主义共产党人赶出了越南的殖民地。在这两年中，中情局推翻了危地马拉和伊朗的民主、温和的左翼政权，以右翼独裁政体取而代之。反对"国际共产主义阴谋"的战争看上去成了一场圣战，任何手段都被认为是正义的行为。在这种情况下，没有人可以预测，科学家和和平主义者对减少超级大国核对抗的呼吁，以及在距佛罗里达仅仅九十英里的海岛上发生的人民革命，能引起公众多大的关注。

拯救世界：新反核武器激进主义

令大家吃惊的是，一场新的反核武器和平运动在 1955 至 1963 年间成为了不可忽视的政治力量。参与这场运动的包括传统和平主义者，致力于国际法和裁军的自由派人士，以母亲身份发言的女性，致力于以"直接行动"反抗战争机器的年轻激进和平主义者，新一代学生激进主义者，以及寻找机会反对美国外交政策的前共产党人。这场运动中有四个主要组织：1957 年成立的健全核政策委员会（SANE）和非暴力行动委员会（CNVA），1959 年成立的学生和平联盟（SPU），以及 1961 年成立的妇女争取和平团体。《解放》杂志是另一个重要机构，该杂志 1956 年开始发行，很快成为了新左派整体的智识中心。

这些团体在所采取的策略和组织结构上存在着很大的不同。他们的共同点是对"确保互相毁灭"[①]实际发生的可能性的恐慌。这个词汇被美

① Mutual Assured Destruction，缩写为 MAD，意即疯狂。——译注

国的军事战略家用来描述同苏联的僵持——两个大国都有能力在半小时内令对方的主要人口集中地化为灰烬。曾有一段时间，许多美国人宣称，他们的孩子“变成红色分子，不如立刻去死”，当时有少数人认为这在道德上无法接受，这一少数派群体日渐壮大，从中萌发了和平激进主义。这些激进分子利用冷战自身来反对冷战，这就像早期的民权领导人，他们拿所宣称的美国民主的理想来反对吉姆·克罗。1947 年以来，许多总统、国务卿、国会成员、宗教领导人以及知识分子，都将这场自由世界同苏维埃政治集团的争斗描述成摩尼教中光明与黑暗、善与恶的对抗。这种天启式的语言暗示着美国只有通过“牵制”以及最终“击退”共产主义，才能拯救人类。新和平运动认为，同苏联相比，全人类在核灾难中毁灭，是一个更大的威胁。他们号召美国出面领导，来避免这场浩劫。

20 世纪 50 年代后期全球范围内“禁止炸弹”的运动，始于对两个超级大国共同造成的一个问题的挑战：在地球大气层中无节制的核试验爆炸。核试验爆炸会产生大量的放射性沉降物，这些沉降物会对任何人造成毒害，不论他们持有哪种意识形态。这次废除核试验的努力，赋予了新和平运动巨大的能量，也最终将其消耗殆尽。1955 年之后的八年中，这些组织开拓了一块公共区域，用以让民众发表对国家安全传统主张的异议。这是美国有史以来的第一次。反对核试验的运动也在科学家中开展了起来。在二战后激进主义短暂的风暴之后，大多数科学界人士对核战争都缄口不言。只有著名物理学家莱纳斯·鲍林做出了无人响应的预言。但到了 1954 年，一次偶然的事件改变了世界的看法。一艘日本渔船在太平洋上航行时，与美国一次核试验爆炸的地点过于接近，船员们都受到了严重的辐射。同年晚些时候，《原子科学家会刊》上发表了一篇文章，以无可反驳的科学证据证实了核爆炸沉降物的危害性。这场丑闻促使顶尖的科学家和知识分子在全球范围内大声疾呼，领导者包括鲍林、艾伯特·施韦泽和英国学者伯特兰·罗素勋爵。这场风波导致了许多新组织的形成，特别是健全核政策委员会。

健全核政策委员会很快成为了最大的和平组织，但它的拓展并不是经过了周密的计划，而是事出偶然。1957 年，美国公谊服务会和其他组织的和平主义领导人，组建了一个委员会来号召禁止核试验，其成员都是知名人士，包括学者、科学家和商业家；社会党领导人诺曼·托马斯和著名期刊《星期六评论》的编者诺曼·卡森斯都是其中之一。1957 年 11 月 15 日，这一特殊委员会在《纽约时报》上刊登了一则颇富戏剧性的宣传告示，占据了整整一页，标题为“我们正面临着前所未有的危险”。广告的效果令人惊讶——数千人写信来要求加入。到 1958 年，健全核政策委员会已成为了成熟的草根组织，拥有 130 个地方分会。这一组织在巅峰时期声名显赫，甚至吸引了前第一夫人埃莉诺·罗斯福和一批来自好莱坞的支持者。诺曼·卡森斯作为该组织的主要领导人，在一管理严密的理事会中担任主席，这一理事会的目的是防止任何左派分子的渗透。地方健全核政策委员会中的激进分子则更具多样性。作为反对美国外交政策军事化的唯一主流组织，健全核政策委员会吸引了许多刚刚离开共产党的人士。虽然在 1959 年至 1963 年健全核政策委员会的发展蒸蒸日上，多次举办大型公共集会，组织广泛的公众运动，但仍然受到了麦卡锡主义的侵袭。不时有个人或团体被迫离开，或是主动退出以抗议领导层严密的控制。健全核政策委员会受到了创伤，但也延续了下来，成为了和平运动可敬的公众形象。

健全核政策委员会作为一个自由组织来运作，通过游说议会和公共教育运动(而非抵抗运动)将影响延伸到了政治中心。其他激进分子则选择了更直接的方法来"向权力说真话"。这种更加激进的反应是由非暴力行动委员会引起的。该组织是战时公役营中和平主义团体的产物，它代表了一场历经数年的讨论的巅峰——在冷战中如何开创一种人类交流活动的新模式。非暴力行动委员会的创始人相信，积极的非暴力活动，以及建立在合作而非竞争基础上的生活模式，会对此有所帮助。在 20 世纪 60 年代晚期，大众媒体开始大力宣传公社生活和有机农业，而在很久以前，大卫·德林杰等激进和平主义者就率先开始了这些尝试。健全核政策委员会是一个大型、等级化的组织，而非暴力行动委员会则是由个人和小型团体构成的松散网络，由一个特殊指导委员会来领导。非暴力行动委员会展开了颇具影响力的民众不合作运动，甚至冒着被逮捕的危险来唤起大众的意识。1957 年，一小部分非暴力行动委员会成员在大平原(这里曾经进行过核试验)的空军基地上翻越围墙，阻挡车辆，以此来"指证"核战争。他们年复一年地进行这一行动，后来又组织了"和平行走"活动(例如 1961 年从圣弗朗西斯科到莫斯科)，来唤醒普通市民的核危机意识。最后，由于其领导人变更了组织形式，非暴力行动委员会的规模日渐缩小。该组织的主要贡献在于将民众不合作引入了和平运动，同时推广了一种分散、非正式的组织模式。这种模式在发展壮大的新左派中，占据了重要地位。

在 1957 年健全核政策委员会和非暴力行动委员会成立之时，《解放》杂志已经投入发行。类似于非暴力行动委员会(二者之间有许多交集)，杂志明确地表示了不妥协、革命性的和平主义立场。月复一月，《解放》杂志以非暴力的伙伴关系和带有宗教性质的国际主义为基础，提供世界范围内的新闻，其对第三世界的第一手报导，不带有任何亲苏或亲美的色彩。杂志的三位创始人在新的激进主义中扮演着重要角色：离任的唯爱会执行部长 A·J. 马斯特，在新左派的前十年中以中间人的身份调和着左派亲共和反共分子的差异；大卫·德林杰作为公役老兵和非暴力行动委员会领导人，主持着 60 年代晚期主要的反越战联盟；黑人和平主义者贝亚·鲁斯汀则是小马丁·路德·金的亲密顾问，同时也是 1963 年“向华盛顿进军”示威游行的首要组织者。1956 年在《解放》杂志上，金博士首次发表了文章，这确切地表明了和平主义者与民权运动组织者的伙伴关系，标志着新左派的兴起。

在 50 年代末期，《解放》杂志、健全核政策委员会以及非暴力行动委员会的活动促生了一场全面的和平运动。基于各个特殊团体的新组织不断建立，显示着运动的范围正在不断扩大。最早成立的组织是学生和平联盟(SPU)。虽然该组织是第一个全国范围的新左派学生组织，现在却几乎已被遗忘。学生和平联盟始于芝加哥大学，首先延伸到中西部，继而在全国开始扩展。在几年之内，成员人数就达到了巅峰(14 000 名)，成为了 1959 年至 1962 年北部学生组织运动浪潮的一部分。在这一浪潮中，北部的学生共同参与了 1960 年南方黑人学生的静坐运动，并对古巴革命予以大力支持。学生和平联盟的鼎盛时期是在 1962 年的请愿活动，五千名学生聚集在华盛顿，支持禁止核试验，学生领导者代表团还受到了肯尼迪总统的接见。随着美国和苏联采取了控制核武器的大力措施，该组织也声势渐弱，民权转而成为了学生运动的焦点。

这期间最后一个出现的主要和平团体是妇女争取和平团体。该团体没有正式的起源。1961 年末，由于美国拒绝接受双方自愿禁止核武器的协定，苏联又重新开始了地上核试验。全美的妇女通过亲友关系集结成群，讨论如何改变这种持续的对峙局面。其中许多妇女是主妇或母亲，但她们都持有激进的政见。她们几乎是自发地决定呼吁全国的母亲参与抵抗。这一遍布全国的关系网络的策划者，达格玛·威尔逊，是一位出色的插图画家。威尔逊和她的朋友们基于 50 年代半维多利亚式的性别规范，以母亲的身份而非政治活动家的身份，出现在公众面前。她们让这一时期狂热的母性主义话语为己所用，呼吁用权利来保护这个世界，保护她们子女成长的环境——这是围绕冷战意识形态展开的一场漂亮的迂回战。

1961年11月1日，经过几周的电话联络之后，这些母亲们发起了一次历时一天的"争取活动"。大约有五万名全国各地的妇女手推婴儿车聚集在市政大厅门外，受到震惊的新闻媒体对于此事大多给予了正面报导。她们自称为特别的"非组织"，拒绝记录成员名单或是建立正式的组织结构。此后不久，她们就将自己命名为妇女争取和平团体(WSP)。1962年，众议院非美国活动调查委员会(HUAC)——麦卡锡主义尚存的支柱性机构——命令妇女争取和平团体的领导人对可能存在的共产主义渗透做出证明。数年来，这一仪式化的做法令许多人蒙羞，也破坏了多个组织，但这一次，结果却大大出人意料。妇女争取和平团体的活跃分子称其为"国会大厦中的妇女节"。保守的国会成员面对着这群衣着端庄、为她们的领导者喝彩的可敬主妇们，对她们毫无组织结构的情况感到十分为难，他们看起来就像是一群卑鄙的老头子，在对无辜的母亲们进行非难。她们以自身的"女性"身份降伏了麦卡锡主义分子，令他们显得无所适从，团体的名望也因此显著提升。妇女争取和平团体延续了下来，在越战期间仍作为一个重要团体存在。传统的母性，分散的决策，激进的政见(该团体最著名的领导人之一，贝拉·艾布扎格，曾于1970年在曼哈顿上西区被选入国会)，这些结合在一起，赋予了她们与众不同的魅力。

新反核武器和平运动的主线，很快越过了1955年至1963年众多的激进运动。早期的组织，例如美国公谊服务会、唯爱社、妇女和平与自由国际联盟和反战者联盟，在这一时期和此后的数十年中，继续担任着至关重要的角色，为复兴运动提供着机构上的资源。裁军已经融入了国家的政治文化，即使是肯尼迪这样谨慎的冷战自由主义者最终都接受了这一举措。他同苏联进行了部分禁止核试验条约的谈判，并强力说服了参议院通过这一条约——这是他最伟大的功绩之一。新形式的激进运动吸引了数千人参与，以和平为目的的公众集会也得到了认可。但同样值得强调的是，这场运动仍受到很大局限。声势浩大的反共舆论极大地限制着人们发出异议。所有的和平运动者，甚至是最激进的和平主义者，都不得不时刻警惕。这些限制让我们能够理解，为什么和平运动无法在1962年年末古巴导弹危机时期发起有效的抗议。肯尼迪和赫鲁晓夫之间的对峙，已经几乎到了要炸毁对方主要城市(同时也毁灭整个世界)的地步。和平运动者还有比这更好的时机来谴责核战争么？然而，反共舆论带来的危机大大限制了这场运动，仅有的抗议也都被处理得十分谨慎，强调两个大国都负有责任，而不是仅仅要求美国实行新的政策。直到

1965年后，数千名美国军人在东南亚艰难持久的战争中阵亡，和平运动者才得以重振旗鼓，展开大规模的运动直接反抗冷战舆论。

古巴和第三世界革命的吸引力

反对核武器运动并不是对冷战的唯一异议。1957年至1958年，在古巴发生了革命起义，起义极具领袖魅力的年轻领导人菲德尔·卡斯特罗(当时还是反共主义者)，赢得了美国国内的广泛支持。到了1959年至1961年间，这些革命者掌权后拒绝接受古巴在美国加勒比海势力范围内的从属地位，从而引起了一系列的反响。短命的"公平对待古巴"运动，预示了此后反对越战运动的反帝国主义性质，同时也聚集起了早期新左派广泛的拥护者——从早期黑人民族主义者到保守的自由分子。

从1957年前期，菲德尔·卡斯特罗就为他推翻独裁者弗尔亨西奥·巴蒂斯塔的游击战赢得了美国强烈的赞同和主流媒体的支持。巴蒂斯塔是美国坚定的同盟，正是他50年代在古巴接纳了黑手党，将岛国变成了赌博和性产业的海上天堂。在代议制政府的面具之后，巴蒂斯塔暗中经营了一个腐化的警权国家，采用暴力的手段镇压不同的声音。古巴裔美国人群体中一些狂热的拥护者(所谓的卡斯特罗主义者)组织了支持卡斯特罗的花车游行，同时也策划了许多轰动一时的抵抗运动，例如绝食示威，例如在扬基体育场的比赛中在看台上挥舞支持起义者的旗帜。主要的新闻媒体也宣传着卡斯特罗的正直和勇气。对于《纽约时报》、《时代周刊》、《生活》杂志以及电视传媒网络和通讯社的众多记者来说，卡斯特罗就像是个神话，一位学生记者曾评论说，卡斯特罗是"罗宾汉、格里高利·派克和乔治·华盛顿的完美结合"。他是一个雄辩的律师，他带领着力量微弱的学生和农民同时代的洪流抗争，他是一个真正的革命者——但他不是共产主义者。① 卡斯特罗似乎完美地证实了世界对美国的指控——任何一个反对红色势力的独裁者都会得到美国的支持。媒体的大力宣传使得数百名美国青年，大多是新近退伍的老兵和放暑假的大学学生，联系美国支持卡斯特罗的组织，要求加入暂时成立的起义军。这些青年都是受到三个男孩的影响，他们三人都是美国关塔那摩基地中"部队大院的

---

① 虽然这令许多美国人觉得难以置信，但在1961年4月15日(两天后发生了猪湾事件)之前，卡斯特罗确实不曾用"社会主义"来描述古巴革命。在1962年之前，他也从未将自己说成是"马列主义者"。有充分证据显示，从1957年到1958年，卡斯特罗对古巴共产党持有着非常矛盾的感情——如果不是仇恨。——原注

小子"，离家出走去参加游击队，1957 年 5 月，美国哥伦比亚广播公司(CBS)在黄金时间播放了介绍他们的特别节目："古巴丛林战士：希尔拉·马斯特的起义者们。"

古巴革命于 1959 年 1 月 1 日获得了胜利，巴蒂斯塔逃亡国外，卡斯特罗的专栏，"留胡须的人们"，也在主要城市中获得了强烈的反响。此后的一年之内，卡斯特罗在美国的形象发生了巨大的转变。在前几个星期，他吸引了人们主要的注意力，美国电视台播放了许多对他的现场访问。但是当古巴革命政府开始审问并处决共计数百名巴蒂斯塔残忍的秘密警察时，美国的舆论便发生了很大转变。1959 年 4 月，卡斯特罗旋风般地访问了一些美国东海岸城市和高校，这又点燃了美国民众的激情。在哈佛大学、普林斯顿大学，在纽约和华盛顿的街头，卡斯特罗都受到了数千人的热烈欢迎，但艾森豪威尔政府却依然保持着极度警惕。在接下来的几个月里，古巴展开了一场风卷残云的土地革命运动，收回了许多美国的属地。到 1960 年早期，双方政府都开始谴责对方，古巴开始向苏维埃寻求援助，中央情报局(CIA)也发起了推翻卡斯特罗的秘密军事行动。

日渐升温的敌意导致了公平对待古巴委员会(FPCC)的形成，这是新左派第一个聚焦于美国同第三世界国家关系的组织。该组织是 60 年代典型的特别组织，它的组建是为了解决一个特殊的危机，而它的激进性质也是事出偶然。该组织有三位创始者：哥伦比亚广播公司的新闻记者，同卡斯特罗相识的罗伯特·泰伯和理查德·吉布森，以及新泽西的一位商人自由主义者，艾伦·赛格纳。1960 年 4 月 6 日，他们在《纽约时报》上发布了一则宣传告示，标题为"古巴到底发生了什么?"，许多重要知识分子都在告示上签了名(类似于 1957 年健全核政策委员会率先实行的举措)。这一告示为他们带来了许多额外的支持，于是他们建立了一个常设组织，以及一些地方的分会。1960 年秋天，规模较小的社会主义工人党(SWP)为其提供了组织上的资源，这促成了公平对待古巴委员会显著的壮大。社会主义工人党仅有四百名成员，但他们组织严密，充满激情。很快数十个公平对待古巴委员会新生的分会在城市的高校中遍及开来。这种组建速度在很大程度上获益于一本轰动一时的图书《听着，美国佬!》。书的作者是当时颇具领袖魅力的哥伦比亚大学社会学家 C. 赖特·米尔斯，书中以一个古巴人的口吻巧妙地指责美国。该书很快售出了四十万册，成为了早期新左派的畅销书之一。

公平对待古巴委员会最突出的特点之一就是其多种族的性质，这也反映了古巴革命对美国黑人不可忽视的吸引力。在 1959 年、1960 年和 1961 年，白人媒体给卡斯特罗冠以“疯子”和“共产主义者”的头衔，而某些黑人新闻记者仍在继续唱着他的赞歌。卡斯特罗在当权后马上下令正式废除了古巴所有形式的种族隔离，并激烈地抨击美国的吉姆·克罗。许多非裔美国人都在公平对待古巴委员会担任重要领导职位，其中包括勒鲁瓦·琼斯(即阿米力·巴拉卡)，他在 1960 年游历了古巴，并为先锋派文学杂志《常青评论》写下了著名的散文《自由古巴》。南卡罗莱纳州持不同政见的全国有色人种协进会领导人罗伯特·F. 威廉姆斯也是其中之一，他于 1961 年逃往了古巴。1960 年卡斯特罗来到纽约，在联合国大会上进行了发言，这进一步巩固了同美国黑人的联系。哈莱姆区的特丽萨酒店由于他的下榻，变成了激动人心的圣殿，当他在此接待苏维埃领导人尼基塔·赫鲁晓夫和印度总理贾瓦哈拉尔·尼赫鲁时，赢来了大量群众的欢呼。卡斯特罗也在此秘密会见了马尔科姆·X。

1960 年，就在艾森豪威尔政府宣布贸易禁运和约翰·F. 肯尼迪就职之前，古巴三百多名激进分子(主要是学生)组织的圣诞游行，将存在时间较短的公平对待古巴运动推入了高潮。紧接着在 1961 年 4 月 17 日，发生了猪湾入侵事件。在美国中情局的策划下，1 100① 名古巴流亡分子在古巴登陆，其中许多人曾经都是巴蒂斯塔的拥护者。他们很快被卡斯特罗领导的超过两百万的民兵击溃，大部分缴械投降，这令肯尼迪政府显得十分难堪。猪湾事件对美国是一场决定性的战役——这是美国冷战中第一次重大的失败——同时也对正在兴起的新左派具有决定意义。这一事件澄清了肯尼迪等冷战自由分子的立场——他们并不以民族自主为目标，而是和共和党人一样，一旦发现共产主义的威胁就会举起武器。公平对待古巴委员会的分会在全国范围内发起了抵抗动员，在许多地区只有几十人响应，但在纽约和圣弗朗西斯科则有数千人走上街头，在入侵期间日复一日地持续进行着。许多名非暴力行动委员会的激进分子在华盛顿市中心的中情局总部门外被捕。甚至许多重要的国教会权威人士，例如沃尔特·李普曼，都批评这场入侵无耻地违反了国际法。但民意测验表明，尽管美国遭受了耻辱的失败，民众却给予了总统压倒性的支持。

公平对待古巴运动在从 1960 年 4 月到 1961 年 5 月，经历了一年的显赫和成功之后，迅速地衰落了下来。该组织时常受到联邦调查局和国会委员会的严重侵扰，其领导人也逃往了国外。到 1962 年晚期古巴导弹

① 似乎是共有 1 400 名登陆，1 100 名被捕。——译注

危机时，公平对待古巴委员会已经名存实亡。一年后，一个消息震惊了全国——刺杀肯尼迪的凶手，李·哈维·奥斯瓦德，曾经在新奥尔良领导过单人的公平对待古巴委员会分会。这大大玷污了公平对待古巴委员会长期以来的声誉。在这一轰动事件之后，公平对待古巴委员会退出了人们的记忆，而接下来几十年中美国和古巴间持续的敌意，也抹去了卡斯特罗曾经留在许多美国人心中的印记。古巴革命引起的短暂而激烈的风暴，以及基础更广泛的反对核武器运动，都显示出 20 世纪 50 年代步调一致的民族主义比当时看起来的更加不堪一击。许多美国人，即使仅限于同朋友私下议论，也都不认可当时反共政权所鼓吹的极其矛盾的世界观。像我们所了解的那样，通过威胁他人生命以及支持镇压民众的军事独裁政权来"保卫自由世界"，这一逻辑无比荒谬。我们所需要的，是对这种逻辑的正面挑战。越南为我们带来了机会。

第六章　北部学生运动："言论自由"和"参与性民主"

知识分子，作为文化的载体，作为变化发生的直接、根本的媒介，数年来一直是我研究的对象……是谁在不断地成长？是谁厌倦了马克思所说的"那些陈旧的垃圾"？是谁在以激进的方式思考和行动？在世界任何地方……答案都是一样的：是那些年轻知识分子。

——C. 赖特·米尔斯，《致新左派的一封信》，《新左翼评论》，1960年9～10月刊

当国家机器的运转如此可憎，让你从心里感到厌恶，你不能参与，甚至不能消极地被卷入，你必须用你的身体扑向齿轮、车轮、杠杆，扑向所有的设备，使它停止。你必须告诉那些操纵机器的人，那些拥有机器的人，你会让机器彻底停止运转，除非你得到自由！

——马里奥·萨维奥，伯克利大学言论自由运动领导人，静坐运动前斯普劳尔大厅外的演说，1964年12月2日

当50年代早期和60年代晚期，新左派主要关注南方的民权运动时，北方的白人青年中也萌芽了类似的学生运动。这场北部校园中的激进运动浪潮并非仅围绕单一的事件展开，而是囊括了多个目标。正如我们所见，在1959年至1962年间，这些运动包括了裁减核军备和古巴革命，其他运动也崭露头角，例如对众议院非美国活动调查委员会（HUAC）的抗议，以及呼吁校园言论自由的运动。学生激进分子也对许多

兄弟联谊会和姐妹联谊会所施行的种族和宗教歧视予以反对，同时谴责制约学生社会生活和性生活的"学院"规则。有一个新组织尤为重要：学生争取民主社会组织(SDS)。该组织全面地批评了美国社会，并提出了一套社会变革的新理论，即是他们所说的"参与性民主"。

除了对既有秩序的厌恶，从众议院非美国活动调查委员会到兄弟联谊会，这些遍布全国的学生网络都受到了同样的文化、智识的影响。从20世纪50年代开始，大学城和波士顿、圣弗朗西斯科、纽约等城市，出现了一种与众不同的民族音乐和咖啡馆亚文化，琼·拜亚和鲍勃·迪伦的一举成名，都非常具有代表性。青年男女们通过欧美学者极具影响力的书籍也形成了共同的世界观。正是这些欧美学者定义了智识上的新左派，其中包括哥伦比亚大学的社会学家C. 赖特·米尔斯——他的作品(例如《权力精英》)都是当时的畅销书；法国存在主义哲学家让-保尔·萨特以及阿尔弗雷德·加缪——他们都强调了个人在社会中的异化；德国流亡新马克思主义者，《单向度的人》的作者赫伯特·马尔库赛；无政府主义者，《越来越荒唐》的作者，保罗·古德曼。虽然右翼人士嘲笑着"垮掉的一代"的套路——蓄着不羁的胡须，奏着零乱的吉他，读着矫作的诗集，但这确实是一个至关重要的时刻。许多学生激进分子都是校园期刊编辑或是学生自治机构领导人，他们每年都参加全国学生协会的自由派核心年会——这是由中央情报局在40年代末期秘密创制的机构，用以抵制共产党的影响。

最重要的是，北部、中西部和西部的白人学生都联合了起来，提倡种族平等，抵制美国号称要领导一个反对苏联的自由世界的虚伪宣言——美国实际上对梅森-迪克森线以南的白人至上主义的暴行不闻不问。为人类基本权利所进行的战斗，以及黑人青年在学生非暴力行动协调委员会和种族平等联合会中的无私参与，都极大地震动了北部学生的思想。1960年春天，当静坐运动在南方各处蔓延时，分散的白人学生组织第一次将自身定义为"运动"。北部大学中的数千名学生联合起来，在一些全国连锁店的分店(例如伍尔沃斯)门外举行抗议活动，反对商家在南方保留只限白人的点餐柜台、拒绝雇用黑人员工。对受到监禁的大量黑人青年的直接声援，像是一剂催化剂，显示出白人学生的声音，在全国范围内都具有极大的影响力。在接下来的五年中，南方的自由运动像是一块磁铁，吸引了很大一部分北方青年。到1965年，当越战突然激化时，校园反战运动一触即发，受挫的约翰逊总统宣称，突然出现的大范围学生反对运动，只能被解释为是受到了共产党间谍的操纵。

反抗运动的孵化器：伯克利、麦迪逊和安阿伯

理解北方的学生运动最简单的方法，就是去关注对外校学生产生了影响的主要高校。虽然许多学校都具有相当的重要性，但是有三所规模较大的州立高校，为60年代早期少数白人学生群体的反抗运动燃起了最耀眼的火花：威斯康星大学麦迪逊分校，加利福尼亚大学伯克利分校，以及密歇根大学安阿伯分校。麦迪逊、伯克利和安阿伯结合在一起，形成了伯克利校长克拉克·克尔所称的“巨型大学”，在通往后工业时期巨大丰裕的道路上，起着重要的领导作用。每一所学校都是一座小型城市，拥有充裕的资源和全球范围内卓越的学术声誉。每一所学校都是本州的经济、文化发电站。这些学校的学生们，作为美国历史上第一代来自各个社会阶层和种族团体的大学生，仅仅支付了很少的学费，就享受到了一流的教育，他们认为自己就是美国“最出色最聪明的人”。同时，优秀的州立大学也给学生提供了绝佳的视角，从而在这一代学生中促生了对国家政策不同的、激进的看法。这一代人里也涌现出了许多颇具领袖魅力的人物，可以想象，这些人都是白人男性——虽然实际上女性承担了许多组织工作。他们同来自哈佛、斯坦福、史华斯摩尔、欧柏林和芝加哥大学等精英私立学校的拥有共同信念的学生一起，组成了一个反精英的团体，来抵抗由冷战自由主义者控制的权力机构。这些年轻知识分子们以卓越的胆识，控诉了他们的学校，以及隐藏在高等教育背后的全部权力机构。他们所主张的变革，不啻于一场美国社会的重组。

在这些学校中，安阿伯的学生激进运动因其在学生争取民主社会组织中的历史地位，受到了最多的关注。但是，在某种程度上，安阿伯的新左派可以说是早期伯克利和麦迪逊的运动浪潮所引起的反响。这些学校有着一个共同的特点：校区和邻近的城市都是激进主义的“故址”。20世纪50年代麦卡锡主义猛烈地袭击了学术界，造成数百名教授被立刻革职，更多人则不得不实行自我审查制度，而此时这些学校却是一块绿洲。在威斯康星大学，由于州内长期的进步传统，左翼政见即使在冷战高峰时期也能得以容身。教授们不用宣誓来表示忠诚，甚至共产党劳动青年团(LYL)的校园支部也可以公开地进行活动。这一组织于1956年解散，但仍有一些曾经的年轻共产党员，因其强烈的反帝倾向，对麦迪逊的新左派起着至关重要的作用。这些学生中的许多人都曾师从历史学家威廉·阿普曼·威廉斯，威廉斯的著作《美国外交的悲剧》尖锐地抨击了美国在世界范围内扮演的角色。在50年代晚期，围绕着他们产生了一种激进的

环境，历史学院培育出了许多持有不同政见的著名学者，社会学学会则组织起了论坛，请来被其他学校拒绝的具有争议的演讲者。他们定期举行纠察和游行，对一系列事件进行抗议——从拒绝犹太人、黑人会员的兄弟联谊会，到猪湾入侵事件。他们还举办反军事年度舞会，以嘲弄ROTC(即美国军方的后备军官训练营，后成为大多数校园中的固定活动)。麦迪逊除了具有众所周知的开放的校园氛围，学校中的激进分子还发行了一份期刊，名为《左派研究》，是新激进主义的主要理论杂志，在这份杂志的协助作用下，他们在美国知识分子中重新激起了对社会主义的关注。

伯克利文化中的抵抗因素，使其比麦迪逊还要声名显赫，这种威望在公众心中留下了持久的印象。学生运动的声势很早就在伯克利壮大起来，在60年代初期，已有数千人加入了街道游行示威活动——这远远早于其他高校。旧金山湾区独一无二的亚文化，更是促进了这种激进氛围的蓬勃发展。旧金山湾区也是30年代受共产主义影响的工人运动犹存的势力范围，甚至可以说是这一势力范围中最主要的城区。1934年澳大利亚的马克思主义者哈里·布里奇斯在旧金山领导了一场血腥的全面罢工运动，这场运动直接促生了一个强大的组织——国际码头仓库工人联盟(ILWU)，这些码头工人不顾可能遭受的对"红色分子"的残酷迫害，一直对布里奇斯忠心耿耿。从50年代到20世纪末期，国际码头仓库工人联盟始终是西海岸激进运动的坚实堡垒。

除此之外，甚至在50年代，湾区就因其在文化和性方面的标新立异备受关注。这里作为"垮掉的一代"亚文化的中心，拥有许多北滩爵士酒吧，劳伦斯·弗林盖蒂的城市之光书店也正是建于此处。1955年10月，著名的"垮掉的一代"诗人艾伦·金斯堡首次面对公众朗读了他的史诗《怒吼》，诗的首行振聋发聩："我看见我这一代的精英被疯狂毁灭，饥肠辘辘赤身裸体歇斯底里。"弗林盖蒂在1956年出版了金斯堡的作品《怒吼及其他》，因此被起诉犯有淫秽罪(诗中包含"操"、"狗屎"等词语，并毫无忌讳地讨论男人之间性的快感)。法院根据第一修正案判决撤销指控，此类种种具有颠覆性的司法判决，使美国五六十年代的文化氛围变得更加开放。《怒吼》成了长期的畅销书——在接下来的五十年中销量超过了九十万本。杰克·克鲁亚克的自传性质小说《在路上》也十分畅销。"波西米亚"青年和"嬉普士"们在金斯堡、克鲁亚克等"垮掉的人们"的激使下，纷纷涌向旧金山，而直到很久之后的1957年～1958年，伯克利大学才出现了反叛的征兆。

“垮掉的一代”在湾区的后继者们也同他们享有同等重要的地位，例如肯·克西带领的“快活的恶作剧者”①，他们对60年代中期嬉皮士文化的兴起起到了很大的助动作用。但是从长期来看，旧金山作为金斯堡等同性恋者的庇护所，地位应该更加重要。自从二战以来，这里的同性恋者越来越活跃，数百名因为性取向而退伍的男女军人宁愿留在这个港口城市，也不愿返回故里。这些我们在第七章中将会继续讨论。同“垮掉的一代”情形相似，这个城市宽容的氛围很快广为流传，同性恋者为了得到更多的自由，从全国各地移居到这里。

在这种自由的氛围中——一个共产党派码头工人和一个同性恋夜总会演员在旧金山1961年的管理者选举中，都获得数千张选票——伯克利校园是个例外。同威斯康星大学不同，校园中所有政治活动都受到禁止。除了这些限制，学生自治机构仍受到兄弟联谊会、姐妹联谊会的统治，男性学生也被要求必须参加后备军官训练营，伯克利持不同政见的人们在1957年组建了一个名为“平台”(SLATE)的校园政治党派，对此进行抵抗。“平台”具有很强的多样性，对成员的意识形态不加任何限制，部分成员甚至具有共产主义的背景。这个组织成了伯克利大学校园中一支巨大的力量，在1959年的学生自治机构选举中胜出(虽然这一机构很快被当局取消)，并在1960年控制了伯克利校刊——《加州人日报》。

1960年，众议院非美国活动调查委员会(HUAC)宣布要在旧金山的公共学校中举办针对“共产主义渗透”的地区听证会，这反而意外地给伯克利的激进分子们带来了全国范围内的声誉。调查委员会长期地举行街道巡游宣传，声称要将涉嫌人员一网打尽，这引起了媒体的强烈关注，但由于众议院非美国活动调查委员会的调查曾经导致许多深孚众望的教师被解雇，这一活动在湾区却丝毫没有受到欢迎。听证会于5月13日在旧金山市政大厅召开，引来了数百名伯克利学生参与抗议活动。由于这些学生被禁止进入听证会现场，他们选择了在场外以和平形式进行静坐。警察用高压消防水管将他们冲下台阶，并逮捕了64名学生。第二天，五千名愤怒的示威者包围了委员会，其他人则走进市政大厅，高唱《星条旗永不落》以阻碍听证会的进程。众议院非美国活动调查委员会粗率地发行了一部名为《撤销行动》的影片，旨在揭示是“赤色分子”们策划了这一活

① 1964年，肯·克西用《飞越布谷鸟巢》的版税组织了一场活动。一辆命名为“向前号”的校车车身涂上绚丽色彩，满载着一伙自称为“快活的恶作剧者”的青年男女从加利福尼亚州出发，横跨美国大陆，到达纽约世界贸易大厦，然后返回。——译注

动，诱骗伯克利的人们参与抵抗。这一愚蠢的做法出人意料地成了对方招募成员的工具，许多准激进分子被吸引来到伯克利和湾区。在此之后，伯克利的大规模学生激进运动和组织良好的直接抵抗活动名扬全国，这一声誉持续了数十年之久。

校园中会产生新左派的根据地，同学校周围的环境休戚相关。伯克利城市中就有青年自由主义者为了废除学校中的种族隔离、取消对黑人居民的住宅限制而进行各种激进运动，数千名在读学生和新近的毕业生搬到了校园以外的电报街，这里的书店、咖啡馆和各种活动吸引着年轻而不安分的一代。这一块市区中的激进派领地声名远扬。1960 年夏，密歇根大学的学生记者汤姆·海登慕名来到这里，希望能把伯克利的斗争策略带回东部的安阿伯。在向"平台"领导者学习之后，海登在离开加州时已经将自己定义为一名激进分子。他回到密歇根，成为了校刊编辑，为改革运动进行着不懈的努力，并且在安阿伯创立了类似于"平台"的政党——"呼声"(VOICE)。他同时也加入了争取工业民主学生团(SLID)的安阿伯支部。争取工业民主学生团是旧左派最早的学生团体，成立于 1905 年，当时的名称是"校际社会主义协会"。它的母团体，争取工业民主联合会，是谨慎的社会党的附属组织。50 年代时，在安阿伯之外，争取工业民主学生团几乎没有任何活动。安阿伯争取工业民主学生团的领导人，一名年龄较大的"永久学生"阿尔·哈伯，希望将这一垂死的组织变成新兴校园运动的中心。他于 1960 年接任该组织全国性的领导职位，将其改名为学生争取民主社会组织(SDS)，招募了许多密歇根的主要激进分子，其中包括汤姆·海登。这一以安阿伯为中心的组织在 1960 年 4 月举办了以"北部人权"为主题的会议，并邀请了一些格林斯博罗静坐运动的领导人参与，以此来唤起学生对民权运动的支持。1961 年，海登被任命为学生争取民主社会组织首任"地方联络员"，他立刻前往密西西比对学生非暴力行动协调委员会的选民注册工作进行报道，许多北部学生都阅读了他发回的鲜活而详尽的第一手资料。海登对事业的激情增加了他的威望，成员们对工作的投入也扩大了组织的影响力。许多其他学生争取民主社会组织成员纷纷加入学生非暴力行动协调委员会，这增强了二者间的密切联系，也促使学生争取民主社会组织在 60 年代早期成为了最引人注目的全国性新生学生组织。

学生争取民主社会组织的兴起

学生争取民主社会组织(SDS)的策略在于为美国的激进主义划出一

块新的智识平台。这种策略促使他们于 1962 年 6 月在密歇根休伦港汽车工人联合会的夏令营中召开了一次会议，并在会议上发表了《学生争取民主社会组织休伦港宣言》。会议的规模非常小，出席者只有该组织的几个支部的六十名成员，但却具有着重大的意义。从短期看来，由于会场上出现了一名来自共产党青年团的十几岁的观摩者，使得控制“争取工业民主联合会”的反共社会党人感到无比愤怒，挑起了双方激烈的内战。从长远看来，《休伦港宣言》所体现的雄心壮志，吸引了各处的白人学生来参与学生争取民主社会组织的组织建设，并且明确了一个观点——左翼学生力量确实带来了一些新的东西。

迈克尔·哈林顿等社会党领导人也参加了休伦港的会议，在这里的所见所闻令他们感到十分不安。社会党将斯大林主义视为巨大的威胁，他们认为学生争取民主社会组织的“小子们”长久以来对此置若罔闻。允许一名共产党青年——即使只是作为一名没有投票权的观摩者——参与这样的会议，是他们所能承受的最后一根稻草。在纽约，争取工业民主联合会的委员会一度更换了学生争取民主社会组织办公室的门锁，解雇了这些员工。虽然双方最终达成了和解，但这种对旧左派的无畏的态度，极大地鼓舞了哈伯、海登等人。这一戏剧性的事件及其所隐含的时代意义，让学生争取民主社会组织逐渐意识到了自身所具有的历史性的力量。

《休伦港宣言》对于学生争取民主社会组织的使命感更具重要意义。这一宣言由海登起草，略嫌冗长，却又激情四溢，其中的观点时而张扬，时而传统，其最突出的特点是宣称要为冷战时期美国被“异化”的青年们发言，开篇写道：“我们现在这一代人，在不失温饱的环境中长大，在大学校园中生活，忐忑不安地注视着我们所继承的世界。”宣言中最著名的一句话是：“我们希望建立一种由个人参与的民主，它的核心目标有两个：个人在社会决策的力量中能够左右自己生活的质量和方向；社会的组织方式能够鼓励个人的独立，能够容许媒体的普遍参与。”这是一种新的政见，处于自由和激进之间，它不是马克思主义，却又不同社会主义相悖，它关注社会总体的民主化——经济、教育和政府机构。对于此后加入学生争取民主社会组织的上千人来说，“参与性民主”的观念拥有无比强大的力量。

而在其他思想更加左倾的新左派人士看来，《休伦港宣言》的措辞显得模棱两可，观点也并不激进，对于白人至上主义和美国实际存在的帝国主义，也没有明确表明立场。宣言很大一部分重复了社会党的政见，例如通过扫除南部种族隔离主义者来同民主党“重归于好”，而像古巴革命等具有争议性的问题，则没有在宣言中出现。但是从总体上看来，《休伦港宣言》的雄心壮志和海登富于浪漫色彩的理想主义，都是学生争取民主社会组织力量的源泉，都令它显得与众不同。从1963年到1964年，这一组织持续稳步发展，许多其他的校园运动者关注的问题不断变化，参与的组织也迅速更替，而学生争取民主社会组织国内的组织领导者们则年复一年始终全心全意投入工作。他们这种坚韧的精神最终会给这个组织带来全国性的声望——而这却造成了一个悖论。学生争取民主社会组织是唯一一个持久的白人校园新左派组织，理解这一组织的兴起，具有重要的意义；但是，学生争取民主社会组织和学生激进运动从来都不可同一而论。在许多主要大学中(尤其是西海岸上的大学，包括伯克利和麦迪逊)，学生争取民主社会组织的影响力非常有限。许多其他组织也同样值得关注。当哈伯和海登通过举办会议、散发宣传册和发表宣言等方法扩大他们的影响范围时，学生非暴力行动协调委员会的组织者们，例如鲍勃·摩西和斯多克力·加米切尔，则在南方腹地"黑色地带"中赤贫的乡村里，进行着选民注册的工作。

1964年发生的一系列事件，说明了单从学生争取民主社会组织的角度来审视新左派(这正是许多学者所采取的策略)是远远不够的。这一年具有着划时代的意义，在年中举行的密西西比"自由之夏"活动，明确了校园运动的产生。北方白人大量地移民(近一千名)，投身于选民注册计划和"自由学校"①的工作之中，而学生争取民主社会组织则完全没有参与这一运动。黑人组织者坚持认为白人应当在北部进行组织活动，学生争取民主社会组织因而在1963年展开了其声势浩大的推进运动。经济研究行动计划组(ERAP)宣称离开校园的时间到了，继而将数百名学生争取民主社会组织青年成员送往了东北部和中西部最贫瘠的城市社区，希望以此来展开一场"跨种族的穷人运动"。经济研究行动计划组以学生非暴力行动协调委员会的一系列举措——切身体验受压迫者的日常生活、增加本土地方领导人的数量——作为自身的基础，但其关注的并不是南方种族界限分明的隔离政策及其立法机构，而是压迫着所有种族穷人的经济结构的不公——失业、贫民区居住环境、落后的教育、破败的街道、匮乏的机会。事实证明，面向种族压迫和阶级压迫这两种不同策略，具

① "自由学校"是学生非暴力运动协调委员会和密西西比联盟组织理事会(Mississippi Council of Federated Organization)共同策划的活动。活动计划于1964年夏天在密西西比展开，学校面向高中学生传授文化知识，引导他们养成自由思考的习惯。——译注

有关键性的区别。由于缺乏明显的斗争对象——例如白人至上主义，也没有明确的目标——例如选民注册以及废止公共汽车、饭店、图书馆中的种族隔离现象，学生争取民主社会组织的组织者们总是无的放矢，得不到地方官员和社区居民的重视。虽然经济研究行动计划组的一些计划持续了数年之久，但除了培养出学生争取民主社会组织在社区组织活动中的领导骨干之外，在全国范围内收效甚微。

言论自由运动和伯克利的突破

20世纪60年代第一次全面的校园反抗运动，突出了左派学生的多样性以及民权运动的中心地位。在1964年晚期，全国上下都聚焦于伯克利的言论自由运动(FSM)。领导第一场言论自由运动的学生活跃分子一部分来自种族平等联合会，另一部分来自一个名为“学生非暴力行动协调委员会伙伴”的团体，其中很多人刚刚从密西西比返回，他们在对既有制度的挑战中懂得了“直接行动”的重要性。越来越多的伯克利学生参与到校外的运动中，要求废止湾区商场、酒店中的种族隔离现象，这激起了地方精英和加利福尼亚大学制度管理董事的强烈不满。1964年9月，校方管理者禁止学生在校园附近的一条街上设桌募捐——这是激进分子们长期以来使用的地点。接下来的几周里，各学院院长传讯了五名无视校方规定，在史鲍尔广场(校园的中心区域)上继续设立募捐桌的学生，并将八名学生处以留校察看处分。10月1日，警方来逮捕种族平等联合会活跃分子、数学系毕业生杰克·温伯格时，数百名学生自发地坐在了押解杰克的警车周围。静坐持续了三十二小时，人们站在车顶向两千余名群众进行演讲。同时，激进分子们很快将言论自由运动正式化，把从青年共产党员到校园共和党的众多力量联合了起来，其中包括一名哲学系学生，曾经在密西西比担任过言论自由运动发言人的马里奥·萨维奥。他们唯一要求的是伯克利学生在校园中参与政治活动的权利。在接下来的两个月里，校长克拉克·克尔所带领的效率低下的行政机构和富于经验的学生领导人(他们中的许多人自称为左翼大家庭中的“待哺婴儿”)之间，展开了一场逐渐升温的战争，双方实力的消耗、镇压和突袭都屡见不鲜。萨维奥成了全国的知名人物，他的即兴演讲热情豪放、铿然有力。这些组织者们明白，如果他们能够通过强调言论自由这一美国神圣的准则来获得大量学生的支持，他们就可以把教工拉向自己的阵营，从而孤立克尔。他们成功了。

克尔拒绝友好地谈判，拒绝接受教工委员会的和解提议(这一委员会正是由他授权的），并且企图惩治个人学生领导——这成了他们所能承受的最后一根稻草。12月2日，数千名学生聚集在主要行政楼的门外听着琼·拜亚的音乐，继而大约一千人走进大厅，以和平的手段将其占领。克尔犯了一个错误——这个错误在此后不断被校园的管理者们重复——他批准了自由派民主党人派特·布朗州长和地方检察官艾德文·米斯派遣警力加以干涉。12月3日凌晨3点，警方开始将抗议者们拖出门外，并在接下来的十二个小时内逮捕了764人。这一草率的举动激怒了教工，他们进行投票，以压倒性的票数支持通过以学生的需求为基础的提议。很快，校方董事们也表示了赞同，这大大削弱了克尔的势力，言论自由运动大获全胜，引起了全国上下的关注，也证明了学生运动不可忽视的力量。

1964年的乐章就这样以校园激进运动的最强音结束。密西西比“自由之夏”的精神力量，言论自由运动的广泛普及，学生争取民主社会组织作为一个全国性组织的不断成长，都暗示着学生力量的发展壮大。令人难以预料的是，新左派是否会继续停留在谨慎的冷战自由主义世界之内。学生非暴力行动协调委员会及其盟友们在亚特兰大城的表现，伯克利激进分子们的行动，都表明了青年一代的愤怒、好战和蓬勃的朝气无法再被社会囚禁。这些力量很快将会带来一场更激烈的对峙，这场对峙不是同乔治·华莱士等吉姆·克罗的官员，不是同克拉克·克尔等大学校长，而是同美国政府本身，同在遥远的东南亚所进行的逐渐升温的血腥战争。

第七章　地下女性主义者和同性爱者："无名的问题"

自从1920年美国宪法第十九修正案赋予了美国女性在全国选举中的投票权，到现在已有四十年了，在这四十年中，女性参政在多方面都得到了发展。但是女性在公民职务中的全面参与却仍然没有实现……在联邦议会中，女性成员在100名参议员里只占2名，在435位代表中只占11位。只有2名女性进入过联邦政府内阁，只有6名女性担任过大使或部长。在联邦司法机构中，最高法院里没有女性成员，美国税务法院里也只有1位。307名联邦地方法官中，只有2名是女性……到1962年为止，州立法机构的大约7 700个席位，只有234个为女性所有。

——**妇女地位总统委员会，1963年《美国妇女》**

近年来渗透到我们政府中的性变态者，可能和真正的共产党员同样危险。国务院已经公开承认，曾经迫于无奈解雇了91名这样的人……如果报纸和广播评论员可以详尽地报导事实，而又不令美国的观众和听众感到难堪，我相信大家就会对这一事态的悲剧性更加关注。

——**共和党主席盖·该布里松，1950年4月18日**

50年代的美国在性方面——女孩和男孩、女人和男人、异性恋和同性恋之间性和文化的分界线——表现得最为因循守旧。在社会的其他方面，从民权运动到对菲德尔·卡斯特罗的强烈支持，都存在着不可忽视的躁动。而在涉及性和生育的方面，1945年后美国社会的权威结构则力求保持旧日的生活方式。新维多利亚式的道德准则抵制婚前的性行为，加深了原本存在的双重标准，并且禁止在电影、书籍、报纸、杂志、广播和电视中出现直接的性描写。所有这些媒体都在提倡一种据称是传统准则的家庭规划方式，宣称妻子和母亲是女性的自然角色——并且是唯一的角色。曾于三四十年代出现在大众文化中的一些形象——健硕的工厂女工和独立的女性实业家——不复存在，取而代之的理想女性形象或者是充满母性的家庭主妇，或者是玛丽莲·梦露一样夸张而丰满的"肉弹"。数千名太过贫穷或是太过独立的女性，则被排除在这种"主妇—母亲"的理想模式之外。

虽然女性的角色在50年代受到了很大的限制，但由于承担起了抚养儿女、操持家务的工作，女性确实拥有一定的社会地位和家庭内的权威。而同性恋者们则没有角色，不被正统社会所接受，也就必然没有权利。医学、宗教、法制和学术界的权威们都认为，同性恋是一种可以治愈的心理疾病，同性恋者们精神失常，情绪容易波动，他们的生活悲惨而令人厌恶。学术上和政治上给予同性恋的唯一严肃的关注，也只是将其等同于吸毒和酗酒。二次世界大战让许多同性恋者在可以隐秘身份的战时状态中找到了同伴，但这一局面在50年代却发生了巨大的倒退。麦卡锡主义瞄准同性恋者和共产党人展开了肃清运动，右翼的政客和参议员调查委员会自然而然地将这两种"异态"联系了起来。许多同性恋者由于"安全隐患"被迫离开政府职位。在当局对共产党嫌疑分子及其"同行者"进行审讯、监视和跟踪时，联邦调查局也在追查据称是"同性恋变态"的人们。许多城市的媒体都展开了疾风骤雨般的反同性恋运动，在同性恋者聚集的酒吧、城市公园和其他公共场所中，都有大量的人被捕。

就性和性别关系而言，50年代初看是一个反动和镇压的时代，不存在太多的颠覆性。但在萧条时期和战争中诞生的自由浪潮，终将势不可挡。实际上，已经不可能将时间倒转，回到那个想象中人人自得其所的往昔小镇了。二战期间，妇女和同性恋者都体验到了更多的自由。在战后的经济繁荣期，由于人们轻易便能得到薪资丰厚的工作，过上隐姓埋名的城市生活，社会变化有了更大的可能。精灵摆脱了瓶中的禁锢。现在再回顾，当时妇女和同性恋自由运动明显只是在等待时机。但是这两个运动都面临着社会上巨大的反对，在1955年至1965年的十年间，只出现了微弱的进展。

反女性主义时代：女性主义的幸存

50年代，只有很少一部分妇女仍然公开自称“女性主义者”。这似乎成了个过气的词语，象征着过去为“女性选举权”而斗争的年代，而且一些男性和年轻的女性们在使用这个词时，也通常是意在侮辱或嘲笑。女性主义改头换面，通过在妇女俱乐部（这是许多职业女性和妇女实业家、基督教女青年会〈YWCA〉及其他主流宗教团体、工会以及政党的关系联络网）中组织自愿活动的形式，在很大程度上幸存了下来。在60年代晚期“女性主义第二波”兴起之前，最富戏剧性的事件，是1963年贝蒂·弗里丹《女性的奥秘》一书的出版。该书一经问世便十分畅销，并且经久不衰，共计售出了百万本以上。在这场有关“无名的问题”的激烈争论中，弗里丹的声音代表着整整一代中产阶级女性，她们的大学教育被一种顽固的信念所荒废：那些心理学家、政客和妇女杂志的“专家们”的信念——女性应当留在家里照顾丈夫、抚养儿女。弗里丹个人的生活则充分显示了这个故事究竟有多么复杂。像许多女性一样，她也被大萧条的激进气氛所感染。在《女性的奥秘》中，她将自己描述为一个为杂志撰写稿件的主妇。这一众所周知的故事略过了她在30年代晚期作为主要学生激进分子的经历，也略过了她直到1952年所从事的左翼联盟报刊撰稿人的职业。弗里丹掩盖了自身的职业背景及其同共产党的密切联系，这显示出麦卡锡主义是如何促生了自我审查制度。为了让自己的生活能够体现出妇女所受的压迫，弗里丹不得不以“受过太多教育的家庭主妇”的形象出现在读者的面前。

《女性的奥秘》的巨大成功，是对二战后保守人士所推动的反女性主义运动——他们宣称美国的女性摆出一副要“给男人去势”的姿态，已经失去了女性本身的特点——一次迟来的反击。长期以来受到战争加速的社会变化，正在逐渐地瓦解父权制家庭，这场社会变化导致了四五十年代广泛存在的反女性主义。在1945年之后，妇女平均结婚年龄确实比19世纪以来的任何时代都要早，人口出生率也显著提高。但是，隐藏在这一短期的“回归传统”面具之下的，是更多基础性的变革。到了50年代，虽然电视情景剧（例如《爸爸最知心》）大力描绘郊外核心家庭①的田园式生活，更多的已婚妇女在家庭之外谋得了带薪的工作——这是女性自主的一个重要手段。到1960年，子女还在上学的妇女中，已有40％的人开

① 仅由父母及其子女组成的家庭。——译注

始通过工作获得收入。这在历史上是一场显著的转变——直到1940年，还只有六分之一的已婚妇女和全体妇女的四分之一在家庭之外承担工作。

仍有一个团体宣称自己是忠实的女性主义者，她们是全国妇女党(NWP)曾经的选举权斗士们。在1920年之前，当女性在选举中胜出时，一度声名显赫的全国妇女党曾是女性主义激进的先锋。自那时起，在心无旁骛的专制领导者爱丽丝·保罗的带领下，全国妇女党始终致力于促使宪法《平等权利修正案》的通过。全国妇女党的成员年龄不断老化，男人们经常抓住这一点讽刺挖苦，将她们看成是"固执的老太婆"。但作为一个拥有数千名成员的组织，它的影响力不可小视。在二战期间，全国妇女党说服了主流妇女团体和两个主要党派来支持《平等权利修正案》的通过，该组织也因其自身的坚持不懈赢得了国会成员的尊重。全国商业职业妇女俱乐部联盟和美国大学妇女协会也是支持这一修正案的阵营中的主要组织。同全国妇女党一样，她们代表着中上层阶级的一些白人女性——她们对阻碍女性成为医生、律师、工程师、教授和商人的制度性障碍，感到十分不满。

《平等权利修正案》最终被参议院的多数票数否决，这表明其他一些妇女组织对此存在着强烈的异议，尤其是工会的妇女部门及其附属机构。当然，女性工人活跃分子也同样全心全意地致力于妇女地位的改善。而这一事件所体现出的，是贯穿女性主义历史的一个永恒的问题：到底为了哪些女性？工人女性主义者领导的大规模自由派—劳工联盟宣称，《平等权利修正案》会造成对女性工人的保护立法失效。禁止女性在夜间工作，或是限制她们背运物品重量的法案，经历了数十年的努力才通过。现在这一事件无疑会引起工会的极大不满，他们指责商会和重商的共和党人同全国妇女党沆瀣一气，意图破坏对妇女的劳动保护，以此来威胁劳工组织。工人女性主义者在对妇女权益的促进上，有着截然不同的议程。妇女的角色通过她们在劳工组织中极度地放大——从1940年的八十万女性工会成员到50年代中期的大约三百万名。对于这一群体来说，少数受过大学教育的女性是否能获得专业工作的机会，显得无足轻重。她们相信，能够使大多数工人获益的法制改革，必然也能使女性获益。她们从未试图颠覆对"男人的工作"和"女人的工作"的划分——而全国妇女党及其同盟恰恰将这一点看做是一种歧视。她们所要求的只是"同工同酬"——这一女性主义呼吁首次在二战期间由一些进步组织提出，在六十年后的今天，仍然不失为一个重要的话题。工人女性主义者通过工会和民主党展开了一场无声而持久的战役，力求将同工同酬确立为一项切实的法规。她们获得了显著的成功。工党党员也做出了巨大的努力，促使许多州级立法机构先后批准将儿童保育的花费作为法定的抵减税额，国会最终也于1963年给予了认可，这一成果虽然看似微小，但却是认同女性工人特殊需求的道路上极其重要的一步。

1960～1965年：新女性主义的出现

这两种女性主义长期以来的冲突带来了一系列结果。到1960年，人们对女性受到的挫折有了越来越强的意识——几年之后贝蒂·弗里丹的《女性的奥秘》一书，便是对这种意识的描写。约翰·F.肯尼迪虽然避免了对《平等权利修正案》的支持，但作为总统，他深切地感受到了民主党中卓越的女性所带来的压力，继而采取了一些公开的措施。1961年，他设立了妇女地位总统委员会，由埃莉诺·罗斯福担任"主席"①(直到妇女解放运动的崛起，才结束了人们这一语言上的成见——只有男人才能领导组织、主持会议)。这一委员会为60年代女性主义的复兴创造了契机。虽然委员会内部被反对《平等权利修正案》的自由派人士和女性工会成员所统治，但它针对妇女所受到的法律和社会上的歧视，展开了详尽的调查。1963年委员会出版的总结性报告《美国妇女》，受到了读者热烈的欢迎。委员会最重要的成就，是将数百名女性官员、女性学者、职业女性和女性激进分子联合在了一起。有一项提案在当时并未引起广泛的关注，但事后却证明是至关重要的——全国商业职业妇女俱乐部联盟被授权成立州立妇女地位委员会，来向总统委员会提出改进意见。这些州立机构成了这一新运动的温床，直接促使了1966年全国妇女组织(NOW)的成立。

《女性的奥秘》的成功和妇女地位总统委员会的鲜明姿态，都证明了战后反女性主义的新维多利亚主义正处于腹背受敌的局面。没有人知道接下来会发生什么，但在1964年，女性主义者取得了一项巨大的政治上的胜利——民权法案第七项将基于性别的职业歧视宣布为非法。这一法案本来意在结束对非裔美国人的歧视，而在美国普遍存在的对女性的歧视如何成为这一里程碑式的法案的一部分，是一个不同寻常的故事。提案中原本仅仅列举了"种族、肤色、宗教信仰和原有国籍"作为禁止的歧视种类，是弗吉尼亚州的代表，霍华德·史密斯将"性别"这一项作为修改内容加入了其中。霍华德本是一名支持种族隔离的保守民主党人，他

① "主席"的英文"chairman"中，"man"意为"男人"。——译注

到底是希望通过这一修改让民权法案显得荒唐可笑(大多数国会议员认为对妇女的歧视不成为一个问题)从而无法通过，还是为了支持白人妇女，让他们得到黑人也要求得到的法律保护(长期以来，全国妇女党也确实在这一基础上呼吁南方的国会议员支持《平等权利修正案》的通过)，我们不得而知。但修正案的通过，还有其他更重要的原因。一些女性国会成员在密歇根州的民主党代表，全国妇女党名誉成员玛莎·格里菲斯的领导下，将这一问题严肃化，引起高度重视。许多主要的妇女组织也都曾就此大力呼吁。修正案第七项自此改变了美国雇工权利的基本范围，妇女在历史上第一次拥有了同男性一样的立足点。这一修正案为接下来几十年中数百起推翻了制度和社会障碍的诉讼案件，确立了坚实的法律基础。

从 1960 年到 1965 年，形成了一派新的自由女性主义，这是对可追溯到 19 世纪的"平等权利"的延续。同时，在青年妇女和学生中，一种更加激进的、呼吁"解放"而非仅仅"权利"的政治策略也开始发展(我们将在第十一章中详细介绍)。其他一些不那么明显的女性主义传统，也都对这些青年妇女们有所帮助。她们中的许多人都是成长在共产主义家庭中的"红色襁褓婴儿"，受到了母亲的激进思想影响，也接触到了使用"男性至上主义"和"男性沙文主义"语言的马克思派女性主义。一些重要的智识性文本，例如西蒙·德·波伏娃的《第二性》，也从欧洲传入了美国。黑人妇女虽然有着迥异的历史——大多数已婚黑人女性长期以来都从事着工作——却在组织领导方面为民权运动中的年轻白人妇女提供了有力的榜样。这些方方面面，都促使了 1968 年一场新型杂糅的妇女运动的突然兴起，这场运动给数百万漠然的男人们带来了极大的震撼。

为异态者命名：同性恋在欧洲和美国的出现

50 年代争取妇女平等权利的运动，在保守政策的表层之下默默进行着，仅在 60 年代早期才蹒跚地浮出过水面。当时几乎不存在对歧视现象的激烈反抗，"妇女解放"这个词也鲜为人知。但也确实有一些妇女自称为女性主义者，有一部分知名的组织团体为了将歧视非法化、为了《平等权利修正案》的通过继续进行着不懈的斗争。然而最重要的是，这为美国的妇女们提供了一段值得回顾的激进运动历史。

同性恋者们没有类似的机构，也没有激进运动的历史，但他们自身的历史却是切实存在的。同性恋作为一个法律上、医学上、社会上乃至政治上的范畴，是现代才开始的，但男人同男人、女人同女人发生性关系，很久以来就一直存在。同性恋在过去仅仅是一种行为，这种行为在一些社会中受到惩罚，在另一些社会中则被容忍甚至赞美。直到19世纪晚期，随着心理学作为一门学科的兴起，同性间的情色行为才被分离开来，贴上了“异态”的标签。这种对同性恋的定义，是针对在巴黎、柏林、伦敦和纽约等大都市中萌生的男性同性恋亚文化作出的一种反应。从科学上对其进行划分，目的在于将同性恋作为精神疾病归为一种“罪行”，但学者们将其定义为一个社会范畴，也同样激发了同性恋者们有组织的政治活动。1889年，世界上第一个同性恋权利组织在德国成立，类似的组织也在欧洲其他的地方——虽然不是在美国——存在了数十年。这些组织在二战期间或者被外力摧毁，或者自行解体。纳粹要消灭的对象，除了犹太人和罗马尼人(即吉普赛人)，也同样包括同性恋者。数十万名同性恋者在大屠杀中被处死，在1945年后，欧洲同性恋权利组织仅剩下了一些残存的碎片。激进运动的焦点转向了美国。

20世纪早期，不断遭到迫害的同性恋者们组成了一个小型的少数派群体。大多数同性恋者都被“关了禁闭”，或是被孤立起来，但他们也有自己的净土——例如纽约的格林威治村和精英女子大学——在这里他们可以得到更多的自由。到20世纪20年代，大城市中纷纷出现了同性恋酒吧和咖啡馆，在电影和戏剧中，也偶尔会出现同性恋的角色或是相关的笑话。1929年瑞克里芙·霍尔的一本关于女同性恋生活的浪漫爱情小说《寂寞之井》，一经出版便大受欢迎。紧接着的二次世界大战极大地扩展了同性恋生活的程度和范围，但随之而来的是战后严酷的反同性恋活动。所有这些因素结合在一起，带来了一场举世瞩目的政治维新，这便是50年代早期，在冷战的最高峰形成的同性恋权利运动。

1950～1965年：同性爱者对权利和尊重的要求

为什么会这样？同性恋在战后的美国仍被视为是完全非法的行为。自由主义者同左翼人士和其他人一样，都对同性恋带有恐惧，也都会对他们使用一些轻蔑的称谓①，因此这一运动找不到可靠的盟友。即使那些为共产党人的权利辩护的民权自由论者，也都不愿对同性恋者所受到的警方侵扰和职业歧视提出异议。这场“同性爱”运动得以兴起和维持的原因，正是在于它的隐秘性。其主要组织，马特辛社和比利蒂斯的传人(DOB)，规模都十分有限，知道这两个组织的美国人就很少，更不用说把它们看做威胁了。这种隐秘性保护了组织者们的安全；战后公众对性

① 如“fag”、“dyke”、“queer”、“pansy”等带有贬义的表示同性恋的词语。

的科学研究所产生的巨大兴趣，也起到了一定的作用。阿尔弗雷德·金赛1948年的《人类男性性行为》和1953年的《人类女性性行为》，以令人震惊的数据显示了普通美国民众在性方面的欲求。金赛对婚前、婚外性行为，手淫和其他禁忌话题的普遍性都做了大量研究。这些报告中引起最大轰动的数据是，有37%的成年男子都与其他男人发生过性行为。金赛同样指出，女性在性方面同男人一样活跃——这对当时大多数人来说是个新奇的观念——大量妇女也都有过同性恋的经历。他发现同性恋者已经组成了一个具有相当规模的少数派群体(约有10%的男性最初就是同性恋者)，甚至有更多的人在某种情形下具有同性恋倾向。虽然有些学者在回顾金赛晚期的研究时，指出他的取样几乎不具备科学性，但这已经无关紧要了。他的研究鼓励人们摆脱"常态"和"异态"分类的禁锢进行思考，这产生了极大的影响。另外，1951年出版了唐纳德·韦伯斯特·科里的《同性恋在美国》，这是公开的同性恋者所做的第一次严肃的研究，该书在同性恋人群中引起了强烈的自我意识——毕竟他们并不孤单。

金赛、科里和其他作者们让异性恋人群看到了日益兴起的城区同性恋亚文化，也向国内孤立的同性恋个人发出信号——这种文化是切实存在的。即使是媒体的丑化报道也帮助传播了这一事实。波士顿、费城和旧金山等城市中的同性恋团体比战前更加壮大，出现了数十家同性恋酒吧(虽然通常由黑手党经营，设施非常残破)，以及同性恋聚集的海滩和俱乐部。这场社会剧变遭到了零星但却激烈的镇压，警方曾在仅仅一个晚上就逮捕了数百人。从现在的角度回顾，要想和平地确保同性恋者社会化的权利，一些形式的民权活动似乎无可避免。关键的问题是，同性恋者们到底是否会将自己定义为一个政治群体。

美国历史上第一个重要的同性恋组织——马特辛社，于1950年在洛杉矶成立，旨在共同抵抗警方的搜捕以及促进我们现在所说的"同性恋尊严"。组织的创建者或是共产党成员，或同其保有密切的联系。在哈里·海的领导下，他们建立了一套成熟的同性恋理论：同性恋是一个独特的少数派群体，他们拥有一种"具有高度特色的同性恋文化……这与其他正在兴起的少数派群体文化……黑人、墨西哥人、犹太人……并无区别。"马特辛社起初卓有成效，在南加利福尼亚的酒吧和海滩等处招募了两千名男性和少数的女性加入讨论组。该社团甚至创立了取缔诱捕公民委员会——缉捕队的便衣警员们经常假意邀请男同性恋者到公共盥洗室或公园发生性行为，然后将其逮捕——这一组织成功地帮助社团的一个领导人免除了罪责。但是马特辛社仍未能逃离麦卡锡主义的笼罩，社团内部对“红色分子”的迫害导致这些左翼的创始人于1953年被迫离任。新任的温和派领导层大力批判了这种激进的民权政策——正是这种政策吸引了许多青年同性恋者加入这一社团——并转向了一种折中的策略。成员的数量直线下降，但社团的支部却在其他许多城市陆续建立，包括纽约、旧金山、芝加哥、丹佛和波士顿。从1953年起直到60年代中期，这些分散的马特辛社支部希冀通过和心理学家、牧师和官员的对话来赢得社会的尊重；有一些成员甚至接受了“同性恋是一种缺点或者疾病”的观念，他们只是要求不再被干涉。

主要由男性成员构成的马特辛社并非仅有的同性爱组织。从这一社团中分离出了一本同性爱杂志——《唯一》。杂志对国内发生的警方搜捕和对个人隐私的攻击给予了更直接的公开报导。1955年，女性同性恋组织“比利蒂斯的传人”在旧金山成立。同马特辛社一样，这一组织刻意从远古的历史中选择了一个隐讳的名称①，来保护它的成员。组织的领导者黛尔·马丁和菲利斯·莱昂在将近五十年后，终于让她们一生的恋人关系得到了法律的认可，于2004年在旧金山成为了有史以来第一对合法结成婚姻关系的同性恋者。同马特辛社一样，比利蒂斯的传人也采取了一种谨慎的策略，将自身定义为自助性的社会组织，而非一支政治力量，她们同女同性恋酒吧场所始终保持着一定的距离。直到60年代，这两个先驱组织之间的来往还仅限于几百名成员。除了发布新闻报道和提供相互间的支持，不定期的公开演讲和讨论构成了这两个组织的主要活动。即使是这些无伤大雅的论坛，有时也会招致逮捕，引起负面的宣传，甚至导致一些相关者的失业。这些情况让比利蒂斯的传人和马特辛社的领导人放弃了组织大规模群众运动的手段，转而对法律界、学术界和宗教团体中表示同情的异性恋者进行游说，希望他们能为自己争取更大程度的宽容。

到60年代早期，同性恋政治进入了一个新的局面。首先，《纽约时报》等大众媒体极大地增加了对男女同性恋的报导，这等于间接地告诉孤立的同性恋者哪里能找到他们的同志。虽然这些报导对这一现象大多持反对态度，但却也都将同性恋者作为一个社会团体认真地进行对待。越来越多的关注也让同性爱组织变得更加自信。一些青年激进分子——例

① 《比利蒂斯之歌》(Les Chansons Bilitis)是法国同性恋作家彼埃·鲁易(Pierre Louys，1870～1925)的作品。书中的比利蒂斯是6世纪时的一名女同性恋者。作者假托比利蒂斯之口，号称译自考古发现的比利蒂斯地下墓室上所刻的古希腊诗歌。

如纽约人兰迪·维克——拒绝再隐藏自己的同性恋身份，他们开始寻找采访的机会在公众前露面，将自己塑造为民权运动的典型形象。马特辛社的华盛顿支部，在美国公民自由联盟等组织的支持下，对联邦官员进行了攻势强劲的游说，要求结束将同性恋者视为"安全隐患"的公开歧视。这一运动的领导人富兰克林·卡莫尼，在拉法耶公园被逮捕后，被从高层公务员的职位上解雇。同时，1962 年，紧接着英国里程碑式的立法，美国法学会也提出将同性恋行为非刑事化——这在当时仍然属于激进的立场——对同性恋的法律制裁继而开始动摇。虽然只有两个州通过了相关法规，但这已为后世开创了一个先例。

在旧金山发生的一起事件，成为了此后同性恋权力组织的最重要的基准。在这个美国同性恋者非正式的首要聚集地，声势浩大的选民们将酒吧业主和政治激进分子联合了起来，宣称自己是一支有组织的力量。将酒吧场所引入政治领域有着关键的意义——同性恋酒吧不仅是同性恋群体最普遍的聚会地点，并且也最直接地受到警方的侵扰。在 50 年代晚期，旧金山警局中出现了一系列腐败丑闻，其中包括敲诈酒吧业主；同时湾区的共和党人对同性恋者的镇压和政治迫害也时有发生。当局有时仅仅因为顾客都是男性或都是女性，就对酒吧进行搜查，对业主施行监禁。这一丑闻事件令当局的这些举措声名扫地。寻求保护的愤怒的同性恋者们发现，当地的马特辛社支部和比利蒂斯的传人都拒绝同酒吧有任何牵涉。于是一种新的政治精神产生了，打破了旧日同性恋运动谨小慎微的模式。

1961 年，著名的黑猫沙龙中的一位异装表演者，何塞·萨拉维亚，作为反对派候选人参加了城市监管人的竞选，并得到了六千张选票——这在一个人口不到百万的城市中显得相当可观。同年，一个公民教育联盟组织开始在酒吧中派送数千张免费的报纸，向同性恋者们宣传他们的合法权利，并呼吁他们开始行动。1962 年成立的酒店业主行会，也向警界发起了斗争。他们向同性恋者散发名为"口袋律师"的小册子，鼓励他们参与选民注册。所有这些变化促成了 1964 年个人权利协会(SIR)的建立，这作为一个同性恋权利政治组织，是对当时局势的一个巨大挑战。个人权利协会出版了一本名为《向量》(*Vector*)的杂志，并且设立了政治活动委员会。凡是赞成所有社会成员(包括同性恋人群)公平享有公民权利的政治家，都得到了该组织的认可，也都很有希望获得这一群体大量的选票。个人权利协会在很短的时间内正式登上了湾区的政治舞台，许多民主党自由派的主流获选官员都向这一组织大献殷勤，希望得到他们的支持。

同性恋者通过努力最终确立了他们的盟友——一些著名的自由派新教牧师。这使得旧金山的同性恋人群在成为有组织的政治力量的道路上进入了新的阶段。由于民权运动的兴起，一些古老的宗教派别都不得不面对他们歧视非裔美国人的历史，这使得宗教主流在60年代早期经历了一场平静的激进化变革。怀着同样的感受，一些宗教领导人对他们无法为同性恋群体提供精神和现世的慰藉，也开始提出疑问。1964年6月，同性恋者和宗教领导人在湾区开展了一场为期四天的咨询会，这促成了宗教与同性恋理事会的建立。在为理事会筹资的一次新年舞蹈义演上，警方突袭了演出现场，并且逮捕了大量的同性恋和异性恋者，这成为了他们的最后一根稻草。教会和主流媒体对于这一事件的愤怒，使庭审不得不被取消。我们可以预见，至少是旧金山的同性恋者，即将成为一个合法的少数派群体，他们的权利应当受到保护。

在60年代的前五年，受到旧金山群体的鼓励，同性恋群体在东海岸也开始通过抗议和斗争表现出他们的尊严。1965年，一个团体联盟——东海岸同性爱组织(ECHO)，发起了美国历史上同性恋第一次公开的抗议活动，打破了过去传统的成见——在公开场合宣称自己是同性恋者，既不安全，也不合法。小规模的有秩序的示威活动分别在几个城市中展开，活动的目的是反对古巴政府将同性恋者作为“反革命者”进行监禁，同时也意在指出这一群体在美国同样受到了不合理的对待。而马特辛社和比利蒂斯的传人在这一时刻正经受着内部派别争斗所带来的骚动——富兰克林·卡莫尼等激进分子要求对任何将同性恋视为“疾病、骚乱和变态”的观点进行彻底的批判。当然，这些进展都带有地方性质，规模也都很小，其他社会运动的参与者都很少会关注他们，更不用说整个社会了。即使是在纽约这样自由的城市中，警方在酒吧和公园的搜捕以及大量的拘禁，对同性恋公开的侮辱和职业上的歧视，都仍然屡见不鲜。当许多年后一场更加激进的运动浪潮勃然而起时，当同性恋者开始在宽容之外寻求完全的性解放时，新左派和其余的美国人才开始意识到这一群体所受的残害与压迫。

第八章　越战和“内战”

我们对共产主义、社会主义这些东西一无所知，但是我们知道，黑人在这种“美国民主”之下，受到了严重的创伤。

——**密西西比自由党麦库姆支部**，1965年7月

我们被告知，美国是在抵抗北越的侵略，而不是它的意识形态；我们被告知，只有“另一边”停止它现在所做的一切，才能确保和平。但北越只是参与了一场内战，一场发生在分界线的另一边、同一国家两个部分之间的内战，一场大洋之外数千里之遥的美国也参与了的内战。除此之外，它还做了什么？

——**参议员J. 威廉·富布莱特，《权力的傲慢》**，1966年

我们希望仁慈的上帝能够让我们轻易地忘记那段军旅生活，就像当局已经轻易地忘记了我们。但是他们的这种否认所能够做到的，只是让我们更清楚地意识到我们的决心——我们还有最后一个任务，我们要找到这场野蛮战争的残骸并将其摧毁。只有这样，我们才能得到内心的平静，才能征服左右了这个国家十年之久的恐惧与仇恨，才能在三十年后，当我们失去了腿脚，或是手臂，或是面孔的兄弟走在一条街上，一个孩子来问他为什么时，他能够回答“越南”，这个“越南”不是一片荒漠，不是一段不堪的回忆，而是最终被美国改变了的一块土

地，被我们这样的士兵改变了的土地。

——约翰·克里上尉，越南老兵反战组织在参议院对外关系委员会上的证词，1971 年 4 月 22 日

越战的影响之大，使其成为了无人可以回避的问题。反战运动涉及了每一个美国家庭，每一个社区、城镇、郊区，将各种相异的新左派团体连接了起来，为他们提供了一种共有的中心语言。虽然参战的主要是贫苦工人阶级的“步兵”，但也有不同阶级、肤色、地区的二百三十万男性青年(以及数千名女性青年)在越战中服过役，战争造成了超过十五万三千人负伤，五万八千多人阵亡，他们的尸体被装在裹尸袋中运回故乡，象征着战争沉重的代价。这场战争的目的是牵制所有的共产主义和革命，但它在国内的主要影响是打破了冷战的军事激进主义限制。然而最终美国自身却丧失了“自制”——战争使两任冷战时期出色的总统被迫下台：林登·约翰逊和理查德·尼克松。

有三个特点将反战运动和新左派早期的活动区分开来，这三个特点对于理解这一运动的巨大规模和不确定的形态——历史学家们直到现在还不能给出完全的解释——有着重要的意义。首先是反战运动明显的无组织状态。和民权运动相比，反战运动缺乏像学生非暴力行动协调委员会、南方基督教领袖会议、全国有色人种协进会这样具有领导作用的主要全国性组织。其次，每年都有新的群体参与这一运动，新的反战组织和联络网不断形成，包括牧师、母亲、应征军人、外交官、商人、修女、职业人员、老兵等等。对和平的诉求陆续以新的形式出现，所有声音都向决策者传达着一个极具威慑力的消息——如果他们让战争不断升温，他们就会面临日益强烈的抵抗。第三，随着战争的持续，起初在政治上并不活跃的大量人群也参与到了运动当中，让他们变得激进的，是那些战争造成的死亡和受难的场景，这些场景出现在晚间的电视新闻里，出现在报纸上，出现在他们儿子的来信里，以及痛苦的回忆之中。各种不同的组织也便于满足人们不同的要求：一个担心儿子战死的中年商人，恐怕就不会加入学生争取民主社会组织。众多潜在的战争反对者的存在，对过去一直在美国社会边缘活动的和平运动者们来说，既令人振奋，又令人茫然。1964 年他们仅能领导几千人参与街道游行，而 1967 年反战运动已经能够动员数十万名群众，到 1969 年则达到了数百万。这一运动缺乏中心方向的原因之一，是它的参与人数在很大程度上超过了组织资源——钱力、人力和职业技能。诚然，这是一场依靠普通民众地区性活

动的大众运动，因此这场运动是如何从1964至1965年零星的成果发展起来的，就十分值得关注。

1954～1964年：缓步走向战争

由于艾森豪威尔和肯尼迪时代的和平运动主要聚焦于禁止核试验，反战运动的进程也主要同超级大国间的协商密切相关。一些反对核武器运动的领导人感觉到，1963年部分禁止核试验条约的成功通过，在某种程度上削弱了运动的基础；健全核政策委员会的创始人诺曼·卡森斯也提议解散这个他一手建立的组织。委员会中的其他成员，例如著名的本杰明·斯波克博士（他所著的《育儿之道》于1946年首次发行并不断改版，在世界范围内的销量仅次于《圣经》），就对此表示异议，并投票支持组织继续运作。民权团体中的激进和平主义者和青年活跃分子都指出，限制核武器并不能阻止常规战争的发生。大家的目光渐渐转向了美国在越南事务中越来越多的参与。1954年的奠边府战役中，胡志明领导的共产党人彻底击垮了法国精英伞兵军团，迫使殖民力量不得不接受失败。在此之后，到底发生了什么？

1954年5月，由法国、英国、苏联以及中国参加的国际会议迫使获胜的越南共产党人接受国家暂时的南北分裂，并为1956年国际监督下的选举做好准备。美国于是指派了一名天主教贵族流放者——吴庭艳——作为南方“越南共和国”的总统。吴庭艳在美国中央情报局的监控下，建立了一个残酷的警权国家，主要由其家族成员担任领导。由于中情局报道说独立英雄胡志明会在任何自由竞争中胜出，艾森豪威尔政府阻止了1956年的这场选举。两个充满敌意的政府同时存在于越南的历史上。反法斗争中的激进分子重新组织起来，一场内战在南方渐渐萌芽。到1959年，吴庭艳的残酷镇压导致北部和南部的共产党人决定推翻南越政府，重新统一祖国。从那时起，美国就逐渐增加它的军事援助，将越来越多的军事顾问派往越南，来保证这一众矢之的的独裁者继续当权。

吴庭艳政权在统治上的特点，以及美国在1954到1963年所扮演的角色，都对此后的反战运动具有重要的意义。在这十年间，美国政府不断地向民众散布谎言：越南其实是两个各自独立的国家；吴庭艳是一位卓越的民主领导人（用林登·约翰逊的话说，是“东南亚的温斯顿·丘吉尔”）；南部民族解放阵线（即NLF，被美国人称做“越共”）众叛亲离；美国是在帮助南越防卫“北越”的“共产主义侵略”；以及最后，战争的真正原因是中国共产党的膨胀主义。在一些持有异议的教授和勇气可嘉的记者提出疑问之前，所有美国人都相信这些神话。只有几千名阅读《解放》或是《国卫报》(*National Guardian*)等期刊的读者才能获得比较准确的信息。这种自欺欺人的方式终于促发了一场激烈的反应。1965 年后，当真相渐渐揭开面纱，当美军的伤亡人数日益增加时，愤怒的市民们纷纷投入了反战运动。他们的义愤之情成了运动的力量源泉。运动的第一波出现在 1963 年，当时美国在南越的军务人员达到了一万六千名。当年春天，吴庭艳的权力不断受到瓦解，他残酷地镇压了一场非共产党的反对运动。这场运动由佛教徒领导，他们呼吁政府间的联合，呼吁同北方进行和平磋商。为了抵抗吴庭艳的镇压，这些佛教僧侣们在南越主要城市的街道上面对着世界各地的媒体进行了宗教自焚仪式。美国的民众第一次开始考虑，他们所支持的到底是什么样的政府，他们开始关注，到底有多少吴庭艳的直系血亲和西方教会的成员垄断着政府的高层职位。当这一政权在民族解放阵线组织良好的攻势下举步维艰时，美国在 1963 年 10 月决定支持一场军事政变，在这场政变中，吴庭艳及其担任警政署署长的弟弟均被枪杀。

美国民众听惯了"我们是在支持南越民主国家的自卫活动"这一说法，吴庭艳的倒台令许多人大为震惊，但在仅仅几个星期后，11 月 22 日，J. F. 肯尼迪遭到暗杀，这使得自由派人士同肯尼迪的继任者，林登·约翰逊，紧密团结了起来。1964 年，在国会和媒体中几乎不存在争执的情况下，美国在越南的战争范围发生了决定性的改变。8 月，约翰逊政府实施了一项计划，用以确保进一步的干涉，以及维持南越力量薄弱的军事集团当权。约翰逊宣称报告显示北越的鱼雷艇袭击了一艘美国驱逐舰(此后被证明是一则虚假消息)，要求国会给予他扩张战争的自由处理权。《东京湾决议》在众议院以几乎全票通过，在参议院中，也只有俄勒冈州的韦恩·摩尔斯和阿拉斯加州的厄内斯特·格里宁投了反对票。在同年秋季的总统竞选中，约翰逊宣称在他的领导下"战争不会扩大"，并成功地将他的共和党对手，参议员巴里·戈德沃特，塑造成了一个战争贩子。但与此同时，国防部和他的同盟者正在大力推进一项秘密的计划，准备在选举后展开更大规模的军事干涉。从约翰逊和参议院内部人士的谈话录音中，我们可以了解，即使在上升时期，他也对战争毫无胜算。但即使如此，他仍然担心如果撤出战争，美国在更大范围冷战中的可靠性就会降低。他也知道一旦出现任何面对共产主义的"软弱"迹象，就会招致共和党对他个人和党派的攻击，早先他们对杜鲁门的指责是"是谁丢了中国?"现在对他的指责就会是"是谁丢了越南?"

一股反抗的力量蹒跚而起。1964 年 3 月，五千民众在纽约进行了集会，同年晚些时候，青年和平主义者第一次公开焚烧了兵役卡。几乎是出于偶然，学生争取民主社会组织的全国委员会于 1964 年 12 月决定在华盛顿市举行春季大会。虽然经济研究行动计划组的社区组织计划仍然是他们的首要议题，但学生争取民主社会组织的领导者们也希望能找到一种方法，来向他们所谓约翰逊的“自由组合主义”——这在越南事务中得到了具体体现——发起进攻。他们也决定完全独立地发起示威活动，而不是寻找结盟的伙伴，他们同时邀请各界反战人士的参与，这意味着共产党人和马克思主义者都会受到欢迎。通过这个声明，学生争取民主社会组织围绕健全核政策委员会及其他已有的和平组织——这些组织对抗议运动采取严格的控制，以防出现任何支持共产主义的言论和行为——展开了一场迂回战。这样，在数千名美国士兵涌入越南时，学生争取民主社会组织就为一种全新的、更广泛的反战运动的出现，提供了绝佳的机会。

1965～1966 年：战争升级

在 1964 年 12 月到 1965 年 4 月的集会之间发生了许多事件，大大扩展了反对越战运动的范围。1965 年 2 月，美国政府展开了“滚雷行动”，对北越进行强劲的空袭。这种密集型的轰炸一直持续到 1972 年的圣诞节，美国宣称它的意图是要破坏北越共产党人发动战争的能力，但它的主要目的却始终是痛击对手、引起恐慌。约翰逊相信，他的大棒策略会让胡志明和他的伙伴们缴械投降——他大错特错了。1965 年 3 月 16 日，爱丽丝·赫兹，一位大屠杀中的幸存者，震惊于照片中被美国轰炸所残杀的越南儿童，最终以自杀的方式来对战争表示抗议——她成了反战事业的第一名殉道者。3 月 18 日，密歇根大学首次举行了彻夜的时事宣讲会，有三千人参加到对战争真正原因的激烈讨论之中。这种特殊形式的草根民主很快通过媒体和大众广泛流传。在接下来的一周内，有 35 家学校纷纷效仿，到年末一共举行了 120 场类似的活动，其中包括伯克利大学于 5 月 21 日至 22 日举办的“越南日”活动，吸引了共计两万人参加。人们对约翰逊政策的无视令他感到愤怒和慌乱，而国务院派去同校园激进分子进行辩论的外交人员队伍也收效甚微。

这些宣讲会，以及媒体对美国对越政策的曝光，都为学生争取民主社会组织计划的集会运动提供了丰富的养料。1965 年 4 月 17 日在首都华盛顿举行的复活节游行召集了两万多名学生参加。这个数字以现在的标准衡量或许很小，但在当时却是美国历史上一次颇具规模的反战示威游行，并且让反战运动成为了一支全国性的力量。这同样也给学生争取民主社会组织带来了巨大的声誉，标志着反共自由主义者和社会主义者对新左派统治的结束。在1965年接下来的时间里，战争不断升级，反战运动也随之迅速地发展。军队的规模每个月都在增加，到了12月，在巨大的强化基地中，已有十八万四千名美国大兵针对行踪不定的民族解放阵线游击队展开“搜寻并摧毁”的军事行动。自二战以来，美国又一次投入了亚洲范围的地面战，而一些高级官员和决策者则忧心忡忡地预言，撤出这场战争会比加入战争困难得多。

到1965年年底，反战运动松散、无组织的特点已经显而易见。而具有领导运动的权威力量的两个组织，学生争取民主社会组织和健全核政策委员会，却都拒绝了这个角色。虽然学生争取民主社会组织的资深成员汤姆·海登继续担任全国反战运动的领导，但该组织希望同时致力于多个政治问题，而不愿仅仅投入到越南等单一的事件之中。健全核政策委员会则担心青年激进分子们会展开强大的攻势，要求立即无条件撤军。委员会将自身定位为和平运动的主要力量，他们采取的策略是游说国会通过协商方法来解决战争问题——不过他们也在11月组织了一次游行，在华盛顿聚集了约三万人。8月，两千名激进分子参加了“无代表群众集会”，在会上成立了结束越战全国协调委员会(NCCEWVN)，这是对创建单一的、有组织的反战运动领导机构的首次尝试。虽然结束越战全国协调委员会在1965年10月领导了“国际反战日”活动，但该组织却从未具有过强大的实力。

实际上，领导反战运动的，是一些主要城市中具有机动性的地方联盟组织，以及一些成就突出的个人。这些地方领导者和全国性的杰出个人经常结成同盟，发起国内的游行示威活动。共产党和社会主义工人党之间的敌对状态也是一个复杂的影响因素。在反战运动中，许多经验丰富的组织者都是来自这两个团体，但他们对地位的争夺也同样具有破坏性。在1965至1966年，旧金山的湾区是运动的主要中心，这里的组织包括由前伯克利激进分子杰里·鲁宾领导的力量强大的越南日委员会，以及由《解放》编辑A.J.马斯特和大卫·德林杰领导的纽约第五大道和平游行委员会。此后其他一些城市内的联盟也都发挥了重要的作用，他们同资深的和平主义者、拒绝服兵役的青年们、前学生争取民主社会组织的策划者、激进的学者、托洛茨基派分子以及传统的共产党人一起引导着反战运动的方向。

以上这些概括性的叙述并不能完全说明反战运动的多样性。它最大的优势同时也是它的劣势——不存在某个团体，甚至是某个团体的联盟，能够领导这一运动。新形式的抗议活动和新的组织团体都在从根部不断激增。最骇人听闻的是 1965 年晚期的“直接行动”浪潮——并不是所有行动都是非暴力的。11 月 2 日，贵格会成员诺曼·莫里森在五角大楼前静坐自焚。11 月 6 日，在纽约的人们第一次大规模焚烧兵役卡，三天之后，一个天主教工人为了表示抗议而自杀身亡。在湾区，越南日委员会不断地试图拦截从伯克利开往奥克兰征兵中心的军用运输车，这也引来了同警方的一系列冲突。

同 1965 年相反，1966 年似乎是停滞的一年。战争持续升级，经常有人宣称，从“尸体统计”得出的游击队伤亡人数说明胜利就在眼前。不同的反破坏策略不断出台，军队的规模日益壮大，但大多数的美国记者都只是照搬军方发言人的讲话，不论他们说了什么。民意测验显示，越来越多的人开始对战争持有一种矛盾的感情，但民众对战争的抗议者仍然采取极端抵制的态度。大多数美国人认为，当战士们还在海外流血牺牲时，在国内举行游行示威活动是一种毫无爱国之心的背信弃义的行为。反战运动还面临着另一个问题——林登·约翰逊。约翰逊被描述为继林肯以来对民权给予了最大关注的总统，他还发起了“向贫穷宣战”的运动。在 1965 年及其后，许多民权运动的组织者都曾受雇于联邦资助的反贫困计划，许多黑人领袖也都继续效忠约翰逊政府。要让这场约翰逊发起的战争为主流所反对，实在是困难重重，这也是为什么反战激进分子主要聚焦于抗议活动，而非立法或选举政策。

1966 年并没有发生太多大规模的运动，相反，反战运动继续在地方上发展，延伸到了小型城市和更多的大学校园。当年最重要的创举，发生在权威和激进主义的另一端。有史以来，反对的萌芽第一次出现在国内的精英之中——国会、教会以及民主党的自由政策。在国会中的主要代表是阿肯色州的参议员 J. 威廉·富布莱特。富布莱特曾任参议院对外关系委员会的主席，是一位德高望重的人物，作为一名独立的知识分子，他长期以来都质疑着冷战的规则。1966 年 2 月，他举办了一次史无前例的越南问题听证会，持有各种不同观点的专家都出席了会议；同年晚些时候，富布莱特出版了《权力的傲慢》，书中对共产党领导的越南革命表示了认可，并暗示，美国政府试图将自己的意志强加于他人是一个极大的错误。宗教领导人也开始集体表示异议，他们的“关注越南问题神俗人员组织”(CALCAV)是一个涵盖了基督教各个宗派的组织，包括新教徒、天主教徒和犹太人，马丁·路德·金等杰出人物也都是组织的成员。该组织在其行政秘书威廉·斯隆·科芬神父的带领下，很快在全国各地设立了分部。科芬是耶鲁大学附属教堂的神父，他同斯波克博士一样，都是因其战时所发表的异议而声名显赫。同富布莱特的听证会相同，关注越南问题神俗人员组织的公开性和组织成员的精英化，使得该组织可以名正言顺地发表对战争的反对意见。在 1966 年 6 月的民主党预选中，越南日委员会的领导人罗伯特·席尔向伯克利自由派国会议员——杰瑞·科希伦代表发起了挑战。这戏剧性地给传统政治势力带来了动荡。虽然席尔在竞选中败北，但却显示出了强劲的竞争力，这表明左派的挑战对自由派人士构成了极大的威胁——这在 1966 年还是一个陌生的概念。

激进分子中出现了新的抗议形式。1966 年夏天，德克萨斯州胡德堡的三名入伍军人拒绝去越南参战。社会主义工人党和和平主义者纷纷举行集会，对他们给予支持——这也预示了此后的反战军人运动。分散在各地的反征兵运动也同样具有威慑力，参与者们最终将这场运动称为“抵抗”。1966 年 12 月 4 日，芝加哥大学的“我们不去越南”会议吸引了五百人参加，反征兵运动以此为起点声势日渐壮大。学生争取民主社会组织提出了一个颇具男性至上主义色彩的口号，“男孩若是拒绝，女孩就会同意”，这一口号对运动起到了极大的宣传作用。然而，这场向义务兵役制系统宣战的运动在法律上存在很大的风险，许多组织者都受到了起诉，最终导致六万名青年——逃兵或是拒绝服兵役者——逃往加拿大和瑞典。特权阶级中的许多人都通过合法的手段逃避兵役，其中包括利用全日制大学学生服役自动延期的制度，通过政治关系加入国内的国民警卫队或后备军，以及说服医生提供虚假证明。

到了 1967 年 1 月，反战运动已经在全国范围内蔓延开来。虽然这一运动已经在主要城区和许多大学校园中站稳了脚跟，但对于政界、教会和许多职业领域来说，却只是初见成效。经过两年的抗议活动，公众对战争的焦虑逐渐增加，但抗议者却仍属于极少数的群体。接下来的两年中发生了显著的变化。到 1969 年 1 月，战场上的失利，对贫困的农业国进行地毯式轰炸所带来的羞愧，美国对越南平民的残酷行径，反抗的暴力和施向反抗者的更大的暴力，各方之间不断加剧的互相指责——这些使得冷战的共识土崩瓦解。到 1969 年 1 月，民主党也由于这些分歧变得四分五裂，战争越来越不受欢迎，数百万民众参与到了反战事业中，而更多的人则同许诺“光荣和平”、将反抗者们称做“流氓”的新总统理查德·尼克松结成了统一战线。1967 年和 1968 年是反战运动的决定性阶段，毋庸置疑，这两年所发生的许多事情，迫使美国政府和武装军队在越南遭遇到了军事、政治和道德上的溃败。

1967～1968 年：隧道的另一端仍是黑暗

1967 年最初看起来与以往没有什么不同——在越南的军事僵持和在国内的政治停滞。当时美国的地面军队拥有五十万装备精良的士兵，但持怀疑态度的记者认为，由于民族解放阵线从 20 世纪 40 年代至今深深地植根于民族主义的农民阶层，美军并没有太多的胜算。当时美方的指挥官威廉·威斯特摩兰将军基于巨额虚报的敌军阵亡人数，宣称将狡猾的越共击溃的胜利之光“就在隧道的另一端”。当然，有不计其数的越南民众死于美国在所谓“自由开火区”内的火力袭击，但其中只有一小部分是真正的游击队员。媒体和国会中持有异议的精英们仍然保持着警惕，呼吁通过谈判来解决问题。在这一年的年初，反战运动还并未将结束战争列入计划，而只是继续着抗议活动。但到了 1968 年 1 月，一切都发生了变化。迅速蔓延的反战运动产生了一种新的策略，这种策略结合了草根阶层的公共教育和同权力的直接对抗，同时民主党中也出现了一派重要的反战势力。民意调查显示出民众对战争的支持率直线下降，一场由外交政策引发的国内危机渐渐逼近，这在珍珠港事件以来还是第一次。

1967 年对激进主义者来说，是同官方权威的对峙不断升级的一年，学生争取民主社会组织的领导人格雷格·卡尔福特提出的“从抗议到抵制”的号召，激励了许多人去认真思考如何才能停止战争，而不是仅仅局限于进行抗议。在 4 月 15 日，至少二十五万民众同时在纽约和旧金山举行了集会，这是有史以来规模最大的示威游行。召集这些游行的是一个新的联盟组织，春季动员委员会(通常被称做“动员会”)，这一委员会是一次尝试，它将围绕着“立刻停战”这一要求的许多和平运动联合了起来。越战时期最著名的一场游行发生在 1967 年 10 月，十万名抗议者越过波托马克河，以非暴力的形式包围了五角大楼。人群彻夜守在大楼门外时发生了暴力事件，数百名参与者被逮捕，许多人认为在美国军事力量的中心用自己的生命冒险已经使运动越过了一个界限。有一张著名的照片，一位年轻妇女将鲜花插在一个士兵的来复枪枪筒里，这是对和平最急切的呼吁。对征兵制的拒绝行动像野草一样蔓延，就在五角大楼游行的前几天，一千一百人有计划地在公众面前将他们的兵役卡焚毁或者丢弃。在伯克利和麦迪逊等高校也发生了大规模的暴力对抗，到 1967 年晚期，约翰逊总统、国务卿迪安·鲁斯克和国防部长罗伯特·麦克纳马拉在主要城市中发表讲话时，总是会遇到数千名愤怒而不屑的抗议者。同时，在一场名为“越南之夏”的活动中，数千名志愿者来到社区里，敲开房门，向普通市民们提供清晰而准确的消息。

在每周都有超过两百名年轻士兵阵亡(1967 年时是每周 214 人，到了 1968 年战争的高峰时期还要更多)的战争期间举行破坏性的抗议活动，通常会令抗议者们在社会中受到孤立。约翰逊政府也确实在竭尽全力，试图将反战运动证明为是受了国外共产主义的教唆。约翰逊自己拒绝相信这样一个运动能够完全依赖自身发展。1967 年最关键的进展，是这一运动在变得更加激进的同时，也更加接近主流，越来越多的美国人将战争看做是和奴隶制相类似的超越自身认识的道德问题，与传统的政治策略截然不同。金博士显赫的威望也给这场运动带来了推动作用。1967 年 4 月，金博士在纽约的河畔教堂发表演讲，在演讲中他将自己的政府称做“当今世界最可怕的施暴者”。虽然政府中的自由派人士，不论白人还是黑人，都对他进行了强烈的谴责，但金博士对战争毫不妥协的反抗证明了民权同反战运动的联系，也鼓励了许多美国民众对越南问题进行伦理上的思考。渐渐地，许多公民社会的领导人，例如精英高校的教工、宗教派系的领袖，以及工会的主席，都开始对战争发表异议。

由阿拉德·罗文斯坦领导的民主党自由派激进分子在 1967 年 10 月发起了一场“甩掉约翰逊”的运动，这表明了反战的情绪正在打破传统政治策略的模式。运动的目的是说服一位国内杰出的民主党人来完成一件“不可能的任务”——在本党内部取消约翰逊的总统候选资格。11 月，明尼苏达州的参议员尤金·麦卡锡表明了姿态，宣称他要以反战候选人的身份来向约翰逊发起挑战，要通过形成两党间的共识，不惜任何代价打破杜鲁门通过军事力量来遏制共产主义的原则。两党的领导人和政府的宣传部门再也不能嘲笑和平运动者幼稚无知了。到了 1967 年 10 月，已经有五分之二的美国人认为政府对越南事务的干预是个错误。约翰逊在这些令人震惊的转变的重重包围之下跨入了 1968 年，他相信，只能继续进行这场他私下里所称的“婊子一样的战争”，此外别无选择。

同 1968 年相比，1967 年不过是灾难的一场预演。这些源源不断的灾难很难让人相信仅仅发生在一年之内。在 1 月 31 日——越南的春节——共产党人发动了一场强劲的攻势，袭击了南越的许多城市，甚至渗入了美国在西贡的大使馆。措手不及的美军颜面尽失，他们最终以双方沉重的代价将民族解放阵线驱逐出了南越的城市，但美方的司令官再也不能夸口他们能取得军事胜利和“隧道那端的光明了”。数百名反战青年来到新汉普郡为吉恩[①]·麦卡锡展开竞选活动，几周之后，在这些青年的支持下，朴实而雄辩的麦卡锡在州内预选中几乎挫败了约翰逊，这对于在任的总统来说，实在是闻所未闻。看到麦卡锡出人意料的成功，另一位主要的反战候选人也宣布要竞争民主党的提名，这就是已故总统的弟弟，极富领袖魅力的纽约州参议员罗伯特·F. 肯尼迪。3月31日，约翰逊通过电视台发表了一次计划外的现场演讲，他宣称已经部分暂停了对北越的轰炸，并且开始寻求无条件的和平谈判。演讲的最后，约翰逊宣布了一个令人震惊的消息——他将不会继续参加竞选。

约翰逊撤出之后，战争的暴虐在国内引起了猛烈的反响，打破了自由派残余的共识。在4月5日，金博士在曼菲斯被一名白人种族分子詹姆斯·厄尔·雷暗杀。金博士来到这里是为了支持黑人清洁工的罢工运动，这也是他对贫苦人民经济问题给予的越来越多的关注。金博士是一位为民族和解和抵抗暴力贡献了毕生精力的领袖，他的死令黑人群众沉浸在无尽的悲痛之中，他们在一百多个城市里展开起义活动——华盛顿黑人社区的火光在国会大厦都可以看到，高度警惕的国民警卫队守卫在大厦四周。绝望的自由派人士和反战激进分子只得将民主党的竞选当做最后一根救命稻草，希望罗伯特·肯尼迪或是吉恩·麦卡锡能够获得提名、当选总统，能够带领国家回到理智的世界。但他们的希望落空了，这两位参选者都没有获得党派和国家的接受。6月，在加利福尼亚的关键预选中击败麦卡锡后，罗伯特·肯尼迪遇刺身亡。最终，在8月芝加哥的民主党大会中，芝加哥警方袭击了拒绝疏散的反战抗议者们，这在此后被大陪审团称为“警力暴乱”。人们可以从电视转播中看到数百名抗议者被虐打和施以毒气，其中一些愤怒的麦卡锡和肯尼迪的特派员们眼睁睁地看着党派的领导者将提名权给了副总统休伯特·汉弗莱(虽然他并未参加过预选)。在大会的演讲台上，康涅狄格州的参议员亚伯拉罕·里比科夫大力谴责警方的“盖世太保行径”，镜头捕捉到了民主党的市长理查德·戴利正在冲着他愤怒地叫嚣：“犹太种的贱货。”

11月，理查德·尼克松以43%的相对多数票险胜汉弗莱。尼克松的胜利是一场“模糊之战”。一方面，他宣称自己策划了一项可以带来“光荣和平”的秘密计划，并将自己描述成温和派人士；而另一方面，他不断地援引“法律和秩序”，攻击学生和黑人“好战者”，这都明显显示出他的右翼倾向和种族仇恨。同时，臭名昭著的种族主义者，阿拉巴马州的前任

① 尤金的昵称。——译注

民主党州长乔治·华莱士，也以无党派人士的身份参加竞选，他通过一个反民权、反自由主义、反精英、反知识分子的平民形象来吸引工人阶级的白人选民。华莱士最终赢得了14%的选票，获得了南部五个州的支持。冷战自由主义已经产生了巨大的裂痕，在许多人看来，美国社会自身正在分崩离析。

反战激进主义通过麦卡锡和肯尼迪的竞选活动进入了全国范围的政坛，将这场运动置于了一个进退两难的境地。健全核政策委员会等许多组织将主要精力投入在民主党的竞选中，而在其他方面则是一片混乱，民主党大会上缺乏组织的示威活动显示出了这种无序的状态。春季动员委员会的领导人大卫·德林杰努力地维持秩序，而年轻的雅皮士①们——即所谓青年国际党(Youth International Party)成员——在阿比·霍夫曼和杰里·鲁宾的带领下试图营造出一种马戏团般的气氛，他们将一头猪作为自己的总统候选人，许诺将大众抗议运动同音乐节结合起来，引起了许多乐于报导奇闻轶事的记者的注意。

雅皮士文化的兴起凸显了战争所造成的美国社会的两极分化。在芝加哥警方、戴利市长和支持他们的残酷镇压手段的大多数美国人来说，抗议者们都是肮脏的、毫无爱国之心的暴民，他们反对所有正规得体的事情。而对抗议者们来说，战争显示出这个国家已经被不加限制的巨大财富和权利彻底腐化。当时许多美国人将反文化的嬉皮风格等同于反战运动，而实际上前者并不能完全反映这一运动在几代人中的基础和多样化的领导层。而“雅皮士”这种说法则让人们很容易产生此类联想，因为霍夫曼和鲁宾认为，年轻人正在领导一场比纯政治更重要的文化革命。他们所宣扬的狂欢式无政府主义虽然鼓舞了许多白人青年，但却是非常地不切实际，很快就被娱乐和时尚工业所同化，开始出售音乐、服装、电影、书籍和其他各种流行文化用品。但我们不能轻易得出结论，认为嬉皮文化和雅皮文化是纯政治的转移。

事实证明，这种反文化作为一种载体，令反战和激进政治通过数百份地方性质的地下报纸和畅销书籍——例如鲁宾的《做就是了!》和霍夫曼的《偷走这本书》——进入了中心地带，这些报刊和书籍都让人们倾向于从一个人的服饰和文化选择来判断他的政治信仰。所有这些姿态——不论是男孩子留长发、穿肥大的军装，还是女孩子身着乡村服饰、不施粉黛、不做发型——都引起了父母、警方和校方领导人的高度重视。在无

---

① Yippies。——译注。

数的小镇中，当权者都对奇装异服者处以刑罚，认为这些现象显示着他们在政治上的反对信仰。

1968年年末的反战运动显得十分混乱——在政治上被尼克松击败；两位最具声望的支持者，金博士和罗伯特·肯尼迪都被暗杀；芝加哥发生的暴乱也降低了运动的威信。由于尼克松长期以来持有强烈的反共观点，也由于反战运动者们无法制定出结束战争的切实策略，他们对前途感到一片茫然。但1967年到1968年间所发生的事件，同样也预示着新形式的运动能够以前所未有的方式将战争一步步瓦解。在学生左派中，在天主教教会中，甚至在军人中，都存在着种种迹象，表明在尼克松执政期间，将会爆发一场深刻的激进运动。

军人、牧师和学生：从抗议到抵制

1968年5月17日，在两位牧师，丹尼尔·伯瑞甘和菲利普·伯瑞甘兄弟的带领下，九名天主教激进分子走进马里兰州凯敦斯维尔的地方义务兵役办公室，抢出数百张兵役卡，用自制的凝固汽油弹予以焚毁，继而平静地等待被捕。在对“凯敦斯维尔九人”的审判上(审判的记录先是被改编成百老汇剧本，又被拍成了一部故事片)，他们以拒绝战争与屠戮的道德责任来为自己毁坏财产辩护，这出人意料地赢得了法官和陪审团的尊重和认同。这起事件激励了天主教左派，这一分散的网络组织在接下来的几年内袭击了数十个兵役管理部门，并在伯瑞甘兄弟转入地下工作时为他们提供了避难所，保护他们远离FBI的触手。冷战最可怕的噩梦——美国的战斗力不断被秘密的破坏者瓦解——终于成真了。给美国带来沉重打击的并不是狂热的苏维埃间谍，而是高度追求精神生活的修女、牧师和普通信徒，他们把基督教信仰同反共诫令分离开来的做法，不啻为一种新形式的颠覆。更令人震惊的是，陪审团即使明知天主教激进分子的罪行，也经常拒绝给他们定罪。

和1965年后许多其他激进的反对派政见一样，天主教左派也似乎是从天而降。数十年来，天主教教会一直都是反共主义的壁垒。红衣主教和主教们给反对“无神论共产主义”的战争赋予了精神上的权威力量，动员起了数百万名选举人，并且在数千所郊区学校中向孩子们灌输反共思想，让他们尊敬被共产主义政府囚禁或是屠杀的殉难者们。但自20世纪50年代起，异见的涌流就开始慢慢在教会中滋长。多萝西·戴的《天主教工人报》拥有数万名读者，虽然他们并不自认为是左派分子；1964年，一本新的全国性杂志，《壁垒》，也开始投入发行，清晰地传播着自由派天主教徒的声音。许多早期的抵抗者都是年轻的天主教徒。教会的许多牧师，例如密尔沃基的詹姆斯·格洛比神父，都领导过在北方城市争取良好居住条件和一体化学校的民权运动。恺撒·查韦斯的农场工人联盟（我们将在第十章中继续讨论）也激起了罗伯特·肯尼迪等天主教自由派人士对贫苦大众的同情和理解。同样值得注意的是，1968 年对林登·约翰逊发起的两次挑战，都是起源于持有虔诚的宗教信仰的爱尔兰天主教徒参议员。

这场运动高潮的基础在于，教会自身作为一个巨大的全球性组织，已经开始经历一场彻底的内部变革，这引起了针对各个方面的质疑。1962 年，教皇约翰二十三世宣称，“我要把教会的窗打开，让我们能看到窗外的一切，让窗外的人能看到我们”，由此发起了梵蒂冈第二届大公会议（或称梵二会议）。在接下来的四年里，有数千名神职人员领袖从世界各地来到了罗马。礼拜仪式变得更加现代化，教会也接受了进步社会变革的观念。在拉丁美洲，地区的主教们宣称存在“对贫苦者的优先选择”，这被一些宗教信徒（“the religious”，这是对牧师、修女等神职人员的正式的称呼）诠释为对革命的号召，一种新兴的“解放神学”渐渐蔓延开来。受到古巴革命的影响，20 世纪 60 年代拉丁美洲的游击队运动也同样此起彼伏，其中最著名的事件是阿根廷—古巴领导人、传奇人物埃内斯托·切·格瓦拉试图在玻利维亚发起的农民起义。1967 年，在同美国中情局培训的军队的对抗中，切·格瓦拉被杀，他的尸首受到了令人震惊的创伤，引来了世界各地媒体的关注。切·格瓦拉的殉难有着不朽的重要意义，他对“两个，三个，甚至更多个越南”的号召在许多年后仍然回响在人们的耳边。解放神学和革命的消息由归来的神职人员传回了美国，虽然伯瑞甘兄弟以其强有力的文字成为了天主教左派的公众代表，但还有两个凯敦斯维尔案中的被告，托马斯·麦尔维尔和玛裘莉·麦尔维尔，也都曾在危地马拉做过玛利诺传教士，在这里的经验使他们对马克思主义的游击队运动产生了同情。在接下来的几十年里，天主教激进运动成为了后 60 年代左派的一个固定部分，声援着美国国内和国外的贫苦大众。

比激进派天主教徒更令人不安的，是在军队内部持续滋长的异议和不满。没有人能把现役军人说成是不爱国的懦夫，没有人能否定他们对战争的发言。1968 年，美国和海外的军事基地附近涌现出了许多“大兵咖啡馆”。地下报纸的数量不断激增，这些报纸或是由心存埋怨的军人策划出版，或是将他们定为面向的对象。反征兵运动的组织者们围绕着“抵制运动”的松散网络结成了团体，他们所做的已经不仅仅是焚烧兵役卡，以及向未来的应征者提供咨询。他们将目光转向了军人本身，鼓励他们行使自己的民主权利。由于武装军队内部的管理制度和不断上升的伤亡人数，大兵组织的成功犹如昙花一现。反战集会和游行仍然以现役军人的分遣队为主，有时甚至包括低级军官。教堂也开始为军事抵抗者提供避难援助。在越南，一些军人们的头盔上甚至出现了和平标志。黑豹党主席博比·西尔和学生非暴力行动协调委员会的会长斯多克力·加米切尔的呼吁，在黑人士兵中引起了尤其强烈的反响，他们声称，当国内的非裔美国人还面临着残酷的种族歧视，自己没有义务为国外受压迫的有色人民战斗。

仍有许多士兵仇视着反战抗议者，但他们也同样仇视战争，他们在上级军官的默许下，以有计划地残杀越南平民来发泄他们的不安和恐惧。1968 年 3 月一个早上，就在“春节攻势”残酷的战役之后，美军的一个连队血洗了一个名为米莱的村庄，数百名儿童、妇女和老人在机枪下丧生。1969 年米莱大屠杀被曝光，这种毫无顾忌的虐行加重了深入军队内部的道德危机感。士兵们开始无视战场上的纪律，不愿再服从命令，不愿再拿他们的生命冒险。海洛因开始在军队中盛行，发生了数百起“碎片杀伤”事件(即在上级军官入睡时将碎裂型手榴弹投进他的掩体)，许多军官或是因此丧命，或是受到了威胁。

所有这些都促进了越南老兵反战组织的发展。这一组织的创始非常简单——在 1967 年 4 月的纽约春季动员中，六个老兵决定在条幅下展开游行。在接下来的五年里，越南老兵反战组织走到了运动的最前沿，发起了一场针对决策者的谎言的“搜寻并摧毁”活动。在 1970 年底特律的冬季士兵听证会上，数百名老兵列举了种族主义战争的地方性暴行——他们目睹或是亲历过的对越南平民的奸淫、拷打和屠杀。越南老兵反战组织的工人阶级特征给他们带来了特别的重要意义。组织的成员都是那些既没有学生延迟兵役权，又不能通过家族关系加入国民警卫队或后备军的青年。他们将抗议者看成是懦弱的嬉皮士特权阶层，从而对战争丧失了忠诚和信心。其中最著名的人物是罗恩·科维克。科维克来自纽约皇后区的蓝领阶层，在越南的战场上身负重伤。他所著的《生于 7 月 4 日》成为了最著名的战争回忆录。当科维克和其他或是瘫痪或是失去双腿的老兵们，神态疲惫地摇着轮椅走上街道游行时，即使是平常无动于衷的警察也带着敬意给他们让开了道路。1976 年，在战后美国疲惫不堪的状态下，科维克被提名副总统，并获许在民主党大会上发言，这是一种充满忏悔的认可——战士们在这场耻辱的战争中，保存了他们的荣誉。

激进的修女、牧师和士兵给美国主流带来了深深的震惊。而对于从20世纪60年代早期开始在全国范围内蔓延的学生抗议运动，大多数人早已司空见惯。但是，从1967年开始，学生左派就开始同越南共产党人结成同盟，显露出了明确的革命性。一些“胡，胡，胡志明，解放一定赢”之类的歌谣开始广泛流传，许多民意测验也显示，在全国几百万的学生中，有很大一部分认为自己是“革命成员”，而更大一部分人则认为自己是“激进分子”。当时最杰出的激进青年团体是学生争取民主社会组织。自1965年起，该组织在规模上起了巨大的变化，在思想上也更加靠近左派，在几百个支部中拥有数万名成员，再加上在各地进行巡游宣传的数十名组织者，地区机构的网络，以及全国性的报纸《新左派纪要》，学生争取民主社会组织在草根阶层中打下了坚实的基础。在它的巅峰时期，有一千多名支部的代表参加组织的年会。记者们对该组织的关注，不论是友善还是充满敌意，都成为了组织发展的催化剂。组织领导者的自信和他们引发戏剧事件的本能对新闻媒体具有一种无法抗拒的魔力。《休伦港宣言》的作者汤姆·海登，是学生争取民主社会组织的诸多著名人物中唯一一位走出该组织，在全国范围内进行演讲和组织工作的领导者。

学生争取民主社会组织作为学生左派主导力量的时间非常短暂。简单的说，该组织是被自己的发展所吞没。像许多学生团体一样，经验的缺乏和不断的人员更新使组织的领导层失去了凝聚力，也使组织无法保持连贯的策略。学生进行组织活动所带来的流动性，也使其暴露在意识形态派别之争的影响下，这在很大程度上导致了组织的瓦解。1966年，美国共产党的一个小规模毛派分支，进步工人党，派出了它的年轻成员加入学生争取民主社会组织，进步工人党的成员通过在组织内部的操作，大力推行一种教条式的马克思主义，强调工业工人阶级的历史先锋角色。他们接管了许多学生争取民主社会组织的地方支部，并开始觊觎全国范围的领导权。对许多人来说，这不啻为旧左派最坏的遗产——渗透，意识形态的严格界限，以及不顾一切的权力争夺。

受到了越南抵抗运动的激励，也是出于对进步工人党挑战的反抗，学生争取民主社会组织转向了他们自己的革命理论。他们在伯纳戴·多恩和全国秘书长麦克·克朗斯基的带领下，掀起了一场同国外的越南共产党人和国内的黑豹党结盟的革命青年运动。1969年，学生争取民主社会组织在密歇根州的伊斯兰提举行了最后一场大会，在这场充满了喧嚣与躁动的大会上，多恩和革命青年运动派将进步工人派赶出了组织。然而，他们在控制了学生争取民主社会组织的名誉、威信和资源后，又将其推向了毁灭。他们坚信自己是世界范围内反对美国帝国主义游击战的一部分，决定把这一拥有数十万支持者的松散的公众组织转变成高度纪律化的地下武装联络小组。他们自称是"气象员"，这来自鲍勃·迪伦的一句歌词："你不用问气象员就知道，今天吹的是什么风。"(此后他们又把名称改为"气象地下组织"。)虽然组织成员们都深深地仰慕多恩等领导者的能力，但只有极少数人为"深入敌腹"的武装斗争做好了准备。当几百名成员在1969年年末转入地下活动时，大多数人则选择了离开。故事的结局即使算不上悲情，也很令人伤感。"气象员"虽然引起了媒体的强烈关注，但除了1969年晚期在芝加哥的"愤怒日"运动中同警方激烈的巷战，以及对五角大楼的一间盥洗室进行轰炸之外，该组织几乎一无所成。他们给人留下最深印象的事迹，恐怕就是在1970年晚期，埋伏在纽约城格林威治村一栋大楼中的小分队失手炸死了自己。在此之后，该组织迅速衰落，最后大多数成员向联邦调查局自首，他们的革命之梦也成了虚幻的空想。

学生争取民主社会组织的倒台对反战运动几乎没有什么影响，从整体来看，1969年是辉煌的一年，并在全国性的"缓议"活动(见下文)中达到了顶峰。这一组织性灾难的真正影响，是释放出了数千名即将毕业的经验丰富的青年组织者。这些前学生争取民主社会组织的成员们是20世纪70年代早期新共产主义运动的主要组成部分，他们同许多有色种族的年轻人结合在了一起，这些年轻人来自各个民族主义革命团体——种族联合党、非洲民族大会、黑人革命工人联盟、青年贵族党以及非洲解放支持委员会(我们将在第十三章中继续介绍)。

1969～1975年：越南化与两极化

在理查德·尼克松担任总统期间，战争和反战运动的方向都出现了根本上的转变。他的任期里(1969～1974年)既出现了大规模街道抗议活动的高潮，也出现了反战运动通过国会和民主党向传统政治的逐渐融合。在1969～1970年间，尼克松和他的主要战略策划者，前哈佛大学教授亨利·基辛格，用在美国空军力量支持下重火力装备的南越军队代替了美军，将战争"越南化"。他们的目的是要牵制住民族解放阵线的游击队(在春节攻势中双方损失都十分惨重，游击队的力量被极大削弱)和日益强大的北越人民军，要为通过外交手段保存南越争取时间。尼克松也以新的方式令战争逐渐升级。在总统的特许下，美国空军开始秘密地对柬埔寨和老挝这两个中立国进行轰炸，希望能摧毁共产党的供给线路，即著名的“胡志明小道”。空军高级官员向国会陈述的谎言和对文件档案的更改，使得这场战役同时违反了美国法律和国际法。这种违宪的罪行始终跟随着尼克松的政治生涯，并且消解了国会在1973年1月美国最终从越南撤军之后对空战的任何残余支持。

在国内，尼克松和他的参谋班子掀起了一场被学者们称为“内部反破坏”的活动，他们对待反战运动，甚至是对待可敬的民主党自由派人士，就像是在对待越共，把他们看成是需要消灭的敌人。尼克松命令政府全力以赴，其中包括联邦调查局、中央情报局、军方情报局以及国家安全局。他们开始实施针对数千人的电子监控，并且派出间谍深入到对方内部。其中有一个叫做“旅行者汤米”的间谍，他在全国各地活动，加入各个地方团体，诱使激进分子们进行有关暴力行动的讨论，然后以密谋罪对他们进行指控。阴谋策划的信件和电话在激进分子内部引起了强烈的不信任，这在黑豹党中发展成了偏执的恐慌、派别间的暴力争斗以及对真真假假的告密者的屠杀。尼克松这种非法的模式最终带来了震惊世界的水门事件。

尼克松的司法部门和同盟的地方检察官们发起了数十次指控，意图扰乱反战运动，其中最著名的便是对“芝加哥八人”的审讯。芝加哥的地方检察官利用了一条陈旧的法规——以引起暴乱为目的跨越州界属于重罪行为——起诉新左派的跨区域领导者在1968年民主党大会上组织示威游行。被起诉者包括“动员会”的大卫·德林杰、黑豹党主席博比·西尔、学生争取民主社会组织的资深成员汤姆·海登和雷尼·戴维斯，以及雅皮士文化的宣传者杰里·鲁宾和阿比·霍夫曼。检察官公开表示了对被告的藐视，并将西尔捆在椅子上，堵住了他的嘴。虽然他们最终并未被定罪，但对“芝加哥八人”的审讯和其他无数的控告都让新左派更加确信，一场革命危机，甚至是一场法西斯式的镇压，已经迫在眉睫。

当我们更加仔细地研究尼克松实际的政策，就会发现虽然他可能虚伪狡诈，可能存在腐败等问题，但他绝不是一个法西斯主义者，甚至连巴里·戈德沃特及其门下罗纳德·里根那样真正的保守分子也算不上。在越南化问题——这种不动声色的撤军挽回了国家的荣誉——和国内精心策划的镇压之间的反差，显示出了尼克松的老奸巨猾。而在其他国际领域，尼克松则扮演着拥护和平的温和派角色。他签署了主要武器控制条约，通过“缓和”政策来缓和同苏联和中国的僵局，同时暗中派出中情局特工破坏智利民主选举产生的社会主义政权，并对从希腊到南非的右翼独裁政府给予了支持。在国内政策上，尼克松则丝毫没有超越冷战自由主义的传统，他有效地扩大了社会福利的范围，并签署了《清洁水法》等具有突破意义的环保法令。在他的第一届任期中，这种两极化和进步相结合的策略似乎十分奏效：尼克松于 1972 年以压倒性的得票连任。但最终，东南亚的战争和他将所有反战人士都看做是需要消灭的"敌人"的态度，导致了他在内战以来全国最恶劣的体制危机中轰然倒台。

在尼克松担任总统的第一年中，越南化政策似乎获得了巨大的成功。美军规模大幅度下降，对这一事件的电视新闻报导也越来越少。尼克松和基辛格相信，他们能按照自己的方式来结束战争。像林登·约翰逊一样，他们不能接受这样一个"三流的农业国"(基辛格的原话)能够打败伟大的美利坚。但是越南的共产主义者们是在自己的土地上作战，他们拥有广大农民阶级的支持，再加上西贡政权的极端腐化，这些都为他们赢得了战略上的主动权，让尼克松所有的周密计划纷纷破产。虽然这场战争中美国对越南发起了有史以来最强劲的轰炸，但尼克松既不能控制越南地面战中的局势，也无法结束"内战"。反战运动尽管被谴责为"在背后向我们的士兵放冷箭"，却依然不见颓势。事实上，当尼克松正在缓慢地缩小战争规模时，反战运动却日益壮大，赢得了很大一部分、甚至可以说是大多数的公众的认可。许多美国最具威望的人也参与到运动中来，运动最中心的目的，也是最激进的目的，便是美国无条件撤军，以及"立即的和平"。后来的许多评论者认为 20 世纪 60 年代两极化的最主要结果，就是在右翼中引起了巨大的动荡，但他们没有注意到另一个同样重要的结果——许多中立者转而投向左翼。

复兴的反战运动动员了大量的市民，并同和平主义者和左派人士结合起来，深入到主流的内部，他们第一次在公众面前的出场是 1969 年的一系列具有重大意义的事件。同年早些时候，新出现了两个主要的全国性联盟组织。麦卡锡的竞选支持者——主要是白人学生，例如比尔·克林顿，当时他还是参议员威廉·富布莱特的办公室实习生——参与了"越战缓议委员会"的行动。他们的计划是组织一场为期一天的全国性罢工，让所有事务都暂时停止，让人们可以聚集起来对战争进行反思。同时，自 1965 年以来领导运动的激进力量成立了"新动员委员会"，希望在华盛顿组织一场大规模的示威游行。人们最终把这两起事件——10 月 15 日发生的全国性罢工和 11 月 13 日至 15 日的首都示威游行——并称为"缓议运动"。这两起事件所展示的，是美国历史上从未有过的反战高潮。1969 年 10 月 15 日，规模庞大的汽车工人联合会和卡车驾驶员工会、二十四位美国参议员、纽约红衣主教理查德·库欣以及从中学低年级学生到华尔街员工在内的数百万美国人参与了缓议运动，他们罢工或是罢课，戴着黑色袖标，参加教堂的礼拜仪式，打开汽车的车灯。活动一直持续到深夜。一个月之后，来自各个阶层的至少五十万人在华盛顿林荫大道上举行了和平集会，实际上掌控了整座城市。在三十六小时内，有数千人从白宫门前走过，一个一个地宣读着四万五千名在战争中丧生的士兵的姓名。9月25日，纽约共和党参议员查尔斯·古戴尔提议在1969年12月1日前撤出所有的美国军队——这是国会中反战努力的开始。

像尼克松这样的政治斗士，在受到挑战时绝不会保持沉默。1969年11月3日，他在一次电视发言中发动了反攻，向“沉默的大多数”爱国者们发出诉求，强调战争的反对者，甚至是古戴尔这样的共和党人，都直接为共产主义敌人提供了帮助。尼克松将国家两极化的策略在短期内获得了收益。虽然他不得不取消通过突然扩大战争来恐吓共产主义者从而使他们束手就擒的秘密计划，但他同时也在身边聚集了许多公众的力量。战争持续到了1970年，反战运动又一次陷入了僵局。1969年年末最轰动的新闻，是对1968年3月米莱村大屠杀的曝光。充满血腥的图片和士兵们在《生活》(*Life*)杂志上沉痛的目击证词，导致了军事法庭的介入，其中一名军官，陆军中尉威廉·卡利，被判实施了“至少”二十四起谋杀。虽然卡利被判处终身监禁，但实际的服刑期却只有三年，另外三名高级军官则被宣告无罪。这让反战的民众日益深刻地感觉到越南问题所带来的道德腐化危机。其他许多美国人则支持赦免卡利，他们对越南平民所遭受的血腥屠杀似乎无动于衷。

1969年的僵局和1970年早期战争明显的沉寂，让许多激进化的自由派人士将目光投向了国会——唯一能以法律的权威结束战争的机构。他们将主要精力投入了1970年秋季的选举，也取得了明显的效果。许多反战领导者作为民主党代表被选入议会，其中包括伯克利的黑人激进分子罗纳德·V. 德勒姆斯，妇女争取和平团体在纽约的领导者、同50年代共产党领导的民权大会颇有渊源的贝拉·艾布扎格，科罗拉多州的反战宣传者帕特里夏·施罗德，以及同天主教左派有着密切联系的马萨诸塞州耶稣会会士罗伯特·德里南神父。他们的成功，标志着新左派向民主党的进军。

战争的沉寂转瞬即逝。1970年春天，越南化策略带来了一系列灾难性的后果。尼克松寄希望于最后一次军事升级，他在4月30日宣布，美国和南越的军队将对柬埔寨发起进攻，以夺取共产党的供给基地。这个决定令他所宣称的“光荣和平”瞬间变得像约翰逊“战争不会扩大”的许诺一样不堪一击。在各个高校中爆发了美国有史以来规模最大的学生抗议运动。全国范围内数百家学校停课，一百五十万名学生走出了校园。对许多学生来说，非暴力活动已经不再是有效的反战抗议形式。他们同警方展开激战，烧毁了警车，并向后备军官训练营的大楼投掷火焰弹。在俄亥俄州，州长约翰·罗德斯向肯特州立大学派出了国民警卫队来镇压暴力抵抗。5 月 5 日下午，抗议者向他们投掷了瓶罐和石头，他们继而在没有任何预警的情况下向抗议人群开火，有四名学生身亡，其中两人只是在去听课的路上。数天之后，密西西比州警局向杰克逊州立大学学生宿舍开枪射击，又导致了两人丧生。5 月 8 日，一群纽约建筑工人在支持战争的工会领导人的怂恿下，用拳头和铁管袭击了华尔街上的抗议者，这集中显示了在战争问题上文化和阶级所造成的差异。总统对这些建筑工人大加赞赏，他们也回赠了总统一顶具有纪念意义的安全帽。

国会的情绪和民意测验最能显示尼克松策略的错误。参议院对外关系委员会谴责这场侵略是非法行为，国会领导人也开始严肃地考虑如何加强国会的制宪权，如何限制总统在未经立法允许的情况下展开大规模的军事行动。到了 1970 年 9 月，一项由南达科他州民主党人乔治·麦戈文和俄勒冈州共和党人马克·海特菲尔德发起的要求立即撤军的参议院法案获得了三十九人的支持。同时在一次民意测验中，58%对 24%的投票显示民众要求“立即撤出”。国会同民众的差距是由两个原因造成的，一是明确支持战争的南部保守势力在国会中还有相当强的力量，二是民主共和两党都担心接受这次彻底的失败会被认为是对共产主义态度的软弱。

一方面，战争越来越不受欢迎，而另一方面，日益壮大的反战运动却始终无力促成最后的撤军，这一僵局又持续了两年。1971 年春天发生了最后一次全国性的大规模游行，此时举国上下既对战争充满了厌倦，也已经被它冲击得四分五裂。几乎没有人——即使是支持总统的国会成员——能够在战斗、轰炸和死亡中找到任何意义。这种分歧扩散到了家庭、教堂、工会支部、车间和学校，带来了许多纷争和猜疑。主要由社会主义工人党领导的全国和平行动联盟，在 4 月末组织了约七十五万人前往华盛顿。也是在这一周内，越南老兵反战组织策划了一场具有传奇色彩的抗议运动，在海军上尉约翰·克里的带领下，八百名老兵将他们的勋章丢在了国会大厦的台阶上，拒绝接受任何同战争相关的荣誉。就在前一天，克里在参议院对外关系委员会作证时，提出了那个著名的问题："你们怎么能要求一个人成为越南战场上最后一名死者?"几天后，数千名激进分子来到了华盛顿，希望通过阻塞交通和占领建筑的形式在劳动节抗议活动中彻底控制首都。司法部为了防止破坏，先发制人地逮捕了一万两千名参与者，并在肯尼迪体育场非法拘禁了数千人，这不能不令人回想起南美的独裁主义。新的报导不断出现，揭露着美国的战争罪行和南越政府的恐怖行动，其中包括中情局的"凤凰计划"(九万名支持民族解放阵线的平民被有组织地暗杀)，以及由国会议员助理汤姆·哈金(后任爱荷华州参议员)所曝光的、令人发指的政治犯囚所"虎笼"。

从 1971 年中期开始，直到 1973 年 1 月确认美国撤军的和平协议的签订，反战运动似乎十分消沉。在这一期间没有出现全国性的校园抗议活动或是大型集会，相反，对战争的反抗几乎成了一种常规活动，习以为常的激进派是这样，更多数的自由派人士——尼克松要让越南为独立付出血的代价，令他们感到十分不安——也是这样。激进人士纷纷为河内的医院集资，他们不仅和越南连成了同盟，更是和跨越亚洲、非洲和拉丁美洲的第三世界革命结成了统一战线。从 1969 年起，小型的地下组织(有些甚至从未被察觉)发起了数千次针对军事设施的破坏活动，这些活动有时也会带来悲剧性的后果——1970 年一名研究生在威斯康星大学军事数学中心的爆炸中丧命。越来越多的成功也鼓励了自由派人士，他们不懈地劝说国会成员加入反战阵营，而对于那些无动于衷依然支持战争的人，就想办法来取而代之。虽然公众以三比一的比例反对继续干涉东南亚事务(在一项民意测验里，65%的参与者认为这场战争是不道德的)，但国会仍然陷在僵局之中。尼克松的司法部继续以各种各样的密谋罪对激进分子提出指控。被关在不同联邦监狱的伯瑞甘兄弟，被指控阴谋绑架国家安全顾问亨利·基辛格，并计划将他囚禁在华盛顿的下水道里作为人质。接下来对"哈里斯堡七人"的审讯则让政府出尽了洋相——即使是以保守著称的中部宾夕法尼亚的陪审团也拒绝给这七人定罪。尼克松的另一项策略则更为有效，他授命一位商人罗斯·佩罗来宣传美国战俘——主要是其飞机被击落的飞行员，例如此后的参议员约翰·麦凯恩——所受到的不堪待遇。佩罗和其他保守派人士成功地激起了民众对北越军队以及数千名拒绝服役者和逃亡者的愤怒。同时，从 1968 年开始的美国同北越的巴黎谈判，到此刻依然看不到任何希望。

在美国极端两极化的情况下，东南亚的战争和"内战"一起进入了决定性的阶段。最后一场激烈的对峙发生在 1972 年的总统大选——首先是民主党提名的争夺，然后是在民主党候选人、参议员乔治·麦戈文和尼克松之间实力悬殊的竞赛。最终，尼克松以61%对37%的选票拿下了南达科他，获得了除马萨诸塞之外所有州的支持。为了削弱麦戈文作为和平派候选人的形象，总统授权基辛格做出让步，推进巴黎和平谈判。或者说，尼克松为了赢得这场"内战"，最终决定接受对外战争的失败。但事实证明尼克松无法放弃对战争的热衷，他将全部精力投入到了国内的对手上。总统瞒着媒体和选举人，秘密招募了拥有中情局背景的特工（即所谓的"保密调查员"）来针对民主党进行非法活动，其中包括潜入水门酒店的民主党全国总部，以及其他不计其数的"肮脏把戏"（例如编造虚假消息来中伤缅因州民主党总统候选人、参议员埃德蒙·马斯基）。这一系列的政治罪行都来自于尼克松对于权力近乎偏执的忧虑，也正是这些罪行，导致了他受到国会弹劾，最终退出了权力的舞台。

到1972年1月，反战运动的注意力由于麦戈文而转向了民主党初选。这位温和谦逊的自由派人士凭借其明确的立场——"让孩子们回家"——成为了全国性的领导人。激进派和自由派都将他看做是带领党派走出守旧势力的机会（马斯基，1968年的副总统候选人和1972年预测的获胜者，被看做是这种势力的具体代表）。乔治·华莱士也再度参选，这次是作为民主党人。事实又一次证明，他毫无掩饰的种族歧视和对精英阶层的人民主义攻击，都为他赢得了广泛的支持。马斯基的竞选活动早早显出颓势，而麦戈文则愈战愈勇，不但同华莱士竞争白人工人阶级的选票，并且拉拢新左派群体——学生、和平运动和民权运动激进分子、女性主义者以及同性恋者。工会领导人和温和派人士对"激进"候选人的前景表示担心，他们说服休伯特·汉弗莱晚些再参加竞选，但麦戈文在加利福尼亚州击败了前副总统，一举锁定了提名。迈阿密的民主党大会也显得非同寻常。由女国会议员贝拉·艾布扎格和耶西·杰克逊神父（马丁·路德·金博士曾经的助手）等运动领导人带领的麦戈文代表团取代了传统的党派和工会代表团。他们为左派创造了冷战以来最宽阔的平台。

获得多数党的总统提名不过是场虚幻的胜利，接下来灾难便接踵而至。许多民主党组织都远离麦戈文而去。美国产业工业联合会在支持战争的乔治·米尼会长的带领下，几十年以来第一次拒绝为民主党候选人背书。麦戈文先是将密苏里州参议员托马斯·伊格尔顿作为自己的副总统候选人，继而又因其精神问题抛弃了自己的竞选伙伴，这是一个严重的失误。在秋季的竞选中，尼克松精明的策划团散布出消息，宣称麦戈文会给美国的军事力量带来灾难，从而彻底消解了麦戈文的胜算。地方的共和党特工们则拟出了一条朗朗上口的口号来描绘民主党："迷幻、特赦和流产[1]”——指嬉皮文化、致瘾麻醉品、在国旗上吐痰的逃避兵役者，以及女性性自由的拥护者(流产在大多数州仍属非法，事实上麦戈文也并未支持其合法化)。选举之前几天，基辛格从巴黎归来，宣布停战协定指日可待，这便使麦戈文的作用显得无关紧要。11月中旬，尼克松取得了巨大的胜利之后拒绝继续进行停战谈判，并且展开了最后一次大规模空袭——“后卫行动”。这次所谓“圣诞轰炸”的攻势是有史以来最强劲的，美军也受到了严重的创伤。轰炸以北越的两座主要城市——河内和海防——为主要攻击目标，又造成数千名平民死于非命。在复仇成功之后，尼克松又重新摆出了另一副姿态——和10月大选前一样。战斗在1973年1月结束了，3月，最后一批美军和战俘终于离开了越南。

美军的地面战结束了，但有关战争的战争却仍在继续。虽然存在压倒性的证据显示美国军事力量的不足，显示美国支持的西贡政权的压迫和腐败，但尼克松仍然希望扭转残局，拒绝承认共产党人获得了最终胜利。但反战运动在国会中聚集起来的力量已经超过了尼克松所能承受的极限。由数十个主流宗教派别组成的“反对战争筹款联盟”和草根组织“印度支那和平运动”(由汤姆·海登和激进影星简·方达创建)阻挠了尼克松的所有计划。1973年8月，国会最终切断了在印度支那继续作战的资金来源。同时，政府的罪行也在“水门事件”中曝光。《华盛顿邮报》的调查和国会证词揭示了尼克松的保密调查员曾闯入一位心理医生的办公室，意图窃取国防部分析员丹尼尔·埃尔斯伯格的相关信息——1971年，他曾经将政府秘密战争史泄露给《纽约时报》和其他媒体，造成了所谓的“五角大楼文件案”。尼克松编制了一张“敌人名单”，其中包括著名的记者和政治家，他还指示国内税务署不断给这些市民制造麻烦。尼克松以各种方式对民主党进行暗中破坏，并且接受了“肥猫”[2]们为改选活动提供的非法捐款。最后，尼克松作为总统在对柬埔寨的秘密轰炸中篡夺了国会对宪法的权威。1974年夏天，由两党组成的众议院司法委员会投票通过了弹劾，8月9日，尼克松在耻辱中正式卸任。八个月后，南越全部的军队——用美国的税款装备起来的世界上规模最大的军队之一——在几周之内土崩瓦解。经受了战争洗礼的北越正规军开进西贡，将其改名为胡志明市。历时三十年的独立战争终于结束了，人们为胜利付出了惨重的代价：美国损失了五万八千名将士，而至少有两百万印度支那人在战

---

① 原文为“acid，amnesty，and abortion”。

② 美俚语，指有钱人。

争中丧生。

在美国，人们对这场终局的耻辱——以不同的政治视角看来，或许还是胜利——保持着沉默，只有那些自 1965 年起始终持有明确反战立场的核心新左派分子算是例外。在纽约的中央公园里，数万人举行和平集会，在音乐和运动领导人的演讲中为胜利而欢呼。但是大多数美国人只是想忘记这一切，从当时直到现在，一种异常的沉默始终笼罩着这个话题，这场在越南的肮脏的战争。偶尔人们还会提起战争，或是在好莱坞的电影里，或是作为同此后美国战争的比较，或是当总统候选人没有服过兵役成为一个问题，就像比尔·克林顿、约翰·克里和乔治·W. 布什。那些经历过战争的人不愿再回忆，那些年少懵懂的人则继续想象。这种沉默让人们对新左派感到迷茫——它是什么，它做了什么——因为越南是新左派共同的目标，是他们应得的荣耀。

第九章　黑人权力："国中之国?"

民族解放，民族复兴，国民性的重塑，政治实体：不论使用什么标题，不论引入何种方式，殖民地自治化终究是一个暴力现象。

——弗朗茨·范农，《地球上受苦的人》，1961年

人口专家预计，到1970年，非裔美国人将成为美国50个大城市里的多数民族。在华盛顿特区和新泽西州的纽瓦克，非裔美国人已经占到大多数了。在底特律、巴尔的摩、克里夫兰和圣路易斯，他们占到当地人口的1/3以上。……纽约市的黑人比整个密西西比州的黑人还要多。……根据少数服从多数的原则以及美国种族(爱尔兰人、波兰人和意大利人)的特殊传统——即全部移民到大城市，随后夺取市政府的领导权，美国黑人就是下一个类似的种族。以前的每个族群获得一等公民的地位主要是由于他们的领袖成为了城市的领导，但是种族主义在美国的灵魂中根深蒂固，它是绝对不会容忍城市里存在黑人政治权力这一想法的。

——詹姆斯与格雷斯·博格斯，《城市是黑人的地盘儿》，1966年

在试图分析运动的走向时，人们不禁对白人们未来扮演的角色产生了诸多疑问……这些问题的答案使得以往的白人参与形式已经过时了。其中存在的问题有：白人无法触及黑人社会文化的各个方面；白人有意或无意

> 地将自己对黑人的态度(西方优越论和父权主义)带入黑人社区；不能粉碎白人发起的社区的神话(黑人低下和自我否定)；无法向"白人组织者(因为他们是白人)就像操作玩偶一样控制黑人组织者"的黑人社区的观点开战；没有意识到黑人和白人员工在关于跨种族的"关系"(性)的问题上对黑人社区的敌意；白人不愿意根除潜藏在自己社区之下的种族主义的源头；白人即便是个人主义的"自由派"，对黑人社区而言也是压迫的象征——白人对黑人有着生杀予夺的权力。
>
> **——亚特兰大计划，学生非暴力协调委员会，《在种族问题上的立场》，1966年**

人们通常认为，黑人权力运动源于1965～1966年间的自发运动，当时马尔科姆·X激昂的民族主义言论与人们对密西西比自由民主党受到的无礼待遇的愤怒，导致受挫的民权运动者的分裂和对种族团结的否定。这种流行的说法当然有其源头。学生非暴力协调委员会的领导人斯托克利·卡迈克尔和其他人认为"运动"大势已去，于是他在1966年6月密西西比的一次游行中抛出了"黑人权力"的口号，此口号瞬间扬名。但是马尔科姆·X和卡迈克尔等一些有超凡魅力的演说家只是关注黑人青年的狂怒、同白人分离的渴望，却忽略了黑人权力的根源，它如何席卷非洲裔美国人社区以及它的竞争策略的复杂性。黑人权力并非始于突然的爆发，而是从最初的想法到组织建立，再到发展人际网络，积累经验到策略形成这样逐渐发展起来——从纽约到洛杉矶的城市与校园(包括费城、克里夫兰、底特律、芝加哥与湖区湾区)，而这一切都在全国媒体的监控之下。南方民权运动在1963～1965年达到高峰，在此之后，黑人权力运动突然燃起，如燎原之火，但是其思想体系与制度则是在从二战开始至运动爆发前的二十年间缓慢累积的(参见第四章)。

1965～1966年：反抗——黑人权力运动来了

1965年的事件戏剧性地为民权运动画上了一个句号，同时由于领导层坚持采用非暴力并坚持与冷战自由主义者合作(包括白人所领导的工会、教会和与民主党有联系的基金会)，黑人运动家们的活动也从此终结。1965年8月投票权法案刚刚以压倒性多数在议会通过，吉姆·克罗的法律与政治基础就显然摇摇欲坠了——过不了几年，甚至几个月，白人种族隔离主义政治家就会寻求黑人选票了。对黑人权力运动的鼓吹者来说，同样重要的是1965年2月马尔科姆·X被暗杀的事实。许多非洲裔美国人对这个诚实而坚定的、被演员奥斯·戴维斯赞为“我们闪亮的黑人王子”的人寄予厚望，并因他而重新燃起了骄傲。他被穆斯林同伴所暗杀，人们怀疑是政府教唆这一谋杀事件。这迫使许多民权活动家重新审视美国白人。千万人开始思考马尔科姆的话语和诫命，开始认可他那严格的训诫：通往解放的唯一可行的途径就是与白人自由主义决裂，并且有意识地将黑人与革命的第三世界融为一体。马尔科姆·X的死唤醒了许多新的黑人革命运动。

还有许多其他因素致使1965～1966年间黑人权力策略突然汇聚。越战的升级像一道刺目的光，直射美国欲引领自由世界的托词。在黑人青年中间一句流行的反战口号是“越共从没叫过我黑鬼”，这句话体现了国内的公平需要通过战胜国外帝国主义才能实现的信念，而不是靠传统的黑人领袖们本本分分的反共主义。1967年重量级拳击冠军穆罕默德·阿里为守护其虔诚的穆斯林信仰而拒服兵役，这是黑人权力反战的具体表现，这一事实使白人很不舒服。1965年8月发生在洛杉矶遍地荒芜的贫民窟瓦茨的市民暴动(或称“骚乱”)再次激励了黑人权力。成千的黑人传达出了明确的信息，那就是他们不再认可白人权力的合法性，他们聚集在街道上，辱骂警察，投以石块，抢劫和焚烧白人店铺。直到最后使用军事力量来强行执行“法律与秩序”，这一切才停止。新闻媒体和政客们看到城市贫穷黑人的愤怒时纷纷猜测他们的结局。正如他们所料，数十名居民被警察与国民警卫队杀害，数千人被逮捕。对许多美国白人来说，这是一起令人不安的、失去理性的暴乱，证实了他们的深深的种族忧虑——国会不是已经通过了一个又一个的法案来“帮助黑人”么？约翰逊总统不是正在发动一场消除贫困的战争么？当然，除了警察，很少有白人目睹过瓦茨，或者其他美国城市里如此破败、拥挤不堪、没有任何工作机会的街区。他们忽视了一点，那就是非洲裔美国人普遍认为一场骚乱是抗议无节制的警察暴行并迫使白人权力机构最终关注贫困的有效手段。对黑人权力运动组织者来说，瓦茨传达了另一个讯息——黑人大众可以组建一支激进的冲击力量，随时准备保卫自己的社区。

1964～1965年间深受黑人青年运动者们欢迎的弗朗茨·范农的《地球上受苦的人》强烈指出要想与殖民者当局彻底决裂必须采用反抗甚至暴力的手段。这部著作逐渐成为黑人权力运动的核心理论文献之一。范农是来自加勒比的法国殖民地马提尼克的一名黑人精神病医师。20世纪50年代在被派往阿尔及利亚的一个诊所期间，他参加了当地的地下独立运动——民族解放阵线(FLN)，并在一次惨烈的游击战中与法国军队和白人定居者展开对抗。范农将被压迫的有色人种对殖民统治的斗争定义为现代世界历史的轴心。经过缜密的逻辑分析,他认为坚持反殖民解放战争需要不懈的暴力,因为唯有暴力才能从精神上解放被殖民者统治的人们,使每一个人都成为自己的主人。非洲裔美国人活动家们仔细研读范农的教义,他们从中认识到自己不是被剥夺了文化认同然后努力融入白人社会的少数群体,就像从前的奴隶那样,而是争取独立的全球大战的一名成员。全美国的黑人开始把自己生活的区域称为“国内殖民地”、“国中之国”。

深受马尔科姆·X、范农、瓦茨暴动、非洲解放斗争,以及土生土长的理论家诸如底特律的汽车工人詹姆斯·搏格斯,前共产党员、社会批评家哈罗德·克鲁斯和诗人兼剧作家勒罗伊·琼斯的鼓舞,黑人激进主义者转而寻求的不再是公平的权利,而是“通过一切必要的手段”(这是马尔科姆提出的)实现黑人的经济公平、政治权力与文化自主。勒罗伊·琼斯就是这一转变的一个生动例子。在1964年之前,他关于黑人文化和美国音乐的基础性研究《布鲁斯人》和非百老汇获奖戏剧《荷兰人》早已使他名声远扬。然而,在1965年2月马尔科姆·X被暗杀后,琼斯离开了在闹市区曼哈顿的有白人朋友和白人妻子的波希米亚世界,来到远离闹市的哈莱姆区创办了黑人艺术剧团剧院/学校。黑人艺术剧团剧院/学校教授黑人历史,上演先锋派戏剧和举行爵士乐游行,可不到一年就在暴力内讧中瓦解了——这预示着未来黑人权力运动必然会严重分裂。之后琼斯回到了他的家乡——新泽西州的纽瓦克,他在这里建了一个灵屋,有意识地将其变成黑人民族主义的文化中心、剧院和学校。灵屋和一个相关组织——诸如统一纽瓦克委员会——组成的网络成为当地一支政治力量和被广泛效仿的完全独立于白人统治的典范。1968年琼斯更名为阿米力·巴拉卡,从而引发了采用非洲名字取代继承自白人奴隶主名字的广泛运动。巴拉卡经过多方面的努力使黑人文化作为激进民族主义政治的武器,这和其他许多基层城市运动共同构成了黑人权力运动的基础。另外,他那具有恐惧同性恋的、独裁的男性领导形式的热忱,间歇性的反犹主义冲动同样具有很大影响力——尽管他在这些方面有点消极。

另一个具有全国影响力的地方性的尝试是罗恩·埃弗里特建立的位于洛杉矶的纪律严明的美国组织(US group),罗恩·埃弗里特后更名为毛拉纳·卡伦加(Maulana Karenga)。在几乎没有美国人说非洲语言之时,卡伦加掌握了斯瓦希里语,同时将其所有精力全部致力于他命名的“文化民族主义”的事业。这意味着在军国主义、家长式的“传统主义”基础上对白人传统的弃绝和对全面的非洲认同的拥护。卡伦加的政纲的核心是被称为 Kawaida 的综合教义，该教义提出了文化上解放的非洲式生活的七条主要原则。对于在源于欧洲的意识形态(不论是和平主义还是马克思主义)中受了教育的活动家们来说，卡伦加大胆的洞察力和极度的阳刚之气很有吸引力，于是他在全国招募巴拉卡那样的门徒。

与此同时，1965 年争取种族平等大会和学生非暴力协调委员会都决意脱离多种族的自由主义，并在 1966 年都变成全黑组织，抛弃了白人成员连同他们过去曾经依赖的白人财政支持。当时，白人记者以为这些著名的组织正在领导黑人权力运动，但是事实上他们在追随厌倦了传统的民权运动策略的社区活动家们的领导。与妇女解放运动一样，黑人权力运动从底层向上渗透，成百名无名的地方领袖与组织构建了他们自己的理论与有说服力的号召，展开了对文化革命的领导的竞争。这种显著的多样性阐明了为何黑人权力运动从没有被任何一个大的全国性组织所领导(黑豹党是一个小的例外)，为何在 1967 年争取种族平等大会和学生非暴力协调委员会快速衰落之时它仍然蓬勃活跃。

1966 年春天，黑人自由运动显然正处在转变之中，各种各样的个人和团体相互竞争，试图指引运动朝一个新的方向发展。金博士的南方基督教领袖会议把它的道德劝诫模式通过非暴力抗议带到北方，试图缓解芝加哥的种族隔离与贫困，在那里非洲裔美国人选举出了十名市议员，但是实际上他们仍然难以获得权力和机会。市长理查德·戴利以保全面子的姿态机智地与金周旋，而计划不周的运动使得自吹自擂的领袖显得非常无能。哈莱姆众议员小亚当·克莱顿·鲍威尔坦率直言，他在 1966 年 5 月的霍华德大学的毕业典礼上呼吁“黑人权力”，并召集了一个工作组领导了 1967 年的首届全国黑人权力大会。鲍威尔试图接管新的方向的领导权，但是斯托克利·卡迈克尔已在运动中捷足先登。

曾在 1962 年整合了密西西比大学的詹姆斯·梅雷迪恩在 1966 年 6 月开始了堂吉诃德式的单人行走，他走遍了密西西比以反抗种族暴力。不久他被猎枪击毙，于是马丁·路德·金、斯托克利·卡迈克尔，以及争取种族平等大会的新首领、民族主义者弗洛伊德·迈克基西克达成一致，继续他的行程。卡迈克尔和非暴力协调委员会的活动家威利·里克斯沿途利用这一时机领导黑人群众以“我喊你答”的方式喊出了口号：“我们要什么？黑人权力！”由此引发了一场危机。白人媒体、副总统休伯特·汉弗莱、全国有色人种协进会的罗伊·威尔金斯以及许多有影响的白人和黑人都反应强烈——好像“黑人权力”这几个词就是等同于“种族主义"、"法西斯主义"、"反 3K 党"和暴力的黑人至上主义的罪证。卡迈克尔的策略相当奏效。他利用大众传媒和预料之中的精英人物的谴责来发起挑战，宣称他自己和学生非暴力协调委员会领导者运动的新方向。许多人应声而起，黑人权力运动也正式启动了。

这次著名的事件揭示了一个特殊的黑人权力领导模式所做的承诺以及它的缺陷，这个黑人权力组织被叫做"矛矛党"，有人讽刺它"比你们都要好战"。像巴拉卡(Baraka)、卡伦加(Karenga)和许多其他黑人领袖一样，卡迈克尔(Carmichael)继承了马尔科姆的艺术，那就是像机关枪开火一样突然猛烈抒发他尖锐的言辞。他演说的内容之简单和清晰无人能比，但言语中充分展现了公众的愤怒和男子汉气概。上百万的非洲裔美国人和其他许许多多的人听到卡迈克尔这样慷慨激昂的演说后精神备受鼓舞。与黑人工人革命队和争取种族平等大会(CORE)的先驱不同，卡迈克尔倡导组织自力更生的地方运动，这样即使在没有著名的领袖、没有媒体关注的情况下，这些运动也能够支撑下去。我们事后看来，这种社区式的组织惯例是黑人夺取权力一个更为持久的模式。作为一个顽强的、足智多谋的社区组织者，卡迈克尔在阿尔巴马最贫穷、黑人最多的乡镇赢得了人们无比的尊敬。在 1965 年到 1966 年他在南部的朗兹县自由组织(LCFO)帮助组织了唯一的一次真正的当地黑人权力示威活动。

朗兹县自由组织是阿拉巴马黑人带的一个政党，所有成员均为黑人，他们使用的徽章是扭曲着身体的黑豹。它对朗兹县控制当地所有政治部门的白人民主党来说是个不小的挑战。在朗兹县，86%的白人家庭拥有了朗兹县 90%的土地。虽然当地五分之四的居民都是黑人，但没有一个黑人参加过选举登记。朗兹县自由组织的成立对于白人稳固的垄断来说是一个沉重的打击。经过几个月的努力，黑人工人革命队帮助当地的活动者利用《选举权法案》登记了近 4000 名黑人投票者。1966 年 11 月，朗兹县自由组织拥有了一份完整的当地部门候选人名单，但因为农场主逼迫数千名黑人佃户选举民主党，使得朗兹县自由组织以几票之差落败。但朗兹县自由组织并没有被击垮，最终收复了朗兹县，并在 20 世纪 70 年代使朗兹县发展成了一个发达地区：在贫穷的黑人社区里有了自来水和电，还有平整的街道。人们之间相互尊重、文明共处，这种尊敬和文明是自发、主动的，而不是以前那种受白人逼迫才表现出来的。从长远看来，黑人权力最长久的遗产，就是黑人坚持要求亲自进入竞选区，行使自己的选举权力；他们管理自己的社区、自己的县城和黑人占多数的城市；同时随着他们政治权力的获得，他们工作和服务的基本权益逐渐增加。

在加利福尼亚州奥克兰突然蓬勃发展的黑豹自卫党(BPP)的出现，标志着黑人权力展开的最后阶段。像其他许多黑人权力活动者一样，休伊·P. 牛顿(Huey P. Newton)和博比·西尔(Bobby Seale)都出生在黑人备受歧视的美国南部，但都成长在美国北部的城市，他们都是家里最早获得大学教育的孩子。然而，他们虽然在富裕的家庭中长大，却被困在了一个毫无出路的世界。他们于1962年在奥克兰的梅里特大专相识。之后，牛顿和西尔报名参加了许多团体(例如有罗伯特·F. 威廉姆斯发起的革命制度运动)，但都被拒之门外，因为他们都没有参加保卫当地社区的活动。牛顿向来以强烈的理智主义和令人惊异的大无畏精神著称，他发现《加利福尼亚刑事法规》某一章节里规定允许在公共场所携带武器，甚至可以携带猎枪，于是早已厌倦了无尽的警力骚扰的牛顿和西尔决定手持武器"治理一下警察"。1966年10月，他们聚集了一些年轻的朋友，让他们身着黑色的裤子、黑色的皮夹克、浅灰蓝色衬衣，带上黑色的贝雷帽和太阳镜，目的就是让人们认识他们。牛顿自命为大名鼎鼎的黑豹党(BPP)国防部长。因为其他的部长职衔都封予了其他人，于是西尔就成为了主席。黑豹党颁布了"十点纲领"，简练和明确的要求甚至为美国《独立宣言》的起草带来了一定的启示。十点纲领产生了极其巨大的影响。

> 1. 我们要自由。我们要自己掌管我们黑人社区的命运。
>
> 2. 我们要我们的人民全都有工作。
>
> 3. 我们要白人停止剥削我们的黑人社区。
>
> 4. 我们要像样的住房，我们要适合人类居住的房屋。
>
> 5. 我们要让我们的人民接受教育，让他们通过教育了解堕落的美国社会的真正本质。我们要通过教育了解我们真正的历史以及我们在当今社会的角色。
>
> 6. 我们要所有的黑人免服军役。
>
> 7. 我们要求针对黑人的政治残暴和谋杀马上结束。
>
> 8. 我们要那些联邦、州、县和城市的监狱里所有被关押的黑人获得自由。
>
> 9. 我们要求当黑人在面对法庭审判时，像美国宪法规定的那样，陪审团是他们同等级的团体或是他们的社区的同胞。
>
> 10. 我们要属于我们自己的土地；我们要吃饱穿暖，我们要安身之所，我们要接受正规的教育；我们要与其他民族平等；我们要

> 社会的和平。我们要在整个黑人殖民地举行一个国家监管的公民投票,这是我们最大的政治宿愿。这个选举是黑人为实现自己的意愿并决定自己国家的命运而举行的,所以只允许黑人殖民地的人们参加。人生来平等,我们相信这个真理是不证自明的;人们生来就被他们的创造者赋予了不可剥夺的权力……

在这之后没过多久,几个黑豹党人与庄严的奥克兰白人警察开始了一场老式的西方式对抗:牛顿喜欢一手拿加利福尼亚刑事法规,一手持枪战斗。然而,在1967年5月以前,黑豹党一直只出现在加利福尼亚的北部。但当他们进行了一次极为大胆的尝试,并以勇敢的形象取得国内外广泛的关注,此后他们的影响力急剧扩大。5月2日的加利福尼亚州大会经过探讨,规定禁止任何公共场所携带武器。这条规定明显是针对黑豹党的。于是西尔率领几车武装好的黑豹党成员,一直来到萨克拉曼多,使他们径直走入国会山,在这里他面对媒体诵读他的宣言,之后游行般走出国会山。手持枪支的黑人来到权力的大厅了?继激进派重建的鼎盛时期之后没再发生过类似的事情;美国白人的噩梦变成了现实。

1967~1968年:革命民族主义、文化革命和家规

从1967年到1968年,黑人权力一发不可收拾,全国各地纷纷涌现运动组织、发起者和领袖,各种力量在不断增长。这两年中发生的事件既壮观又让人眼花缭乱,很难让人消化吸收。《时报》、《每周新闻》、主要电视网络、白人政治家和传统的黑人领袖每周都在谴责,但他们却无形地推动了更多人加入到了运动中。虽然联盟体系的建立没有丝毫进展,但国家黑人政权会议还是一次又一次不停地召开。像斯多克利·卡迈克(Stokely Carmichael)和黑人工人革命队的新主席H.里帕·布朗(H. Rap Brown)这样声名狼藉的人物还在周游美国整个国家甚至整个世界,在广大民众面前号召革命。布朗在马里兰州剑桥市煽动民众暴乱,为了表明发动武装斗争的必要性他提出了一句警示名言:“暴力就是美国人的苹果派”,他也因此受到了指控。无论是在白人大学还是黑人大学里,黑人要求课程里必须包括黑人历史和文化,这些课程也必须由黑人学生会选择的老师教授。大学里黑人学生的暴乱闹得整个国家沸沸扬扬。1967年夏天,美国的底特律、内瓦克等城市都爆发了历史上最大的暴乱,美国军队制定全面的偶发事故对策,镇压黑人武装革命。但军队的出动使很多黑人更加兴奋,他们不再畏惧白人的武装力量了。1967年10月,

在奥克兰的一次运动中，在与警方的交火中牛顿击毙了一名警察，并使得另外一名警察受伤，他自己也被子弹打中腹部，最后被捕。(牛顿在1968年被判定为杀人罪后，他获得了一次新的审判，并于1970年8月被保释，大家热烈欢迎这位乱世英雄的归来。)牛顿的被捕引发了黑豹党宪章一场大规模的“自由的休伊”运动，黑豹党在三十个城市里都建立了宪章。在1968年墨西哥市举办的奥运会上，黑人获奖者汤米·史密斯(Tommy Smith)和约翰·卡洛斯(John Carlos)在领奖台上播放《星条旗永不落》时低下了他们的头，举起了带着黑色手套的双手，这一举动使得美国的白人更为惶恐了。

上面所说的事件都是很多人对黑人权力的记忆，当然不是为了怀旧，也不是因为想到空中挥舞的拳头、燃烧的城市和嘶叫的声音而恐惧。然而在那个时代还有很多不很显著的斗争，例如组织工人群众运动、挑战白人政治统治和发起文化复兴的运动等，这些运动的重要性也是不容忽视的。在当时的汽车之城、美国经济中心的底特律市，全部由黑人组成的道奇革命联盟运动(DRUM)吸纳了汽车公司以及由白人控制的联合汽车工人联盟(UAW)。联合汽车工人联盟在全国范围内一直致力于支持民权事业，但他们对在自己的车间里挑战种族主义还是很谨慎的。随着越来越多的革命联盟运动在整个城市的福特和通用汽车公司车间展开，革命黑人工人队(LRBW)也很快建立起来。他们预示着一种新的发动城市革命的方式，这种方式要比黑豹党通过“拿起枪杆子”来拥抱“革命性自杀”更系统、更精明。

还有一个非常重要的事件为当地的权力运动提供了一条新的出路，那就是1967年卡尔·斯多克(Carl Stoke)被选为克利夫兰市的市长，美国历史上第一次出现非洲裔美国人直接统治数以万计的白色人种，管理曾经被白人理所当然据为己有的警察局和学校。随着黑人权力组织者逐渐掌握了选举政治的诀窍，整个国家的市政厅成了他们新的目标。像斯多克最初一样，他们刚一出手就遭遇了失败，但他们坚持不懈，最终于20世纪70年代初期赢得了一个又一个的选举胜利。虽然大多数黑人选民的权力还是由白人代表的，但他们即使是在去往国会的道路上迈出了一小步，也足以使黑人们感到欣慰了。1968年，雪莉·奇泽姆(Shirley Chisholm)成为美国第一位被选入国会的女黑人议员，获任布鲁克林区的一个新职位，这标志着黑人革命的又一巨大突破。奇泽姆出生于印第安西部，从机器政治中开辟了一条人生之路。纽约自由主义共和党竞选种族平等大会的前首脑詹姆士·法尔(James Farmer)，曾经是反抗南方斗争中的第二号人物。这对奇泽姆来说是个不可思议的挑战，然而她却在竞选中轻而易举地胜利了。(1972 年，众议院议员奇泽姆成了当年在民主党候选人中拉开竞选战役的第一位女性，也是第一位黑人，然而她既没有得到黑人政治家的支持，也没有得到妇女领袖们的支持。)

与政治大漩涡齐头并进的是在黑人知识分子界和艺术界的文化复兴。直到 20 世纪中叶，只有少数几个黑人学生在白人大学里接受教育，这些学校却没有培养出一个黑人学者。自从 20 世纪 20 年代的黑人艺术复兴之后，美国白人才给予了几个他们精挑细选的黑人作家、艺术家和表演家一定的认可，这其中有小说家理查德・赖特(Richard Wright)、表演歌唱家鲍尔・罗伯逊(Paul Robeson)、伟大的古典歌唱家玛丽亚・安德森(Marian Anderson)以及其他几位艺术家。20 世纪 50 年代，文化隐形现象逐渐发生了变化。一方面是因为爵士乐的影响力不可阻挡，更大程度上是因为先锋派比博普爵士乐风融入了查理・帕克(Charlie Parker)和迪兹・吉莱斯皮(Dizzy Gillespie)的演绎，同时还有 1950 年赢得普利策诗歌奖的先锋作者格温多林・布鲁克斯(Gwendolyn Brooks)、小说家拉尔夫・埃利森(Ralph Ellison)和詹姆斯・鲍尔温(James Baldwin)的参与。尽管这些杰出的人才得到了关注，然而在 20 世纪 60 年代黑人们又被排挤出国家文化界——大学、学术期刊、博物馆、画廊、百老汇剧院、文学杂志和主要出版者的名单。

黑人权力和与之并行的黑人艺术运动改变了所有这些现象。许多黑人权力的先行者都是在 1956 年到 1966 年间各个领域的先进人士，他们有的来自文学界和舞蹈界，有的来自小的杂志社或印刷社，有的来自博物馆和社会团体。他们都致力于非洲传统的再发现。1956 年到 1966 年的转变使他们对"黑人意识"产生了一种新的兴趣，他们戎装待发，于是一场艺术绽放在美国的黑人城市和校园里出现了。无数年轻男女开始写起了诗歌(最著名的有道恩・L・李〈Don L. Lee〉，以及之后的海科・马德胡布提〈Haki Madhubuti〉和 尼基・吉欧瓦尼〈Nikki Giovanni〉，他们成为了 20 世纪后期美国拥有最多读者的严肃诗人)，并重新探索了他们的前辈布鲁克斯、莱特和鲍尔温等人引领的充满活力的文学传统。纽约的黑人演出公司和阿尔文・艾利舞蹈剧场等主要的舞蹈和戏剧团体成立了，这些团体都提倡非裔美国人的本土形式。剧作家、小说家、画家、雕刻家、壁画家、作曲家、电影制作家和音乐家全都奔向新开设的大学课程，并将大学资源作为上千名观众和读者的表演场所和出版社。独立的出版物和杂志雨后春笋般出现，其中包括由诗人达德利・兰德尔

(Dudley Randall)经营的第三世界出版社、《黑人诗歌期刊》、底特律布罗德塞德(Broadside)出版社。类似芝加哥美国黑人文化组织(OBAC)的很多团体用历史的方式演绎文化，使用历史上和政治上的辩论、诗歌读物和爵士乐演出。著名的南方壁画《致敬墙》回顾了社区走过的历史道路，是早期比较有名的标志。

与此同时，一股辩论性的、高度个人化的对历史、理论和评论的研究浪潮开拓了黑人权力本土知性的基础。哈罗德·克鲁斯(Harold Cruse)的《黑人知性的危机》(1967 年)一书讲述了许多共产党左派残害黑人运动的案件，同时书中提出，在一个由少数民族竞争支配的国家，黑人的唯一策略就是政治和经济自主。被假释的监狱作家艾尔德里奇·克利弗(Eldrige Cleaver)的《冰川上的灵魂》在 1968 年极为畅销，克利弗因此被任命为黑豹党信息部部长。在大众文化里，被公认为“一号知心兄弟”的詹姆斯·布朗与 20 世纪一位最有革命精神的美国音乐家合作了一首极为简单的赞美诗：“大声说，我骄傲，因为我是黑人。”黑人们将自己的食物、服装、头型和语言都进行了改革。许多白人嘲笑非洲人的头型和非洲服装，但这对非裔美国人来说是一个完全的政治行为，他们批判那些将自己的头发拉直，在自己的黑色皮肤上擦粉，模仿中产阶级白人的举止和穿着，试图将自己“白人化”的几代黑人。

在这场独特的混乱中，到 1968 年为止，出现了两种截然不同的黑人权力策略和其他微不足道的小策略。第一种选择是由黑豹党的黑人工人革命队(SNCC)和类似的组织提出的，这些组织都是根据马尔科姆·X、弗朗兹·法农(Frantz Fanon)和中国的毛泽东演变而来的“革命民族主义”。革命民族主义提倡将非洲裔美国人和世界反抗美国帝国主义的斗争有意识地联系起来，并与其他革命团体结成战略联盟(包括学生争取民主社会组织和共产党里的白人左派分子)，最后按照马克思列宁路线成立自律党。黑豹党人坚持认为只有各个种族联合起来才能对抗并击败白人的权力结构。相反，“文化民族主义者”笃信莫拉纳·卡伦加(Maulana Karenga)和他的教义，即他们拥抱所有与黑人有关的事物，他们要“想黑人之所想，谈黑人之所谈，做黑人做的事，建立黑人世界，买黑人的商品，选举黑人，做黑人”。文化民族主义者蔑视除了非洲国内任何和白人的联盟，也蔑视世界范围的革命斗争同盟。在支持武装自卫的同时，他们觉得毫无必要对抗白人力量，但他们强调建立单独的黑人机构并树立基于非洲人身份的解放的黑人意识。对文化民族主义者来说，资本主义和社会主义都是欧洲的概念，和他们要建立的黑人世界没有任何关联。

他们是马库斯·加维(Marcus Garvey)的后代，但他们同时也声称自己的祖先是马尔科姆，然而他们拥护的只是马尔科姆信条中完全自治和黑人自身价值的一部分，而非马尔科姆后期支持的国际主义革命。

然而，给这两种不同的观点强行划出一条分割线恐怕是错误的。"卡伦加的美国"和黑豹党这样的核心组织大张声势地相互谴责。与此同时，许多独立的地方团体吸收了革命民族主义和文化民族主义的革命方式，产生了一系列新的想法和组织实践法。此外又出现了很多其他定义黑人权力的方式，其中有的并没有明确指出他们是民族主义者。新非洲共和国(RNA)的"领土的"民族主义者望文生义地将加维和伊斯兰民族的口号理解为分裂黑人家园的意思，并驱策武装收复美国南方的黑人带，为所有非裔美国人建立一个新的国度。虽然有一群新非洲共和国的运动者搬到密西西比，宣布新国家的成立，并与当地的警察展开斗争，以保卫自己的地盘，但他们最终还是没有成功。在斗争的另一端，包括种族平等大会的民族领导弗洛伊德·麦基索克(Floyd McKissick)等各种各样快要成为资本家和政治操纵者的人，主张在美国真正的权力形式就是经济力量，而经济力量的获得需要黑人资本主义的发展。他们获得了共和党总统候选人理查德·尼克松的支持。尼克松在1968年认可了黑人权力在这些方面的弊端。尼克松政府以及许多白人企业和机构非常希望用工作和金钱蛊惑黑人斗争者，企图让他们建立些公司，以此缓和他们激进的运动。然而，所谓的黑人资本主义从未成为黑人权力的主流。从长远上看，这只是朝着众多方向发展的黑人运动的其中一个方向，也是所有迷惑的其中一个源头。

上文所列出的各种战略之间的区别是非常重要的，但所有的战略很快融合成为地方级的一个共同惯例，比较贴切地讲，这个惯例可以看做社区控制，或是巴拉卡后来所谓的"家规"。"家规"的说法唤起了部分在爱尔兰和印第安等地早期反殖民主义者的独立。原因是他们意识到在很短的未来，美国既不会发生社会主义革命，也不会出现独立的黑人国家。尽管如此，黑人还是很可能团结起来选举自己的政治领导，也可能和白人的公司做生意，还可能配置资源、控制就业和学校课程，或者仿效美国城市建立起成功的种族机器政治。然而有一点区别不证自明，那就是爱尔兰人、意大利人、犹太人、波兰人和其他人都属于白人主流的一小部分，他们从来没有遭受过种族歧视和满腔的敌意，但是所有黑人城市政府即使治理得再好、再和谐，所有的黑人还是要遭受这些歧视和敌意。

1969～1976年：改革而不是革命：加里大会的决议

很明显，到1969年民权运动已接近尾声了。金博士死了；像鲍勃·摩西和詹姆斯·福尔曼这样的运动领袖不是精疲力竭就是自我放逐了；詹姆斯·法莫在国会竞选失利后成为了尼克松政府的健康、教育和福利部副秘书。黑人权力一直秉承黑人自由战斗的领导，但仍然遗留了许多问题。如何获取权力？哪种权力是真实的？哪些权力只是形同虚设？黑人在美国获得自主权是要通过革命，还是等美国政府的上层再多些黑色的面孔，还是通过社区控制学校课堂和警局？这些问题的答案越来越多。在政府大规模镇压黑人权力运动激进分子的时代，人们需要花上数年时间进行内部斗争和机构建设才能在1972年的加里大会上取得片刻的一致。加里预测在20世纪70年代全国会把中心都转向选举政治，这会巩固黑人运动的胜利，并且会驯服其中激进的成分。

虽然所有的新左派运动不断地受到美国联邦调查局和其他国家机关的监视和干扰，但是这次政府专门组织的致命镇压比其他任何新左派的运动意义都要重大。自从1956年开始，J. 埃德加·胡佛(J. Edgar Hoover)秘密策划的"反谍计划"在共产党和社会主义工人党内部引发了怀疑和混乱；它的正式任务是"揭露、干扰、误导、诽谤或者中立"左派。20世纪60年代，反谍计划的范围已经扩展到新左派组织。1968年9月，胡佛做了一个重大决定：是黑豹党而不是共产党"对国内的安全造成了最大的威胁"。于是胡佛继续利用联邦政府的力量破坏左派组织。联邦调查局的人员渗入到黑豹党的各个地方分会，终于在1968年挑起了洛杉矶"卡伦加的美国"组织和当地黑豹党的争端，导致在加利福尼亚大学洛杉矶分校校园里发生了枪击事件，事件中两名黑豹党成员死亡。从1969年到1971年，为了造成黑豹党内部关系紧张，联邦调查局不断向休伊·牛顿和艾德里奇·克里佛(Eldridge Cleaver)(艾德里奇·克里佛因1968年末与警力的交火而被流放到古巴，后来到了阿尔及利亚)的追随者发送伪造的信件，打假电话，挑起了好几个城市的黑豹党内部仇杀。联邦调查局同时与地方和国家执法机关紧密合作，共同粉碎黑豹党。许多白人警察愤恨黑豹党一贯的口号"远离那些蠢猪"，于是他们觉得先发制人，用压倒一切的暴力对付他们是正当的。联邦调查局做的最臭名昭著的一件事，就是他们对芝加哥黑豹党领袖弗瑞德·汉普顿(Fred Hampton)和马克·克拉克(Mark Clark)的暗杀。弗瑞德·汉普顿和马克·克拉克的保安主管就是联邦调查局的间谍，他为警察射击手绘制了弗瑞德·汉普顿和马克·克拉克公寓的地图，并标出他们两个人分别睡觉的地方，这样弗瑞德·汉普顿和马克·克拉克在睡觉的时候就被枪杀了。反常的是，这几年同样是黑豹党的影响比较大的时期，他们正在实行他们的"幸存计划"，包括为小学生提供免费早餐和免费医疗检查，由此他们赢得了城市社区的极大尊重。

黑豹党本来只是出于自卫，但是政府不停的镇压和媒体对他们的集中报道使得他们的活动看上去很像革命运动，于是整个黑人权力运动蒙上了紧迫、急切、誓死一搏的气息，而这种氛围很大程度上都是虚幻的。十几岁的黑豹党组织者住在被包围的街头办公室，他们的领袖越来越爱妄想，对改革者加强纪律管理，对他们进行鞭打、折磨和迫害。牛顿宣布他的选择就是"为人民而死"，这也是他在一本书的标题中所倡导的。像吉欧瓦尼(Giovanni)这样著名的年轻诗人问道："你们会杀人吗？黑人们，你们会杀人吗?"控告、审判和宣判越来越多。"21 号黑豹"因被指控大规模密谋暗杀警察而被关入纽约的一所监狱。鲍比·西尔被指控在黑豹党纽黑文地方分会谋杀一名他认为是联络员的人，在监狱度过了好几年，最后被宣告无罪。乔治·杰克逊因小型抢劫被加利福尼亚的索莱达监狱收监十一年之久，他因 1970 年写的《索莱达兄弟》一书而一举成名，并在服刑期间加入了黑豹党。乔治·杰克逊与加利福尼亚大学哲学教授、被罗纳德·里根州长逐出美国加州大学系统的安吉拉·戴维斯建立了良好的关系。1970 年 8 月，杰克逊十七岁的弟弟乔纳森接受审判，马林县的三个法庭官员试图释放乔纳森但未能成功，结果警察在法院的停车场上把他们全都杀死了。安吉拉·戴维斯曾经买过武器试图越狱，但越狱失败。除此之外，她还被指控谋杀和绑架。她逃过了为期两个月的全国范围的警网搜查，但最后还是没能免于入狱，在一次大型庭审中她被判无罪，但在 1971 年 8 月，安吉拉在圣昆丁监狱院内试图越狱逃跑时被警卫杀死了。所有这些事件使得众多种族激进分子把杰克逊当做一个神奇的人，鲍勃·迪伦在他死后马上为他的殉难发起了一场纪念活动。

20 世纪 70 年代早期，许多运动者感觉政府的谋杀越来越多，这使得本来的武装自卫运动合法化为真正的武装斗争和革命恐怖主义。艾德里奇·克里佛分支的一小部分黑豹党成员组成了一支小型黑人解放军。这支解放军最著名的领袖就是阿沙塔·沙库(Assata Shaku，原名乔安妮·凯西玛德，Joanne Chesimard)。在 1973 年一次与新泽西州警察的交锋中，阿沙塔·沙库在公路上被击中，受伤严重，而一名警员当场死亡。她于 1979 年越狱逃跑，后来在古巴避难营被发现——在 20 世纪 60 年代到 70 年代的斗争中，有相当数目的黑人在此避难。

1970 年后，随着城镇的叛乱频率越来越低，在内外压力下黑豹党内部逐渐分化，黑人权力运动出现了几个倾向。首先，革命中的“文化”成分很明显是成功的，黑人学习计划在全国广泛传播，诸如哈罗德·克鲁斯(Harold Cruse)、詹姆士·伯格斯(James Boggs)和约翰·亨利克·克拉克(John Henrik Clarke)这样的自学成才的工作阶层知识分子都被邀请到常春藤女子大学和欧洲一些国家作讲演。他们中的一些人还被授予一些知名大学的教授职衔。美国高等教育向来就不是公平的，但它宣扬真正的解放，它的家长式作风显得很不适宜，可是它却在一夜间整合了自己——先前只招收有限黑人学生的大学校园突然招收了几十万的非裔美国人。他们希望让年轻的、有天资的黑人进入中层职业社会，使他们掉转矛头不再暴乱。黑人学习计划通常由黑人学生会支持，但因资金不足而且政治性极强，黑人权力在白人的学术界没有一点防御能力。在加利福尼亚和美国西部其他州对奇卡诺人、亚裔美国人和当地美国学生的招收条件类似，校园里风靡起带着政治色彩的种族学习计划。

第二，随着地方性的家规和政治授权成为多数黑人权力组织的共同出发点，美国历史上一个空前的全国范围的权力基地得到了巩固：国会黑人政党会议(CBC)于 1969 年到 1971 年间形成。在 1964 年之前，全国只有微不足道的几百个黑人选举的官员。除了黑人住宅区的有力代表小亚当·克莱顿·鲍威尔和几个其他黑人国会议员外，国家的政治中根本就没有体现非裔美国人的地位。民主党成员和稳健的共和党成员都想得到黑人的选票，但他们觉得自己没有义务在权力桌上为这些黑人提供几个座位。这一残酷的事实警示着黑人必须改变这种状况，获得真正的权力。于是黑人代表权逐渐增加，国会里的黑人代表人数空前增长：从 1964 年仅有的 6 个人增加到 1970 年的 13 个人。国会的黑人议员从此不再埋没他们的身份，“色盲”的传统被打破了，这个新兴的逐步扩大的团体坚决采取单独政党议会的方式告诉民主党领导人(除马萨诸塞州一名旧式解放共和党参议员艾德·布鲁克〈Ed Brooke〉没有加入政党会议外，会议所有的成员都是民主党成员)他们自己就代表了广大黑人的利益。随着 1966 年卡迈克尔呼吁“黑人权力”的开始，解放组织被震惊了。参议会多数党领导、一个主要的自由主义者麦克·曼斯菲尔德(Mike Mansfield)认为分开黑人立法政党议会是“种族主义”。然而国会黑人政党会议没有败下阵去——他们的时机已经到来，他们很快让人们感受到了他们的影响力。1971 年，伯克利国会议员罗纳德·V. 戴尔伦斯(Ronald V. Dellums)——一个亲黑豹党的反战领袖——认为在最重要的陆海空三军委员会应该有一个非裔美国人，因为一直以来这个委员会都控制着巨大的预算资源并且一直都是一个保护南方白人的机构。在反对委员会领导权激烈的斗争中，国会黑人政党议会迫使民主党领袖任命戴尔伦斯——自 20 世纪 40 年代之后第一个承认自己是国会中激进分子的人——加入了委员会。最终，20 世纪 90 年代，戴尔伦斯获任委员会的主席，这昭示全世界是怎样从其鼎盛时期开始转变的。

黑人权力运动最激进的派系大都将目标转向了选举权力。国会黑人政党会议的建立与这个转变密不可分。在内瓦克，阿米瑞·巴拉卡(Amiri Baraka)领导了一场社区范围的咨询会议，讲述如何从市长休·阿多尼佐(Hugh Addonizio)这个腐败落后的民主党机器手中夺取政权，这个机器利用黑人代理官员获得黑人的选票。经过周密的计划，非裔美国人与波多黎各人联合拟定市长候选人。1970 年，在全国范围黑人名流的支持下，巴拉卡发动了大规模的竞选活动，稳健的肯尼思·吉布森(Kenneth Gibson)胜利当选。此后全国广泛效仿此法。1973 年在底特律，整个黑人社区和进步的白人们集会支持州参议员科尔曼·杨(Coleman Young)，选举他成为美国第五大城市的市长。在同一年，梅纳德·杰克逊(Maynard Jackson)被选为亚特兰大市长，汤姆·布拉德利(Tom Bradley)被选为洛杉矶市长。杨在 20 世纪 40 年代到 50 年代之间曾经是黑人左翼领袖之一，非常亲近共产党，但是他的这个身份并没有影响他在民主党政治中的崛起。1968 年，他成为了民主党国家委员会的成员，并在 1976 年吉米·卡特的首次竞选中扮演了核心角色。

除此之外，连黑豹党都顺应了选举的转变。因为组织内部有一定缺陷，并且谋杀事件不断发生，还要在联邦调查局暗算和暴力分化中苟延残喘，于是牛顿于 1972 年关闭了黑豹党各个分会的国家网络，退回奥克兰。1973 年黑豹党主席鲍比·西尔正在加足马力为选举奥克兰市长而战。20 世纪 70 年代，黑豹党将自身转变为一个当地略带罪犯色彩的城市机器；牛顿告诉他的追随者们马里奥·普佐(Mario Puzo)的畅销书《教父》所神化的意大利黑手党就是他们在美国取得权力的最好向导。

虽然没有能取得像内瓦克、底特律和奥克兰那么显著的从政运动成果，但在数百个城市和县城——尤其是黑人占多数的南方乡村，非裔美国人同样在为参政而斗争，并且取得了胜利。黑人选举的官员急速增加——1964 年仅有几百个，到 1973 年已发展到了 2600 人之多。非裔美国人组建了新的领导班子，迅速在主流政治中站稳了脚跟，他们也获得了资源和回报。然而，这个结局与他们早期革命的希望和获得自治的想法相差甚远。这些政治家多数在被选为民主党成员之后，发现自己进入了一个更大更有权力的根深蒂固的机构之中。

选举的胜利以及家规的巨大潜力加速了黑人社区内对统一的需求。从1967年开始，每年都要召开国家黑人权力会议，但这些会议的成果甚微。巴拉卡在取得内瓦克的胜利后，在国内的影响力到达了巅峰，他决定使用实际的社区控制策略来统一卡伦加的卡瓦达(Kawaida)教义运动。1970年8月，巴拉卡和其他文化民族主义分子举行了亚特兰大非洲人民大会，大会共有3500名代表参加。从依赖白人合作、支持的稳健的民权主义代表惠特尼·杨(Whitney Young)到伊斯兰民族的路易斯·法拉坎(Louis Farrakhan)再到曾任金博士助手、芝加哥粮仓组织的好斗的首领而今身为牧师的耶西·杰克逊(Jesse Jackson)等等，不计其数的黑人领袖不再沉默了。在一个周末，费城的黑豹党做出了最后的努力，召集了革命人民宪法大会，试图统一多种族的"帝国主义者"。虽然各界的黑人都参加了这次会议，但会议上只有演讲者慷慨陈词，没有太多成效。另一方面，非洲人民大会将自己设定为永久的民族联盟，承诺要统一数百个地方城市计划和来到亚特兰大的学生团体。同时非洲人民大会在国际范围也具有一定的影响力，在1974年于坦桑尼亚举行的第六届泛非洲主义者大会上担任了重要角色。非洲人民大会协助组织了最后一个影响深远的黑人权力组织——非洲解放支援委员会(ALSC)。从1972年到1977年，这个委员会动员了数十万黑人，争取与非洲地区剩余白人统治地区的欧洲殖民主义做最后的斗争，这其中包括葡萄牙的殖民地安哥拉和莫桑比克、前英国殖民地罗得西亚(现在的津巴布韦)和南非共和国。

然而巴拉卡的活动没有随着非洲人民大会的中止而停止。在一次大胆的运动中，巴拉卡瞄准了另外一个黑人权力主要的新生机构，国会黑人政党议会。他在这里的目标远比非洲人民大会联合所有黑人民族主义者的理想更为宏大。为了响应底特律国会议员小查尔斯·迪格斯(Charls Diggs Jr.)等国会黑人政党会议成员和加里市长，理查德·海区(Richard Hatcher)、印第安纳、巴拉卡制定了一个统一所有美国黑人的计划。无论是商人还是主张取消种族隔离的人，无论是激进分子还是革命分子，无论是学生还是工作阶层，无论是被选官员还是牧师，都被他们集合到了大会这个新生的国度。1972年3月，代表了非裔美国人所有选民的8000名黑人在加里召开了第一次国家黑人政治大会(通常被叫做加里大会)；全国有色人种协进会(NAACP)坚持批判民族主义，成了会议的主要障碍。顿时，加里呈现出前所未有的团结场面，激进的诗人和大会联合主席巴拉卡引领众人一起，甚至连科雷塔·斯科特·金(Coretta Scott King)都在吟唱"我们的国家要统一"。这个长期性的大会通过了很多宏伟的计划，包括各个地区政治、文化、经济、社会等方面的计划和活动。会议的中心目标，就是他们要作为一个独立的政治和经济实体，与美国白人进行协商，以取得经济发展和真正的社区控制。

但现实与理想差距甚远。首先，在会议举行之际，国会黑人政党议会已经从非洲人民大会的全面日程中逐渐衰退，并拒绝实施加里大会的计划。当时和此后的事实都证明，要利用黑人官员在民主党的战略位置是不可能的，因为民主党这个群体可以容忍有几个黑人权力者参与，但绝不可能和黑人民族主义者合作。第二，在 1972 年后，巴拉卡和许多其他民主主义者有了新的思想方向，他们开始信奉马克思列宁主义和新共产党运动(第十三章有详细介绍)，他们不再坚持之前的主张，不再认为所有的黑人无论其社会阶层如何都是自然的同盟。他们承认黑人社区里真正出现了分支，工人阶级革命需要采取合适的策略才能联合斗争中所有种族的工人阶层，此后国家黑人政治大会的士气变得很混乱。随着剩余的民族主义者和新转入的列宁主义者们怨恨地贬低对方，国家黑人政治大会很快瓦解了。

1973 年到 1976 年的致命冲突，是 1965 年到 1966 年蓬勃发展的黑人权力运动的最后阶段。从某些方面来讲，这个结局很不光彩。它破坏了前途光明的非洲解放支援委员会的前程，也使得许多长期的政治关系结束了。一些运动者们错认为他们已经不再团结，从而退出了政治。同时，还有其他的运动者们开始调整自己适应主流。1976 年，前佐治亚州长吉米·卡特还是一个新南部白人稳健分子，尽管他为民权和社会平等事业贡献很小，但他通过与形形色色的黑人领导做交易，取得了民主党初选中多数黑人的选票。在适应主仆政治的背景下，人们觉得黑人权力运动有点反常，或者更直接地，黑人权力运动失败了。

然而，从后期的事件上看，黑人权力大规模的动员活动显然只是暂时性的停止。1984 年，彩虹联盟运动支持杰西·杰克逊总统竞选，并在 1988 年再次点燃了叛乱之火。与此同时，因为要获得主仆政治和"政治准入"的份额，他们想通过党派内部交易消化独立的激进主义。从这个层面上来看，杰西·杰克逊代表了黑人权力势力的顶峰，同时也代表了黑人权力有限的成功。然而，改变的力度可见一斑。从政治体系中最明显的标志来看，黑人选举的场地与以前都大不相同。20 世纪 60 年代和 70

年代晚期出现的黑人政治家和运动者都得到了人们的认可，人们不再认为他们只是为了得到微不足道的工作而参与选举了。非裔美国人不再被排挤出美国文化的万神殿之外，相反，他们带着已经被美国人民生活所接受了的黑人历史、音乐和文学走到了美国文化的中心地带。很多非裔美国人就职于由选举活动带来的公共部门高薪职位，一跃成为中产阶级——对上万的黑人教师和公务人员来说，城市的家规不再是天上的馅饼了。

然而，所有这些成就离多数黑人权力倡导者的理想相差悬殊。国务卿科林·鲍威尔的崛起象征着技术熟练的专业人员融入到集体的、政治的和军队的精英中，可是与此同时，许多贫穷的非裔美国人仍然不能获得与美国白人一样多的机会，他们仍然受到排斥，被看做一种新型的种族形态——“下等阶层”。即使是受黑人市长管理，地方白人警察仍然残暴横行。即使在 21 世纪，黑人通过选举政治获得了自己的权力，黑人犯罪被处以钳闭和定罪的比例仍然有失公平。黑人父母仍要警告他们的孩子，白人警察会无缘无故对黑人车辆进行检查。从这个意义上来看，黑人权力仍只是一个想法、一个挑战、一个希望，绝非是一个现实。

第十章　被红色、棕色和黄色权力“占据了的美国”

我们没有自由。我们没有选择的权利。有人为我们做出抉择，我们只能接受；我们是穷人。对于我们居住在保留地上的同胞来说，已经有联邦当局、官僚们和他们唯命是从的手下为我们做好了所有选择和决定。我们生活在非保留地上的同胞的命运则被当地的白人权力精英控制着。很多人统治着我们，他们被称为社会工作者、“警察”、教师、教会，等等。他们把我们召集起来开会，告诉我们什么对我们有利，告诉我们他们是怎么为我们规划的。有时他们还来到我们的家里教导我们，但是按印第安人的标准来看，他们的方式并不总是很礼貌——或许按照任何标准来说，他们的方式都不能算是礼貌。他们从来没有给过我们一个人应该得到的尊重。

——克莱德·沃利尔(Clyde Warrior)，全国印第安青年理事会(National Indian Youth Council)，《我们没有自由》，1967 年 2 月 2 日

亚裔美国人政治同盟是今年成立的一个组织，其宗旨是从历史角度和时代角度重新定义亚裔美国人在这个国家的作用，揭露并摧毁对东方人的恶毒的传说，努力根除在这个社会的各个阶层蔓延的阴险的种族主义。

——亚裔美国人政治同盟(Asian American Political Alliance)手册，旧金山州立大学，1968 年秋

我们是一个新的民族，我们不但对我们的历史遗产

引以为豪，而且牢记残暴的"外国佬"对我们的领土的入侵。在这样的民族精神下，我们墨西哥裔居民和来自我们民族发源地阿特兰(Aztlan)北部的文明人，在此重新要回给我们祖先生命的这片土地的权利，作为太阳之子民的我们矢志不渝，我们宣布，我们的血液呼唤着我们的权力、责任和我们不可阻挡的命运。手足之情把我们团结在一起，我们对兄弟的爱使我们成为一个民族，一个马上要受到上帝眷顾的民族，一个为反抗掠夺我们的财富并破坏我们的文化的外来人——"Gabacho"而斗争的民族。…… 我们是阿特兰(Aztlán)。

——全国墨西哥裔美国人青年解放大会(National Chicano Youth Liberation Conference)，《阿特兰精神纲领》(*El Plan Espiritual de Aztlán*)，1969 年 3 月

我们要求波多黎各人获得自决权，要求在该岛之上和美利坚合众国里的波多黎各人得到解放。

我们要求拉丁裔获得自决权。

我们要求所有第三世界人民得到解放。

我们是革命民族主义，我们反对种族主义。

我们要求男女平等，打倒大男子主义和男性沙文主义。

我们要控制和管理自己的政府和土地。

我们要求真正的非—印文化和西班牙语言的教育。

我们反对资本主义，反对与叛徒结盟。

我们反抗 3K 党似的美国军队。

我们要求所有的政治犯和战犯都获得自由。

我们是国际主义者。

我们坚信武装自卫和武装斗争是解放的唯一途径。

我们要求建立一个社会主义社会。

——青年贵族党(Young Lords Party)，《13 点计划和政纲》，1969 年

黑人自由运动已经被写入美国官方历史了。无论是广告商还是政治家们都常常提及它。学生们从中学就开始学习金博士和罗莎·帕克斯的事迹，大多数人都知道谁是马尔科姆·X——虽然大家对他的了解不是很多。数以百计的城市和乡镇的街道都以这些著名的美国人命名。许多

历史学家和运动老将感觉到，人们了解到的是一个净化版本的黑人斗争，例如黑人历史月里快餐店里到处都贴满了海报。但是，直到20世纪60年代，吉姆·克罗风头正劲之时，黑人被视若无物，与之相比，现在这种流行的说法已经是巨大的进步了。

然而，这种历史只是为了说明美国是一个双种族社会，它只是把这段历史简化为有色人种从奴隶到完全的公民这样一个必经的进化过程。即使是在21世纪，我们也才刚刚开始认识到，美国历史一直都是多个种族与白人至上主义的斗争史。在这段种族压迫和反抗的复杂的历史背景下，新左派运动还有些鲜为人知的事件：民权运动和黑人权力是如何同美国国内其他被剥夺权力的、屈服的少数民族的此类斗争联系起来的，这些民族包括印第安人、奇卡诺人（墨西哥裔美国人）、波多黎各人以及组成亚裔美国人运动的各个种族。所有这些斗争和运动都有其截然不同的历史背景，然而它们却有一些非常显著的共同点。首先，这四个运动都是在白色美国特定的地区、空间或文化的地点发生的。因此，它们都与大规模的非裔美国人运动既有相同之处，又有很多差异。非裔美国人运动有两个主要的区域：第一，就是在美国整个南部地区，在这里非裔美国人总体上是少数，但在某些城镇是多数民族。第二，集中在东北部、中西部和西海岸的城市。其他有色人种都不具备这种地理上的强强联手的优势，但是也都有其特定的地点和区域。

在印第安战争以失败告终后，印第安人曾被限制在通常被用于贫瘠的监狱用地的保留地上。1954年后出生的一代人搬到了城市居住，他们遭受种族歧视和警察暴力的经历与保留地的"传统主义"的文化反抗交融在一起，这种燃烧导致了一场激烈的争取生存和革新的战役。

与此相仿，奇卡诺运动的先锋是第一代大学生，他们重申他们文化中反抗"盎格鲁"军队入侵的历史——19世纪三四十年代之后，美国侵占了当时的墨西哥北部地区。当时在美国的土地上零零散散地分布着一些印第安人，而奇卡诺运动则有其特定的地域——从西南部的德克萨斯一直到加利福尼亚的地区。

波多黎各人的运动很显然也是区域性的，锁定于纽约以及东北沿海地区，一直延伸到西部的芝加哥。波多黎各人的运动也是基于青年战斗和反殖民意识发展起来的。他们的岛屿在1898年的西班牙—美国—古巴战争中被美国占领，运动唤起他们使岛屿重新获得独立。运动同时也带来了战后移民问题：数以百万的波多黎各人利用他们的美国公民身份移居到了美国大陆。

在所有运动中，最难确定运动区域的莫过于亚裔美国人的运动了。这是一个特有的美国现象：运动使语言、信仰、文化和历史各不相同的日本人、中国人、菲律宾人和韩国人团结到了一起。在亚洲，这些人曾经彼此厮杀，甚至有时曾侵略过对方的领土。受种族主义和本土主义的影响，美国在20世纪20年代的立法明确规定禁止所有亚洲移民。此外，二战中美国活埋日裔美国人以及美国发动的朝鲜战争和越南战争使泛亚洲的人民站到一条战线上，并造就了一场极具潜力的运动。亚裔美国人运动的区域主要集中在西海岸少数亚洲人寄居的农村，包括唐人街、日本城和小马尼拉。

这些运动的参与者移民经历类似，并且运动都有一个区域中心。除此之外，这些运动还具有许多其他共同的特点。自由主义者和激进分子都认为白人政权只镇压黑人，所以他们很少同情其他受压迫的种族。当然，欧裔美国人知道印第安已被他们的武力粉碎，也知道墨西哥裔美国人是穷人中的穷人，还知道日裔美国人在第二次世界大战中都逃到了集中营里。简单地说，他们没有把这些经历当回事。只有一系列强有力的运动才能迫使美国白人(包括左翼分子)尊重这些争取自决、解放和权力的斗争。G. I. 比尔(G. I. Bill)和为贫穷而战的计划，以及20世纪五六十年代年轻人大规模上大学的浪潮为这些运动带来了一个重要的动力。这四个运动非常关注民族文化和民族身份，热衷于重新发现、重新标定、重新设想他们以前的民族和他们受压迫以及为之斗争的历史，这一点不足为奇。没有人甘愿屈服于他们在美国的二等公民的地位。在20世纪30～50年代，所有这些民族都曾发生过民权运动。虽然从1968～1973年为身份和骄傲感而战的斗争在新的时代背景下有了新的斗争特色，然而在这样红热的斗争氛围里，年轻人们与红色权力、奇卡诺权力和黄色权力的联手不是事出偶然的。

黑色、棕色、红色和黄色各个种族为夺回权力而进行的斗争之间有一个重要联系。在关键时刻，他们在美国国内组成"第三世界人民"阵线联盟，这条阵线的出现极具现实意义和象征意义。1968年，随着国家多极化，冷战自由主义兴起，新左派突然向左转。旧金山海湾这个积聚了20世纪60年代众多青年运动者的地带爆发了一场新的斗争。随着伯克利和旧金山州立大学里非裔美国人学生、墨西哥裔美国人学生、土著学生和亚裔美国人学生人数的急剧增长，这些学生自发地组织起来了。1968年秋和1969年冬，他们联合要求学校对他们的课程和管理进行彻底的改革：种族研究课程要由学生支配。第三世界解放阵线(TWLF)在旧金山州立大学和伯克利大学罢课成为20世纪60年代末期主要的激进主义运动，影响着全美国甚至全世界的学生。他们彰显了有色学生是如何自觉地为反抗白人强权而战，以及这些运动相互间动态的影响，不过我们后面的章节会把各个运动当做单独的现象进行研究。

红色权力和印第安人运动

通常，印第安人运动可以压缩为其最著名的组织运动——美国印第安人运动组织(AIM)，这个让我们很多人想起了黑豹党人的组织。美国印第安人运动组织在印第安人运动中起到了核心作用，但它既没能开展更没能领导草根运动。像60年代后期的许多其他斗争一样，红色权力的文化革命不能被简单视为一个单一的组织，它通常通过众多小团体的行动或个人自我发现传播着自身的协议。

对于新印第安人激进主义来说，要压制它的苗头并非一件易事。1969年11月，旧金山海湾阿尔卡卓兹(Alcatraz)岛上废弃的联邦监狱被查封。对新闻界和多数的新左派来说，这次事件标志着镇压运动的开始。然而，他们其实在冷战刚刚开始的时候就开始在部落的土地上为恢复印第安条约权力和主权而展开有组织的战役了；即使到了21世纪，这些运动在"印第安国家"仍然是核心问题。美国印第安人全国大会(NCAI)成立于1944年，这是一个稳健的民权组织，主要致力于影响并改变管辖保留地的昏庸无能的印第安事务局(BIA)。20世纪60年代末期是它的鼎盛时期，然而在此之前，这个组织早已开始了直接的行为抗议。在20世纪50年代，整个美国的好战的"传统主义者"组织通过非暴力民间反抗来阻止部落的土地被侵占，这其中纽约州的运动最为著名。"传统主义者"指的是反对被白人社会同化的印第安人。他们要继续使用他们自己的语言、他们自己宗教的惯例，要追随他们的前辈和精神领袖而不是印第安事务局资助的部落政府。他们与青年城市激进分子在20世纪60年代后期的联盟掀起了抗议、占据和武装反抗的浪潮，这次浪潮于1973年在伤膝谷(Wounded Knee)的谈判达到顶点。

1961年，来自90个部落的460名印第安人参加了极具历史意义的芝加哥美国印第安人大会，这清晰地表明越来越多的人加入了斗争。参加会议的其中十名学生受会议稳健基调的鼓动加入了一个激进主义运动。在此之后，他们集合起来并宣布他们是全国印第安青年理事会(NIYC)成员。这个组织为年长的改革者和青年运动鼓动者之间构建了一座桥梁。全国印第安青年理事会在20世纪60年代中期最早提出使用"红色权力"

这个说法，意思是通过直接对抗来维护印第安原有的生活方式。理事会出版了一个划时代的杂志叫做*ABC*(哥伦布之前的美国)。*ABC*吸引了数千成员的加入，其中最著名的领导是一个叫做克莱德·沃瑞尔(Clyde Warrior)的来自俄克拉荷马州的年轻彭加人。他慷慨激昂、清晰有力地告诫印第安人必须要以自己为荣，并阐释了其中的原因。克莱德·沃瑞尔因而成为印第安青年的英雄(克莱德·沃瑞尔于1968年英年早逝)。全国印第安青年理事会利用1963年华盛顿州计划鼓动另一股重要的力量朝着激进主义发展，这股力量在黑人工人革命队南方社区的组织中起到了一定的表率作用。此次运动重点是维护历史性条约中规定的权力。尽管州议会已经废除了这些权利，但他们仍要保护在太平洋西北部部分河流的捕鱼权不受限制。"捕鱼权"问题遭遇了暴力的警方干预，但是汉克·亚当斯(Hank Adams)(后来重要的运动领袖和理论家)使马龙·白兰度(Marlon Brando)这样的名流参与进来，因而引起了全国新闻界的关注。没过多久，这些运动成功地恢复了条约规定的权利，也引发了之后几十年里许多类似的运动——这些运动书写了当地美国人从20世纪60年代开始从根本上提升他们的合法地位的历程。

1965年后，人们越来越清楚地认识到一个"新的印第安"时代已经到来了，他们不愿意接受印第安事务局也不愿意接受与贫穷式的家长作风展开的战争。在俄克拉荷马州的山上(这个州曾经被国会指定为印第安国土，属于从东部移居来的部落，但到了20世纪初期被白人侵占)贫穷的克里克农民将自己武装起来。沉默的美国印第安人全国大会指定了一个新的执行主管小维恩·狄劳瑞(Vine Deloria Jr.)。小维恩·狄劳瑞的实用激进主义的呼声引起了大家的共鸣。他又于1969年以畅销书《卡斯特因你的罪过而死：一个印第安人的宣言》引起了美国白人的注意。他们世代以来都是进入华盛顿并无条件地服从美国政府的所有决定，终于在1976年，部落的领导们出席了白宫贫穷大会。

一方面，新兴的印第安人运动在保留地上的冲突日益频繁，更为重要的另一个方面是随着非裔美国人从美国南部移居到美国的北部和西部城市，整体人口逐渐流向城市地区。20世纪五六十年代，政府实施了"重新部署"计划，政府为当地美国人提供车票并保证提供良好的工作培训，这一举措使得众多印第安人搬到了城市。实际上，政府的真实目的是重新分配人口，最终"消除"贫穷的保留地。为回应政府这一决策，教友派信徒和其他自由主义的白人教堂组织在当地建立起律师事务所和健康诊所以及社区中心以帮助这些移民。尤其是在海湾地区和明尼阿波利斯圣保罗，这张逐渐扩大的社会服务中心的大网为激进主义提供了温床。受类似黑色政权运动的刺激，新的城镇居民与白人融合在一起(虽然这些白人们既不知道拉科他苏族与南部达科他的区别，也不知道卡托巴部族与卡罗莱纳的区别，当然他们更从未想过要关心它们之间的区别)，于是一个新的泛部落身份诞生了。在美国历史的大部分时间里，印第安人都将自己视为操着异国语言并生活在美国各地的异族人民。现在他们开始将自己首先定义为印第安人，然后才是部落成员。在这个背景下出现了印第安所有种族的联合，于是上演了阿尔卡卓兹占据。

从某个方面来讲，阿尔卡卓兹正等待着占据的到来。1969 年，尼克松当选，当时的战争看上去没有止境，黑豹党与警方频繁的枪战，各方新的运动涌现(包括妇女解放、同性恋解放等)，于是 1969 年成了 60 年代大规模激进运动的最高峰。海湾地区被公认为刀刃地带，最激烈的反文化运动全部汇集在该地。继联合所有有色人种学生参加的第三世界解放阵线罢工之后，第一个印第安人研究计划在伯克利和旧金山州展开了。在整个加利福尼亚，青年印第安人首次进入了大学学习，同时这些人也都被黑人工人革命队、学生争取民主社会运动、黑豹党、反抗团以及其他新左派组织招募到了突击部队成为了新兵，他们当中有未婚的、半失业的、智力上有些障碍的，也有自由的年轻人。对新一代的印第安人激进派来说，阿尔卡卓兹是他们的战斗口号。

自从联邦政府 1963 年关闭了岛上的监狱开始，海湾地区的报纸和人民对如何处置这个位于旧金山海湾、位置优越但却声名狼藉的岛屿展开了广泛的辩论。1964 年，一小群印第安人企图占领这个岛屿，但以失败告终。1969 年 11 月，一个源于海湾地区印第安人联盟的社区领导组成了一个特别的组织，其领导是一个来自纽约的莫霍克人，名叫理查德·欧克斯(Richard Oakes)。他们做了一些策划之后，几乎没带任何物资，在一天夜里借了一只船，驶到岛屿附近。欧克斯担心遭遇难堪的失败，于是其他几个人潜入海湾到达了海岛。在那里他们奇袭了一个看守者，于是占据开始上演了。

第二天，几十个来自各个部落的印第安人来到岛屿，跟随他们的还有一大群记者、观众和名流参观者。新闻界收到一份慷慨激昂的声明，很多人捐钱资助此运动。克里登斯清水河再现乐队捐赠了一艘船。占据发言人频频在各个地区的电视上发言。全国上下的印第安人因感觉获得了再生而振奋。然而，几个月过去了，占据本身变得越来越混乱。因为缺乏有力的领导，各界人士在大陆和岛屿间自由往来，此时的尼克松政府正在争取时间。1971年6月，占据最终瓦解了，当地美国大学崇高的希望——建成一个文化中心，以及其他许多的希望都最终被遗忘了。从大的方面来看，重要的是占据确实发生过。在这之后又涌现出数十个对空闲的联邦设施(根据各个条约的规定，印第安人可以利用这些设施)、罗斯摩尔山以及在保留地附近的导弹基地等的占据。印第安人戎装待发，但问题是他们下一步要侵袭哪里。

在阿尔卡卓兹运动之后的国家起义中，美国印第安人运动宣称自己是印第安人反抗的先锋。美国印第安人运动始于1968年明尼阿波利斯的一个印第安人组织，其宗旨是监控警方(这点与奥克兰的黑豹党非常相似)并向政府机构及慈善机构施压，迫使他们公平对待印第安人。美国印第安人运动是有效的军事化领导的典范，于是其他地区也纷纷建立了该组织。到1969年，美国印第安人运动已经成为了一个全国性的组织，它同时也是美国印第安人全国大会、全国印第安青年理事会以及其他很多稳健组织的主要竞争者。运动的领导包括奥吉布瓦族印第安人丹尼斯·班克斯(Dennis Banks)、备受争议但善于电视作秀的罗素·米恩斯(Russell Means)。其中罗素·米恩斯的母亲是来自全美国最大、最穷的地区——南方达科他杉木里奇保留地的一名奥加拉拉苏人。这些人都念过印第安事务局的寄宿学校(这个学校里的印第安青年如果讲自己的语言就会遭受毒打)，他们也曾因犯了小错误被关进监狱。他们知道所有屈辱的印第安人在白人统治的城市里所遭受的苦难，这使他们成为老练的、精明的煽动者。白人教师、警察和店主把印第安人当成可怜的醉鬼一样对待，而美国印第安人运动降服了这些白人。在他们陶醉于自己这个能力的同时，美国印第安人运动骨干唤醒了第三世界的游击队，同时也唤醒了保卫部落的传统的“勇士社会”。虽然缺乏一个具体的革命和改革计划，但他们正在寻求一次战斗以告知世界印第安人未被击败。于是他们在南部达科他苏人保留地这个印第安人聚居的中心找到了他们的战场。

一个微不足道的印第安人事件突然间使美国印第安人运动组织获得了非凡的名望和魅力。1972年2月，51岁的苏族人雷蒙德·黄·雷(Raymond Yellow Thunder)被发现死于内布拉斯加州的戈登。戈登是一个白人边缘城镇，这里的人们以向印第安人卖酒为生。雷蒙德·黄·雷在酒吧外遭到白人毒打之后被冻死。当局对他的死没有采取任何法律行动，身为杉木里奇“传统主义分子”的他的亲戚们对他的死感到异常悲恸，要求美国印第安人运动组织介入并讨回公道。上百名来自各州的义愤的美国印第安人运动组织的年轻成员潮水般涌入戈登，关闭了整个城市并进行联合抵制。一个星期之后，这个城镇的权力机构屈服了，保证要进行一系列的法律转变和改革。这是继疯马(Crazy Horse，一个杰出的印第安人苏族领袖)时代后的第一次重大突破。美国印第安人运动组织从此吸引了很多人加入。像黑豹党一样，这个组织采用了很简单但很另类的制服(里维斯、红色大手帕和太阳镜)，并吸引了喜欢曝光所有暴力运动建议的白人记者的注意。另外，和黑豹党一样，他们自愿参加武装自卫，并为此付出了很大的代价。

接下来，印第安人运动的任务是发动第二次占据，这次规模更大而筹备却更少。1972 年秋，美国印第安人运动组织和许多独立组织决定组织一个毁约之旅，在华盛顿特区汇合，共同对抗联邦政府。从西海岸出发然后到圣保罗汇合，几百名疲惫不堪的印第安人终于赶在总统大选六天前，也就是 11 月 1 日，到达了美国的首都。由于领导部署不善，这些人都没有个落脚休息的地方，也没有食物充饥。更让人意想不到的是，他们突然间占领了印第安事务局总部的会堂。面对警方的威胁，他们占据了整个大楼并将其改名为印第安人大使馆。他们找来所有的莫洛托夫鸡尾酒，年轻的印第安人边喝酒，边用桌子腿做成了粗糙的矛和棍棒，站在台阶上等待袭击美国政府。在大选当日的最后一刻，政府发动的一次武装袭击轻而易举地降伏了他们，尼克松政府官员与他们协商，让他们撤退。在政府支付了汽油钱后旅行队狼狈地离开了华盛顿。他们没能使政府做出任何让步。但从某个方面来说，旅行队很像阿尔卡卓兹，他们只是大张声势的象征性的反抗而已。

所有这些著名的事件和许多其他地方性的抗议、占据和对抗，引发了最具时代意义的行动，那就是在杉木里奇保留地的奥加拉拉民族在伤膝谷宣布了独立。这对印第安人以及布朗(Dee Brown)的畅销书《在伤膝谷埋葬我的心》的上千万白人读者来说，情感上受到了巨大的震撼。1890 年，印第安人最后一次反抗白人入侵平原的战争在这里以血淋淋的结局告终。在这个寒冬的对抗中，卡斯特原第七骑兵团的骑兵们手持新型的格林机关枪，残杀所有的苏族人民。第七骑兵团曾于 1876 年在小大河角战败，为了报复，他们将多达 300 名男人、女人和孩子枪杀在雪地里。印第安人的记忆里永远都抹不掉这次屠杀的阴影，美国印第安人运动组织领导认为，选择伤膝谷作为武装反抗地将会更有利于他们的领导和指挥。

占据没有随着美国印第安人运动组织的建立而开始。比特拉华州还大的杉木里奇是美国最穷的地方。这里历来不乏凶残的部落内部的派系冲突。部落主席迪克·威尔森(Dick Wilson)是一名保守分子，印第安事务局是他的后台，他对“传统主义分子”和奥加拉拉苏人民权组织(OS-CRO)的年轻运动者的镇压是最晚发生的一次斗争。奥加拉拉苏人民权组织指责威尔森是一个腐败的独裁者，他使用美国马歇尔准军事的特殊运转组织以及他的私人义务警员胁迫反对者。奥加拉拉苏人民权组织请求美国印第安人运动组织协助他们对抗威尔森和美国印第安人运动组织所谓的威尔森的“打手”(威尔森把他们叫做奥加拉拉国家侍卫)。在又一名印第安人在一次酒吧争执中被害后，美国印第安人运动组织从南部达科他开出了一条小路，承诺将彻底关闭拉皮德城，并在卡斯特镇与警方展开激战。在1973年2月下旬，米恩斯和其他美国印第安人运动组织领导与五位德高望重的首领以及奥加拉拉苏人民权组织会了面。为了回应他们的请求，美国印第安人运动组织带领几百个男人、女人、老人和孩子组成了一支队伍，进入了伤膝谷。他们建造了简单的防御工事，看上去让人感觉很像一个武装了的营地。他们郑重声明要求驱逐威尔森，并要求参议院召开有关苏族人困境的听证会。虽然美国印第安人运动组织和它的支持者们只有几杆来福猎枪，但政府认为这次行动是全面的暴乱，很有可能演变成当地美国人与白人直接的游击战。在美国土地上部署的美军，连同全副武装的联邦调查局特务、司法部法警、印第安事务局警察、威尔森的“打手”以及白人义务警官非法定期扫荡这个小小的村庄。在为时71天的对抗中尽管有无数次交火，但只有两名印第安人死亡。全国乃至全世界关注的焦点都集中到这次自20世纪以来印第安人第一次主要的武装反抗。最后，美国印第安人运动失败了，通过与美国政府的协商，对抗结束了，美国印第安人运动组织投降并上缴了他们少得可怜的装甲。

在伤膝谷经历了这次灾难的洗礼后，联邦和州政府展开了一场精心策划的大规模袭击。为了束缚并瓦解美国印第安人运动组织，联邦和州政府裁决了562名运动者，造成印第安人激进主义运动急剧减少。威尔森的奥加拉拉国家侍卫杀害几十名军人，低水平的战斗还在杉木里奇持续着。在1975年的枪战中，两名联邦调查局特务被杀害，美国印第安人运动组织成员伦纳德·珀尔贴(Leonard Peltier)因此被判终身监禁。这些年也出现了如一位历史学家曾提及的“印第安人复兴”：随着一系列划时代的国会议案的通过，各个部落恢复了应有的地位和基本的自主权力。新的印第安人引领的法律、文化、教育、经济得到发展，民权组织在20世纪70年代迅速增多。通过一系列重大的法律案件的斗争，印第安人开始恢复这些土地的使用权，并开始行使旧的条约中赋予但一直被忽视的特权。人口普查显示，这一代人中仍视自己为印第安人的人的数量增长了三到四倍。回顾20世纪，即使是最富有同情心的观察家们都相信印第安人很快会灭绝，但目前的状况显示了印第安人生活的卓著的新开端。人口的激增与主流民权改革(改革成红色权力，一个始于阿尔卡卓兹，后以美国印第安人运动组织勇士为象征的很壮观但偶尔有些暴力的反抗)之间的关系还是很复杂的。占据与对抗以及反抗的威胁是否引起了政府和国会的注意，它们是否做出了让步？还是激进派只起到助燃作用，激发新的一代和新的意识在烈焰中产生？几年之后，印第安人运动的老将会批判对抗过于冲动，出现了很多问题，例如过于注重武装运动、反理智主义以及忽视了长期的计划，然而不可否认的是，从阿尔卡卓兹到伤膝谷的运动改变了印第安人的命运。

阿特兰的奇卡诺政权运动

20世纪60年代末期，墨西哥裔美国人权力运动突然爆发，但这并不等同于墨西哥裔美国人运动的开始。在第一次世界大战的几年中，墨西哥的农场工人与德克萨斯的突击队员在格兰德河峡谷不宣而战，成百上千的人在战争中被杀害。1929年，旨在保卫墨西哥裔美国人尊严和权力的全美拉丁裔公民同盟(LULAC)在德克萨斯成立。在接下来的20年里，一系列稳健的、主张同化的组织相继出现，同时出现的还有由西班牙语民族大会同各个产业工会联合会联盟的共产党领导的激进派。在其他政权运动发展的同时，二战老兵从战场归来了，他们的归来引发了一种新的政治意识，他们要通过大兵论坛、加利福尼亚的墨西哥裔美国人政治联盟(MAPA)和后来德克萨斯州的西班牙语组织进步联盟(PASSO)建立种族选举。亨利·B. 冈萨雷斯(Henry B. Gonzalez)于1956年被选为德克萨斯州参议员，并于1961年进入国会。爱德华·罗易堡(Edward Roybal)是洛杉矶城市委员会的第一名墨西哥裔美国人。1960年“肯尼迪万岁!”俱乐部掀起了墨西哥裔美国人大众运动的浪潮。人们惊奇地发现他们不再像以往那样把选票都投给共和党了，这次更多墨西哥裔美国人把选票投给了民主党，他们确信民主党将会给他们应有的权利，然而肯尼迪就任之后，墨西哥裔美国人政治家却被忘却了。

在这些年里，许多墨西哥裔美国人坚持要求获得和“白人”拥有同等的法律权力。虽然在整个美国西南部他们要读与白人分离的学校，他们要住在种族隔离区，然而他们不想被当做有色混合种族对待。这其中更为复杂的一个因素是他们和白人之间存在的区域差异和文化差异——即使在同一个州，这些差异也相当明显。墨西哥人在德克萨斯州南部白人统治的以种植业为主的县城里占绝大多数。在加利福尼亚，墨西哥裔美国人是这个多元社会的少数民族之一，最为贫穷的墨西哥裔美国人以及很多从墨西哥过来的非法移民在中心峡谷等农村地区工作。最后要说的是，在新墨西哥和南部科罗拉多州有一个叫西班牙的民族。这个民族内部文化差异巨大，他们自从几个世纪前的第一代定居者开始，就一直居住在古老的山村里，然而 1846 年至 1848 年发生了墨西哥战争，战后美国占领了西南部。1965 年之后，每当一个新的激进派迅速发展起来时，反抗的中心和全国的注意力都会从其他地方集中到这个运动发生的地区，因为每个州和城市都有自身截然不同的政治风格，事实证明很难将许多地区性和区域性的组织或运动统一成国家性组织或运动。

1965 年，政治运动有了新的方向——要成为勇敢的奇卡诺人而不是顺从的墨西哥裔美国人。“奇卡诺人”是种轻蔑语的说法，指的是非美国化的工人阶层的墨西哥裔美国人；学生运动家使用这个说法其实是一种自豪的象征。同样的，La raza(意为“种族”)指的是拉丁美洲的所有人民。新的运动有几个启示：一方面它代表着非裔美国人激进派的崛起，另外它还意味着传统政治的大坝决堤了。由老兵社区组织者、虔诚的天主教和平主义者恺撒·查韦斯(Cesar Chavez)领导的美国农场工人同盟使美国上下认识到了奇卡诺人以及奇卡诺人意识的存在。过去，一代又一代贫穷的墨西哥人越过边境，和其他移民一道，在广袤的西海岸的土地上劳作。他们人数众多，但极为分散，要把这些贫穷的且没有公民身份的人都变成选民统一起来是不可能的。从 1962 年开始，查韦斯(Chavez)和他的几个同僚一起组成了一个小团队，为日后他们要建立的同盟做好了初步的准备。1965 年，加利福尼亚中心峡谷迪拉诺的菲律宾生菜收割人员发动了罢工，他们参与其中。查韦斯使这次罢工演变成了一个全国范围的运动，宣布实施“迪拉诺计划”，号召所有的农业工作者发动非暴力斗争争取社会平等。这种非暴力的斗争形式一直持续到 20 世纪 70 年代：首先，他们发动罢工，顽固的雇主必然要抵制罢工，最终导致了在警戒线上频繁的暴力冲突；然后，他们的斗争获得了美国农场工人同盟的支持，这些支持来自同盟运动以及自由的天主教徒，肯尼迪家族就是其中之一；最后，他们发动全国范围的消费者联合抵制。向来被比做金博士的查韦斯在关键时刻进行了长时间的斋戒以引起全国的关注。美国农场工人同盟没有能联合起众多加利福尼亚的农业劳动者，他们在其他地区组织运动也遇到了层层困难。尽管如此，农业劳动者们还是逐渐从一些主要的种植者手中获得了合同，雇主们不能再无视他们的利益。查韦斯1967年上了《时代》杂志的封面，这象征着他成为了当时最出名的奇卡诺领导人。他同时也是参议员罗伯特·肯尼迪(Robert Kennedy)的好朋友。这个时候的肯尼迪也在向左派发展。查韦斯和美国农场工人同盟在激进派和许多自由主义分子中创造了惊人的奇迹，大家都认为农场工人代表了整个奇卡诺运动。

事实上，查韦斯从来没有表明要为所有的墨西哥裔美国人声讨。他的目的是在田地里建立一个可行的同盟而不是发动一个要包围城市的奇卡诺运动。美国农场工人同盟激励着更大规模运动的兴起，但与其他的运动相比它又保持了独到的特色。刘易斯·瓦尔迪兹(Luis Valdez)等运动者将美国农场工人同盟推向了一个更大规模的运动。刘易斯·瓦尔迪兹是一名激进派学生，他来到迪拉诺创建了同盟的农民剧院，这象征了新的奇卡诺意识：他们因混合种族和劳动者阶层的身份而自豪。鲁道夫·考奇·冈萨里斯(Rodolfo “Corky” Gonzales)曾经是一位拳击明星，后来做了商人并在丹佛成为一名迅速崛起的民主党运动家。他把主要力量直接转向建立一个组织有序的国家运动。到1965年为止，他早已对白人民主党成员控制墨西哥选民的一贯作风感到极端厌恶。冈萨里斯宣布独立并成立了司法改革运动组织，该组织是二战后墨西哥裔美国人第一个激进的民权组织。司法改革运动组织属于军事民族主义，它迅速成为了丹佛和新兴奇卡诺政治的主要参与者。冈萨里斯自己写了一首长诗，名为《我是乔昆》，激发墨西哥人和奇卡诺人的历史情结。这首诗深深地影响了许多学习英国历史长大的青年奇卡诺人。

美国境内发生了墨西哥人保卫自己土地的斗争，这一古老的墨西哥理想的复苏带给人们同样多的振奋。在美国北部的新墨西哥，古老的农场和村庄要追溯到很久之前西班牙国王封赏的土地，在此很久之后美国才出现。自从1848年美国侵占了这片土地，这些土地就被商人和政府官员们偷走或掠夺了，最后又被建成国家公园。当地穷困的居民们逃到了新墨西哥州中部大城市，于是西班牙的印第安人村庄逐渐衰落了。20世纪50年代后期，一个新教会的施洗礼的巡回牧师里兹·洛配兹·提华纳(Reies Lopez Tijerina)开始鼓动收回土地。1963年，他成立了土地受封联邦同盟，并组织了一个小型的农场主军事运动。1966年，同盟逮捕两个试图阻止他们的突击队员，占领了国家森林公园并宣布成立自治政府。1967年6月5日，提华纳带领二十名武装分子来到提拉·亚买利加

(Tierra Amarilla)的法院，拘捕了当地的地区律师，此时运动仿佛发展到了顶峰。在拘捕过程中一名狱卒和一位州警察中枪受伤。在 2000 名国家侍卫和警察的追赶下，提华纳的这支小部队撤退到山里。在投降后，提华纳经过陪审团裁决被无罪释放。这个同盟持续了好几年，它煽动新墨西哥在全州乃至国家范围宣布独立。在全国范围内，提华纳与黑豹党和当地美国人运动的共同点是，他们都认为他们属于被侵略的种族，正如奇卡诺研究的发起人之一、历史学家鲁道夫·阿库尼亚(Rodolfo Acuña)所说的“被占据了的美国”。

像恺撒·查韦斯和考奇·冈萨里斯一样，提华纳开创了一种新的领导模式。出于对同化和传统政治的鄙视，提华纳要为保卫他的人民而战，即使牺牲自己的生命也在所不惜。冈萨里斯的事例激发了奇卡诺政治的又一次浪潮，那就是 1967 年到 1971 年青年起义的爆发。德克萨斯州和加利福尼亚州的大学里最早成立了数十个墨西哥裔美国人组织，这种快速的进展是史无前例的。从 20 世纪 60 年代开始，由管理者做后盾，美国校园里不同种族、不同宗教、不同文化的组织越发活跃起来，美国大学里接受多样性和多元文化在当时来讲还是一个崭新的概念。在此之前，美国大学即使声称校园里有其他种族或非白人文化，人们也是绝不会相信的，人们更不会相信人口占少数的种族能在美国大学里念书。1967 年秋天在圣安东尼的圣玛丽大学出现了墨西哥裔美国青年组织(MAYO)，洛杉矶周围的大学里出现了联合墨西哥裔美国学生组织(UMAS)，北卡罗莱纳的大学里出现了墨西哥裔美国学生联盟(MASC)。这些组织的同时出现标志着一个新的斗争启程了。最初，这些组织致力于帮助墨西哥裔美国学生获得进入大学读书的权利，并同时组织美国农场工人同盟的支援力量。但在 1968 年 3 月这一切发生了巨大的改变，一万五千名墨西哥裔美国学生走出教室，抗议课程安排中的种族歧视、教师虐待以及社区缺乏投入等普遍问题，洛杉矶高中学校的运动像炸弹一样爆发了。这是美国历史上第一次由墨西哥裔美国人组织的大规模的公众抗议。为反抗数十年的同化主义，墨西哥裔美国学生组织在这次历史性的战斗中充当起了领导人的角色。虽然斗争有十三个领导被指控重罪，但学生运动还是在跳跃式地发展着。与此同时，另外一个名为“棕色贝雷帽”的洛杉矶组织有意识地模仿黑豹党，以他们吸纳街头青年和准军事的风格吸引了媒体的广泛注意，然而他们却没能像黑豹党一样最终发展成为一个全国性的组织。“贝雷帽”和众多学生组织在有史以来墨西哥裔美国人最大的抗议中起到了至关重要的作用。这些抗议也是反越南战争运动的扩展：

1970 年 8 月 29 日奇卡诺休战会议中，两万五千名奇卡诺人在洛杉矶和平集会反对越南战争。他们遭到了全白人洛杉矶警方这个臭名昭著的镇压工具的袭击，在袭击中三名示威者被杀。其中一名是众人敬仰的《洛杉矶时报》的记者鲁本·萨拉萨尔(Ruben Salazar)。警察在没有任何警告的情况下开了枪，催泪瓦斯罐砸中萨拉萨尔头部，萨拉萨尔当场死亡。

从 1969 年到 1971 年，学生领导的奇卡诺激进政权运动有点像革命起义，但看上去永无止境。这段时间里发生的奇卡诺休战会议稍显短暂。1969 年 3 月，考奇·冈萨里斯在丹佛召集了一个全国性的奇卡诺青年解放大会，一千多人参加了大会。会议通过了《阿特兰精神纲要》。阿特兰(Aztlán)是印第安语，指的是被侵占的后来成为美国西南部的地区。那个年代中这个词被广泛应用，它象征着激烈的文化民族主义，这种文化民族主义扎根于他们的本土身份，而不是后来被外国殖民者占领并强迫他们承认的"美国"。一个月之后，来自主要大学组织的 100 名学生领导汇集圣芭芭拉，成立了阿特兰奇卡诺学生运动组织(MEChA)，主张恢复他们原有的文化，即先前墨西哥人民和曾与西班牙人做斗争的那瓦特印第安人的"古代地方自治主义"。阿特兰奇卡诺学生运动将自己视为奇卡诺解放运动的先锋，主张利用大学以及学生掌管的奇卡诺学习计划作为基础，在地方社区组织穷人和被剥削的人民(那些"疯小子们"，或者说他们也是有可能变成流氓的人)共同加入到大众运动中。在加利福尼亚，每个大学校园都建立了奇卡诺学习计划，可以说阿特兰奇卡诺学生运动在加州取得了极大成功。然而，几年后，随着学生们毕业当了教授，因为一些制度和自身职业的缘故，他们不能再发动激进运动了，于是墨西哥民族精神的激进成分在很大程度上被降低了。到 1973 年为止，阿特兰奇卡诺学生运动已经变成了一个松散的全国奇卡诺校园组织网络，直到今天仍然如此。许多墨西哥裔美国政治家都将他们的政治觉醒归功于这个学生组织，加利福尼亚前副州长克鲁兹·布斯塔曼蒂(Cruz Bustamante)就是其中的一员。

同样是在这些年中，先锋的角色被传递给了奇卡诺政权的最后一次主要的运动，那就是种族联合党(LRUP)。种族联合党进行了辉煌但短暂的尝试，他们想要在民主党人和共和党人之外获得独立的选举权。阿特兰奇卡诺学生运动将大本营建立在加利福尼亚，主要从事军事抗议和校园政治，与此同时在南部的德克萨斯州成立了种族联合党(La Raza Unida)，因为在这里墨西哥人数年来都梦想着凭借众多城镇墨西哥人的人口优势夺取当地政权。1969 年 5 月，墨西哥裔美国青年组织学生领导人古提瑞兹(Jose Angel Gutierrez)选择了水晶城(1963 年墨西哥裔美国人在这里获得了政权)作为目标，在此展开斗争。首先，学生发动袭击使城镇分化，然后古提瑞兹组织了一个选民登记处，并动员组织成员去挖掘参加选举的候选人，最后于 1970 年 1 月扫除了所有障碍，赢得了所有当地种族的选票——20 世纪墨西哥裔美国人首次获得了城镇的管理权。种族联合党在德克萨斯州发展迅速，丹佛的司法改革运动、阿特兰奇卡诺学生运动以及加利福尼亚的其他组织纷纷成立了种族联合党的分支。像阿特兰奇卡诺学生运动一样，种族联合党拥护文化民族主义以及实用性的、彻底的改革。同黑豹党一样，除革命言论外，他们还想在社区控制和家规等方面进行部分实用性的尝试。

然而，种族联合党没能持续下去。种族联合党在不同州和当地的分支分别采取单独计划，彼此的重点也截然不同。除德克萨斯州的部分地区之外，种族联合党的主要影响就是赢得了自由民主党候选人的选票，他们中大多数是墨西哥裔美国人。一些运动者认为他们可以通过运动教育世人，而其他一些人则希望能获得政权。在 20 世纪 70 年代早期其他运动不停发生的同时，对马克思列宁主义理论的再发现引发了激烈的争论和分化，于是以马克思列宁主义为指导的文化民族主义运动受到了极大挑战。1972 年的 9 月种族联合党举行了第一次，也是唯一一次全国大会，在会上古提瑞兹与考奇・冈萨里斯展开了竞争：一个支持通过选举获得实际权力，一个转向意识形态的社会主义政治，于是派系斗争很快使种族联合党分裂了。到 20 世纪 70 年代中期种族联合党就彻底消失了。然而，曾经的组织者许多都转向了民主党政治。同时，新的机构层出不穷，例如西南选民登记教育工程、墨西哥裔美国人法律防卫和教育基金会，以及全国种族联合理事会。20 世纪 80 年代和 90 年代奇卡诺人成为重组的民主党联盟的一个重要组成部分，并越来越得到人们的尊敬。

在之前的数十年里适应力极强的墨西哥裔美国人否认他们的文化遗产，拥护英国对美国的定义，而奇卡诺运动强制性地结束了他们多年的沉默和所受的屈辱。墨西哥人的历史和文化成为我们国家的组成部分，奇卡诺学在学术界也占有一席之地。有些主流政治家和组织者自称是奇卡诺人，有些人更中立地称呼自己“西班牙人”，他们都进入了激进派所开创的领域。1976 年国会成立了一个西班牙人政党会议。到 20 世纪 90 年代为止，前圣・安东尼市长亨利・希斯诺斯(Henry Cisneros)、前丹佛市长费得里科・裴纳(Federico Pena)、前美国众议员比尔・理查森(Bill Richardson)等墨西哥裔美国人都成为了主要内阁部门的首脑。然而，墨西哥裔美国人(例如在西南和其他地方加入墨西哥裔美国人的中美洲人)仍然在血汗工厂做门卫和劳工，在农地里劳作，他们仍是美国社会最贫穷的群体之一。随着有色人种纷纷起来斗争，奇卡诺运动的成效让人感觉不那么显著了。它虽然没有结束统治阶级的压迫，但它改变了被压迫人民的意识，为被压迫者塑造了一个新的身份。

亚裔美国人和波多黎各人的运动

亚裔美国人和波多黎各人的运动远没有当地美国人和奇卡诺人的运动效果显著。运动既没有出现像神圣的恺撒·查韦斯或臭名昭著的罗素·米恩斯这样全民皆知的著名人物，也没能形成像伤膝谷和奇卡诺休战会议那样规模的对抗。然而，他们在自己的社区、在某些特定的城市的影响力还是很大的。

亚裔美国人运动虽然提倡泛亚洲意识，但是这场运动是由华裔美国人和日裔美国人领导的。在美国社会他们是人数最少的种族，但他们形成的却是最大的组织。(1960 年的人口调查显示在所有种族中亚裔美国人人数不足 100 万；到 1970 年，这个数字增长到 140 万；在接下来的二十年里亚裔美国人的数量增长了 500%，达到 730 万。)亚裔美国人运动有两个与奇卡诺运动极为相似的目标：第一，通过建立亚洲人学习计划，恢复并坚持亚裔美国人学习自身的历史和文化；第二，改革贫穷的移民社区，改革佃户社会和血汗工厂(这些是参观唐人街上的饭店的旅行者们从未见过的)，并赋予亚洲移民真正的权力。亚裔美国人运动与奇卡诺运动另外一个相似点就是，它们运动的模式很相似。像奇卡诺运动一样，亚裔美国人运动最早始于学生组织，这些全新的组织很具政治性，它们逐渐掀起了全国性的运动。越南也是亚裔美国人运动的一个重要动力。在亚裔美国人对深重的种族战争变得愤怒的同时，美国军队机器的报复心越来越强，它们将所有的越南男人、女人和孩子们贬低为野蛮的“gook”。亚裔美国人分遣队和他们印度的兄弟姐妹开始进行了一些重要的反战示威，他们举着自己的标语，号召大家团结起来。

湾区再次被证明是发动对抗和实现自我的首选地。对亚裔美国人来说，第三世界解放阵线斗争有着特殊的意义：在美国，这些亚洲人之前从来没有作为“亚洲人”这样一个整体出现在美国，也从未以日裔美国人、华裔美国人或菲律宾裔美国人的单个小团体出现过。跨越文化与历史的层层障碍，这些人在斗争中确立了他们的新身份。1967 年全美国的大学都成立了中国学生联盟，1968 年在伯克利和旧金山均成立了亚裔美国人政治联盟(AAPA)，但是第三世界解放阵线的动员使全国上下都产生了紧迫感。东海岸的耶鲁和哥伦比亚建立了亚裔美国人政治联盟，与此同时类似的组织在整个美国纷纷建立起来。1969 年 1 月，一个由 900 人参加的“黄色身份”会议在伯克利举行。在接下来的一个月，加利福尼亚洛杉矶大学的五名在校生创立了一个叫吉德拉(*Gidra*)的月报，成为了新运动的非正式报纸。吉德拉的总部在加利福尼亚大学洛杉矶分校(UCLA)新建的亚裔美国人学习中心。加利福尼亚大学洛杉矶分校是一个新的学术主体的先锋，在接下来的几十年里它扎根加州，对亚裔美国人运动产生了深远的影响。

毫不稀奇的是，这些学生激进分子察觉到他们应该刻不容缓地回到他们的限制区为取得社会平等而战。其实，像许多其他种族一样，中等阶层的亚裔美国人分散在美国各个角落，很不集中，学生激进分子也大多是从美国各地第一次来到限制区的。华裔美国人青年在美国西海岸和纽约市开放了社区中心，挑战支配华裔美国人的极端保守的商业机构，这些华裔美国人和台湾的反共国民党(民族主义者)属于统一战线。旧金山的青年运动者们建立了红色保卫队，成了毛泽东的追随者。他们通过放映中国内地的电影，吸引了大批急于了解家乡信息和风貌的人们。这些社区团体组织戏剧和舞蹈演出，为非法移民提供药物滥用咨询和法律援助，他们还支持联盟运动，发动诸如抗议广告中使用种族肖像等许多活动。菲律宾人、韩国人、越南人以及其他亚洲人都在各自的社区建立了小的团体与组织。与此同时，他们要求政府向二战中被拘留在肮脏监狱里的数千名日裔美国人进行赔偿和公开道歉，这些活动逐步取得了进展。

亚裔美国人的激进运动在 20 世纪 70 年代中期惨淡了下来，但是运动并没有中止。与之前相比，这些运动的形式更具制度性、更为稳健。在亚裔美国人学习计划正在努力筹集资金、维护学术合法性的同时，社区组织正在努力使他们的社区成为不再被侵占的固定居所。一些极为专注的激进分子加入了小规模的新型共产主义组织，宣称自己是中国的无产阶级文化革命的特殊嫡亲，中国无产阶级文化革命要发动群众对抗官僚政治，他们也要一道对抗官僚主义。然而这些纪律严明的组织相互之间发生残酷斗争，同时他们疏远了很多亚洲社区的组织，致使运动没能取得最后的胜利。但是，此次运动在最初阶段(1968 年到大约 1975 年)产生的积极成果是很明显的，它使亚裔美国人意识到他们的种族经历；它使人们勇于面对种族主义；它促使许多新的组织纷纷建立起来；此外，它是亚洲人走上选举舞台等一系列政治运动的良好开端。

纽约的波多黎各人运动的形式与此相似，但有两个显著区别。首先，波多黎各在当时乃至现在都是美国的一个殖民地，在法律层面上讲波多黎各是由外部政府控制的独立领土。第二，由于上述原因，波多黎各在历史上发动过独立战争，斗争也曾掀起过一股武装斗争的浪潮，但是二战后岛上三分之一的人口都移民到了美国，波多黎各人运动也随之转移。在20世纪上半叶，康波斯(Don Pedro Albizu Campos)领导的民族主义党一直支持波多黎各政治独立。20世纪30年代和40年代，民族主义者发动了几次地方性的起义，但都被镇压了下来。1950年，民族主义者奥斯卡·科拉索(Oscar Collazo)曾试图在白宫附近暗杀杜鲁门总统。1954年，四个民族主义者在众议院的走廊里开枪袭击，导致数个国会议员受伤。这些袭击均是波多黎各受美国控制的自治共和国正式建立之后发生的，这更使得波多黎各永远不能摆脱美国佬的统治了。这五个人“出了名”，被判处终身监禁。一些好战的青年从国内的马尔科姆·X那里，以及古巴和第三世界的其他革命民族主义斗争中获得了灵感，立志要取得革命的胜利，五个人的入狱对这些青年来说是一个重要的警示。

波多黎各岛和美国的形式存在本质性的差异。波多黎各激进派的主要争论是发动地下游击战还是进行合法的抗议和选举运动。在波多黎各，波多黎各独立党(PIP)作为一个有参与选举权的合法党派于1946年成立了。从此之后，波多黎各独立党吸引了为数不多但极为稳固的选民。在岛上，无论他们的政治观点如何，波多黎各人都是多数派，政治和商业精英里波多黎各人也占多数，在岛上西班牙语是主要语言。在美国，波多黎各人要么极为贫穷，要么就是低级的工作阶层，他们生活在讲英语的人的海洋里，但他们一直到现在都是美国主要讲西班牙语的民族，而那些讲英语的人对他们的岛屿以及他们未来是否要独立毫无兴趣。那么，这些移民社区在美国扮演了什么角色呢？它是否应该用做独立斗争在岛上的一个支持基地，还是应该在纽约以及其他美国城市联合其他被压迫组织为美国大陆上波多黎各人的民权和自主而战呢？20世纪60年代和70年代晚期的新波多黎各人运动从来没有给出这些问题的满意答案，但是新波多黎各人运动却引发了多种运动组织方式的产生。

从1950年到1970年美国的波多黎各人口增长了500%，达到将近150万，这其中有几乎一半的人口是在美国出生的。年轻的一代人是新运动的基础。波多黎各新左派最著名的组织是青年贵族组织(Young Lord)，也就是后来的青年贵族党(YLP)。在除纽约外的其他城市里只有波多黎各人知道青年贵族组织，但这个组织在纽约这个大都市非常出名。最初的贵族组织是芝加哥一个政治化的街头帮派，他们于 1969 年加入了黑豹党组织的彩虹同盟，当时的黑豹党中也有一个白人帮派，叫做青年爱国者。纽约的各种学生组织听说这个新的组织后来到芝加哥，询问他们是否能够建立青年党的分党。于是他们在 1969 年闯入公众的视线：他们在哈莱姆突然展开大规模的抗议活动并使用机智的媒体技巧；他们在街道里堆满了垃圾，迫使城市的卫生部门清扫；他们占领了当地的教堂，并把教堂变成了提供免费早餐，拥有诊所并授课的社区中心，这在波多黎各历史上是很罕见的；他们出版了报纸并把报纸卖到中心公园和洛克威镇(Rockaway)海滨；他们穿着临时的制服，带着紫色的贝雷帽在大街上游行，抗议警方杀死了他们的一个成员。1970 年 9 月，青年贵族党和波多黎各学生联盟在哥伦比亚大学组织了一次全国学生大会，吸引了 1000 多名运动者。受会议感召，1970 年 10 月 30 日上万人在联合国游行，要求波多黎各独立。这是美国历史上波多黎各人第一次大规模的抗议。

青年贵族党的成员都非常年轻，他们都是由大学生和街头青年组成的，但是他们融合了马克思主义、反殖民主义以及社区组织的煽动言辞和策略，因此这个党派经常被比做黑豹党。然而，他们没有黑豹党那么军国主义，他们更乐于讨论男子气概和性别主义，他们也没有一个像休伊·P. 牛顿这样的有影响力的领导。青年贵族党的全盛时期很短暂，虽然只有短短的几年，但他们当时在纽约影响力极大，在整个美国北部以至岛屿上设立了很多分党。在 1972 年后，青年贵族党加入新共产主义运动后急剧衰败，随后更名为波多黎各革命工人组织。这时，许多主要的发起者离开了组织，这其中包括古兹曼(Pablo“Yoruba”Guzman)、冈萨雷斯(Juan Gonzalez) 和卢西安诺(Felipe Luciano)，这些人都到纽约的新闻界(例如冈萨雷斯成为了《每日新闻》的专栏作家)开拓起了自己的事业。1972 年，贵族党的律师凯撒(Cesar Perales)建立波多黎各法律防范和教育基金，这个基金组织在 30 多年后仍然受这一群体所拥护。

在美国的波多黎各人运动中青年贵族党最强劲的对手是一个与之类似的叫做波多黎各社会主义党(PSP)的组织。青年贵族党几乎都是出生在美国的十几岁的青年，他们致力于直接反抗在艾尔巴里奥(El Bario)的种族主义的活动。而波多黎各社会主义党以及它的前身——独立运动组织(MPI)是由波多黎各的中年知识分子组成的，他们虔诚地拥护马克思列宁理论，并建立了一个纪律严明的大规模的党派，要为波多黎各岛的民族自由而战。对波多黎各社会主义党来说，生长在美国的波多黎各人仍然是波多黎各民族的一部分，波多黎各社会主义党的主要工作是为获得独立而战。即使是在美国，他们的这个宗旨也一直指导着他们的策略，在短期内他们取得了显著的成功，但这破坏了他们长期的发展，使他们没有能够在移民中建立稳固的基础。

独立运动组织于 1959 年建立，建立者博拉斯(Juan Maris Bras)魄力超凡，领导有方，在他的带领下独立运动组织在波多黎各逐渐强大起来。1964 年独立运动组织在美国开放了它的办事处，在 1971 年这个组织决定正式采用马克思列宁主义思想，更名为波多黎各社会主义党。1973 年 4 月社会主义党召开了第一届美国地区会议，有 3000 人参加了会议。在这期间，社会主义党的策略强调在更大规模的新左派中发起一场运动，以支持新左派的独立运动。社会主义党说服了众议员德鲁姆斯(Ron Dellums)在国会引进了非殖民化决议，并在联合国大肆游说。社会主义党是波多黎各联合委员会的主要力量。1974 年 10 月 27 日，也就是波多黎各国家独立日，2 万多人在麦迪逊广场公园集合为从简・芳达(Jane Fonda)到吉拉尔德・李维拉(Geraldo Rivera)的无数激进分子和名流庆祝，在这之后波多黎各联合委员会建立起来了。1976 年，在费城举行的二百周年纪念庆典上，多数剩余的新左派成员汇聚到这里，支持社会主义党的感召，呼吁一个没有殖民地的二百周年纪念。但在此之后不久，社会主义党的美国分党衰落了。像青年贵族党一样，它因内部的分歧而分裂，最终没能够支撑下来。

波多黎各运动从来没有联合过任何一个组织、联盟，也没有联合使用过他们的策略。像其他许多运动一样，波多黎各运动是由当地许多独立于青年贵族党和社会主义党之外的组织管理的，青年贵族党和社会主义党只是在这些组织被削弱的时候提供帮助。整个运动的主要战斗就是要求释放五名民族主义囚犯，最后在 1979 年吉米・卡特总统在任时这五个人获得了释放。一个小的团体建立了地下民族解放武装力量(FALN)，他们展开了爆炸活动，其中一次活动就是 1973 年在华尔街弗朗西斯酒馆爆炸，致使几名政府工作人员被炸死。然而，总的来说，随着波多黎各运动将自己变成一系列社区、文化和政治组织，并致力于获得社区统治的权力以及市政厅、州立法机构和国会的选举权，1975 年后波多黎各运动的激进成分逐渐地退去了。

我们以 21 世纪初期的目光来回顾，当拉丁美洲人、印第安人以及亚裔美国人在国会工作，成为内阁部门的首脑，出现在电视新闻里时，看上去他们已升级为完全的美国公民，但这只是种族同化和种族宣言的新故事而已；是我们自我安慰的美国历史上的一个故事而已；是一个谎言而已。同样对非裔美国人来说，他们挫败美国的统治只是通向一个更为民主的未来的一架脆弱的桥梁。20 世纪 90 年代，美国逐渐意识到了历史上的移民(主要是亚裔美国人和拉丁美洲人)大浪的影响力之大，于是一轮新的本土主义又开始上演了。反移民全民公投和“只讲英语”活动成为新右派的新举措。随着白人逐渐缩减到总人口的四分之三，欧裔美国人成了加利福尼亚最大的少数民族，很显然，曾一度著名的种族主义理论学家洛斯罗普·斯托达(Lothrop Stoddard)所谓的“上涨的色彩浪潮”将会是 21 世纪美国政治的主要动力。

第十一章　妇女解放和女性主义第二波："个人即政治"

客观地说，性等级制度在美国还是一个陌生的概念，我们无法以陌生的概念为基础，展开任何运动。

——卡西·海登和玛丽·金，"性与等级"，1965 年 11 月 18 日

女性是受压迫的阶级。这种压迫无处不在，影响着我们生活的方方面面。我们被当做性工具、生育机器、家庭中的仆从和廉价劳动力而遭受着剥削。我们被认为是劣等的存在，唯一的目的便是让男性生活得更加愉快。我们的人性得不到承认。我们的行为始终被限定，始终受到身体暴力的威胁……

男人是我们的压迫者。男性至上主义是最古老、最根本的统治形式。所有其他形式的剥削和压迫(种族主义、资本主义、帝国主义等等)都是男性至上主义的延伸。男性统治女性，一部分男人统治另一部分男人……所有的男人都在经济、性和心理上获益于男性至上主义。所有的男人都曾经扮演过女性压迫者的角色……

所有的女性都是一个整体。那些生活最贫苦、遭遇最悲惨的女性，便是我们最关心的问题。

孤军奋战的时代已经结束了。这一次我们要全力以赴。

——1969 年《红袜宣言》

对于白人妇女解放组织，我们想说……直到你们能

够面对自身的种族歧视，直到你们能够解决自己穷苦的白人姐妹的问题，你们才能成为真正的解放运动者，你们才能同第三世界的人们共同斗争。大多数解放组织中的白人女性都是来自中产阶级和学生群体，她们甚至不能关注贫苦工人阶级妇女的问题，更何况代表第三世界妇女发言？……她们要求平等。我们需要追问，同谁的平等？是不是同掌控着压迫第三世界人民权力的白人男性？

对于第三世界的妇女来说，当手中的食物已经不足以维持生计时，又怎么会去关注“谁该去倒垃圾”这样琐碎的问题？生存才是第三世界妇女的斗争目标。就压迫而言，我们不希望这场革命的结果是白人妇女开始压迫有色人种的妇女，开始压迫我们的男性同胞，就像几个世纪以来白人男性所做的那样。

——“同谁的平等?”，第三世界妇女联盟宣言，1969 年

在 60 年代晚期和 70 年代的大规模妇女运动中，出现了许多激进的浪潮和智识的变革，这些激进浪潮和智识变革基于的是 50 年代及 60 年代早期地下的组织筹划和立法上艰难的胜利，但与后者相比却引起了更大的关注，具备了更大的影响力。新的女性主义无所不包，从《平等权利修正案》的游说活动，到临床讨论会、受虐妇女庇护所和出版公司。运动的参与者遍布各个阶层，从市郊已婚妇女非正式组织到女同性恋群体。女性主义许多重要的胜利发生在工厂车间和家庭里，妇女们要求改变劳动的性别分工，要求进入女性的传统“禁地”——从建筑工地、矿场到法律和工程学院。最终，这一新型的女性主义，或者说女性主义的“第二波”，成为了新左派规模最大、持续最久的运动，一直延伸到了 21 世纪。自然，这场运动也引起了最激烈的反抗，甚至是来自妇女自身。

并不是所有妇女都参与了运动——这几乎是个不可能的任务——但所有的妇女都明显地从运动中获益，不论白色、黑色、棕色或是黄色人种，不论青年还是老年，不论富有还是贫穷，不论对运动的态度是支持还是反对。最好的工作不再会被形容为是“男人的工作”；妇女不再会因为已婚或是超过了一定的年龄界限，或者仅仅因为是女性而失去工作；男人们强迫他们的妻子发生关系不再合法；妇女不再因非法流产而面临生命的危险；针对男性暴力的受害者设立了数百间庇护所和“强奸危机”中心；从幼儿园到大学的各级学校必须为女生提供和男生一样的运动设施；最后，虽然“娘们儿”、“宝贝”和“婊子”等侮辱性的词语仍然存在，但在公众中已经不那么容易接受。运动的影响经过很长时间才触及美国

的乡村和小型城镇，但这些变化确实带来了一场无处不在的生活革命。

运动的早期，参与者们将自身划分为自由主义女性主义、激进女性主义、同性恋女性主义和社会主义女性主义等派别，而非裔美国妇女和奇卡诺妇女则各自发起了独立的女性主义运动。在性别定位和组织策略上，这些派别间存在着巨大的冲突。事实上，"妇女解放"这个词汇最初的用意是区分"激进女性主义者"(她们希望能废除"性别制度")和"自由主义女性主义者"(她们则致力于结束教育和职业上的歧视)。但是，至少是在白人女性运动者中，这些差异很快就模糊起来。自由主义女性主义者——大多是已婚的、年龄较大的职业女性——开始关注流产和强奸等激进的问题，而许多年轻的激进派也在主要的自由派组织——全国妇女组织——中找到了归宿。女性主义的诸多流派间存在着显著的差异，但她们都具备着一种刚刚觉醒的意识——她们都强烈地意识到了男性统治所带来的个人的结果，也意识到了妇女们团结一致的激剧的力量。但是，正如我们所见，全世界女性的统一和她们在种族与阶级上的基本差异之间，存在着强烈的张力，也正是这种张力，造就了多样化的女性主义。

1965～1968 年：全国妇女组织和平等权利女性主义

女性主义"第二波"("第一波"是指从 19 世纪中期到 20 世纪 20 年代，为了争取选举权和基本公民权利而进行的斗争)的出现有两个原因，第一是在战后的数十年中，当女性主义受到毁损时，数千名妇女自觉地开始了组织筹划活动，第二是于 20 世纪 50 年代产生、在 60 年代开始加剧的人口和经济变化。要理解为什么这么多妇女自然而然地接受了女性主义的观念，就要先理解这些变化的规模和范围。

战后美国女性在生活和期望上的改变主要可以分为两类：教育和职业的机会，以及性和家庭生活。1950 年，获得大学学位的学生中只有四分之一是女性，而到了 1968 年，在学生总数大幅度上升的情况下，女性毕业生仍然几乎达到半数。但是，这数百万名接受了良好教育的妇女却面临着一层压低的"玻璃天花板"，她们大多都被排挤到"粉领"阶层，从事低薪的文职工作。获得了学士学位的女性大多被研究生培训拒之门外，而不通过这些培训，就没有办法获得专业的职位。法律学院和医学院的教授们经常禁止女性参加他们的课程，因为要把这些位置留给"更应得到它们"的男人们。1960 年，获得博士学位的女性仅占十分之一，这比 20 世纪早期的比例明显缩小。社会上对女性存在着公开的歧视，一些最好的专业性和技巧性职位只有男性才能获得。而且，学者、记者、政客和电影电视制片人始终在传递着这样的信息：抚养子女和维持家务是女性的自然角色。性别上的双重标准进一步局限着女性的选择，这种标准一方面鼓励女性成为“性感尤物”，吸引男性和她们结合，而另一方面，如果她们对这种经历、对性自由(男性的此类行为则受到社会的鼓励)表现出了向往，又会遭到严厉的惩罚。

到20世纪60年代初期，远远早于新女性主义对传统婚姻的质疑，青年妇女们就已经抛弃50年代新维多利亚主义的生活方式。她们纷纷涌入大学校园，她们在城市中举行集会来寻求自主的权利，她们坚信妇女的性角色不止是生殖工具。从1959年开始，二十岁以上未婚女性的比例显著增加，不生育子女者的比例更是在十年内翻了六番。1960年，口服避孕药开始上市，这是第一种女性可以在男人不知情的情况下采取的可靠而简单的避孕措施。1963年，贝蒂·弗里丹的《女性的奥秘》获得了巨大的成功，这证明女性主义的复兴已经具备了一定的条件——受过大学教育的青年女性群体，不论单身还是已婚，都是女性主义潜在的支持者。

1965年后大规模妇女运动的起源，在现在看来并没有什么特别之处。年长的职业人员、老练的政府和工会激进分子在为同工同酬、权力平等进行了数十年的幕后活动之后——1964年民权法案的第七章标志着这一活动的高峰——决心成立自己的全国性组织，来抵制女性在法律上和社会上所受到的歧视。民权组织、反战组织和学生组织中的年轻女性也都希望自己的意见能够得到尊重，希望组织的男性成员们也能够分担像冲制咖啡和投递邮件这样的“俗事”。她们感到同上一代女性的传统角色格格不入，同时也受到了第三世界解放运动中女性斗争者的鼓舞。年轻的激进分子们在1967年到1968年形成了少数地方性“妇女解放”组织，受到了各界的关注，但真正开启了新型妇女运动的却是自由派人士，他们在1966年晚期成立了全国妇女组织。全国妇女组织在20世纪70年代晚期成为了各类女性主义者的主要草根组织，也是唯一一个成立于60年代、直到现在还保持着政治力量的主要组织，这给全国妇女组织带来了尤其重要的地位。

全国妇女组织的产生具有很强的自发性。在1964年和1965年，由肯尼迪总统妇女地位委员会在美国五十个州设立的咨询理事会举行了年度全国性会议。到了1966年，为了加强1964年民权法案而设立的平等就业机会委员会拒绝同公开的性别歧视正面交锋，这引起了许多参加会议的女性的愤怒，这些女性包括经验丰富的学者、职业人员、作家、贸易工会成员和公务员。控制着1966年8月会议议程的官员禁止在会议上讨论有关谴责平等就业机会委员会的问题。在午餐时，在平等就业机会委员会内部主要女性领导者的暗中鼓舞下，贝蒂·弗里丹组织了一个核心集团，策划进行针对平等权利的全国性宣传活动，来给政府、媒体和国会施压。这一集团是妇女权益的代表，正如全国有色人种促进会代表着广大的非裔美国人群体。全国妇女组织诞生了，它的目标十分明确——加强性别中立的平等权利标准，以及正如 1966 年 10 月的陈情书中所述，"让女性能够全面地参与到美国社会的主流，同男人一样拥有各种权利和义务，从而达到真正的平等"。

借助着弗里丹的声望，全国妇女组织有了一个引人注目的起步。1967 年 12 月，组织举行了新运动的第一次抗议活动，包围了平等就业机会委员会在五个城市的办公室，要求禁止宣传带有性别歧视色彩的职业。但是策略的欠佳和性政治等问题打破了组织的平衡，经过了数年的时间，才发展起来了全国性的组织结构。最初，全国妇女组织采用了全国有色人种促进会的模式，没有突破主流与法律的界限，正如后者并不拒绝白人的参与，全国妇女组织也拥有男性成员——对于女性来说，这是"民享"，而非"民有"。但是，这一组织并不具备全国有色人种促进会的其他条件——数百间地方支部和数千名运动参与者。由于成员、支部和资金的缺乏，全国妇女组织在汽车工人联合会的妇女部门里支起了一张桌子，作为第一间办公室。在组织的早期，至少有三分之一的成员集中在纽约城中，这反映出组织在职业人员中的基础十分狭窄。除了经验的不足，全国妇女组织还饱尝内部分歧之苦。1968 年，组织由于对平等权利修正案的赞同——这一修正案因为可能会导致女性工人丧失特殊的法律保护，长期以来受到工会反对——失去了汽车工人联合会的有力支持。1968 年，全国妇女组织决定支持流产的合法化，这又促使一部分成员离开组织，单独成立了"妇女公平行动联盟"。直到 1970 年，全国妇女组织才走到了这场蓬勃运动的最前线。

1965～1968 年：激进女性的解放运动——给自己定义

全国妇女组织寻求的是工作上、职业选择上以及最终政治上的平等，却忽视了男人们在家庭中和性关系上对女性的统治。提出彻底的"妇女解放"这一激进呼吁的是一群年轻的白人女性，她们在以南方为基础的民权运动中——尤其是学生非暴力行动协调委员会及其在北部的盟友，学生争取民主社会组织——得到了极大的锻炼。全国妇女党的历史，妇女地位总统委员会，以及全国妇女党中自由主义女性主义者的加入，她们都不十分了解。她们以个人的经验为基础，对男性至上主义展开了尖锐的抨击。

从战前的废奴主义到此后的反对私刑运动，一小部分南部白人女性基督教徒就开始不断地为黑人人权辩护。在二战之后，基督教女青年会和卫理公会校园联盟等组织也开始领导南部白人的民权运动。以这一信念为基础，许多白人妇女在学生非暴力行动协调委员会中发挥着重要的作用，其中包括凯西·海登、玛丽·金和简·斯丹布里奇。她们从委员会中的黑人女性——如罗比·多里克·史密斯·罗宾逊、黛安·纳什和凡尼·洛·哈默——身上，学会了勇敢和坚强。渐渐地，学生非暴力行动协调委员会中的黑人和白人妇女意识到，委员会中的男性成员总是将她们局限在秘书和助理这样的职位。性别上的双重标准也甚嚣尘上，男性成员可以四处风流，而女人们则不得不遵从一夫一妻制的标准。甚至有些因参与运动而被捕入狱的女性，她们得到了人们的欢呼和敬意，却得不到男人们所拥有的智识上和决策上的权威。

1964 年 11 月，学生非暴力行动协调委员会的二十名组织者聚集在密西西比州的威大兰为大规模的回撤作准备。大约二十份宣传文件提前开始流通，其中包括一篇由金和海登通过与其他人的协商而匿名提交的、名为《有关立场：运动中的女性》的文章。这篇文章提出了这样的观点：就像黑人在美国社会中曾经被认为低人一等，委员会中的女性的工作内容也都处于附属地位。但这种观点没有得到重视，这篇文章也只是引来了嘲笑。备受尊敬的斯多克力·加米切尔曾经发表过一个广为人知的评论(他在此后也不断重复这一“幽默”的观点)：“女性在学生非暴力行动协调委员会中唯一的位置便是卑躬屈膝①。”1965 年末，金和海登在离开了该委员会之后，面向全国的女性运动者发表了另一篇文章，再一次提出了女性即使在这一运动中也被另外看做是劣等阶级的问题。她们的看法并未得到即时的效果，但却起到了警示的作用，或者，正如此后我们所说，是一次“意识唤醒”。

让男性和女性都严肃地看待妇女压迫问题有着重重的困难，此后学生争取民主社会组织女性成员的努力也显示出了这一点。从 1965 年到 1967 年，她们在学生非暴力行动协调委员会女性成员的支持下，针对组织中青年男性“反派”的“雄性”作风展开了激烈的斗争，试图将男性至上主义提上议程。在全国大会上，她们要求保留只面向女性的工厂车间，

① “卑躬屈膝”原文为“prone”，还有“俯卧”之意，暗含着将女性看做性工具的观点。——译注

而男性成员却嘲笑她们竟然将妇女压迫当做一个严肃的政治问题。在这几年中，越战迅速升温，达到了难以控制的局面，导致数千人焚烧兵役卡，加入"抵抗"运动。社会要求女性支持反战的男性同胞，但这些男人们却总是将女性主义看做是偏离当前要务的自私行为，这让年轻的激进女性感受到了巨大的压力。

同时，各种各样的影响鼓励了学生争取民主社会组织和其他以学生为基础的组织中的女性成员，令她们有勇气为自己发言。社区组织计划让人们看到贫苦的妇女们如何把家庭和社区联系起来，看到这种联系在很大程度上依赖于女性组织者的个人技能。民族解放斗争中的女性们，尤其是英勇的越南妇女，获得了国际范围的关注，黑人权力运动也强有力地证明了自主、自尊和权力自给的重要性。嬉皮反文化带着对所有中产阶级行为规范的嘲笑，迅速地渗透进了白人青年的生活中，打破了婚姻和家庭生活的传统。

在 1967 年中期，学生争取民主社会组织勉强承认了妇女解放(有一位男性领导者称之为"尤物的解放")的必要性，但此时数百名妇女已经厌倦了为她们的发言权辩论。在既有的组织之外建立妇女独立组织的时机已经到来。1967 年 11 月在芝加哥举行的新政策全国大会无法统一新左派千差万别的派系，这成了行动的一剂催化剂。来自左派各个群体的两千名成员参与了会议。舒拉米斯·费尔斯通领导下的女性核心团体要求在议程上获得应有的位置，能够提出讨论的议题，能够同其他组织一样投票，但会议的男性主席认为时间不允许她们进行发言，从而拒绝了她们的提案。接下来的一周里，费尔斯通等人在芝加哥组成第一个地方性妇女解放组织，名为"西区团体"。她们发表了一项宣言"致左派女性"，这带动了诸地方性自制委员会的涌现——这也正是激进女性主义的中流砥柱。

从 1968 年到 1969 年，全国各个城市中新组建的"小型团体"也加入了芝加哥妇女的阵线，这些小型团体的主要成员是曾经参加学生运动和反战运动的白人青年。媒体的宣传和一些颇具影响力的人物的参与，使得其中一些主要东部城市中的团体最为突出，其中包括纽约的"纽约激进妇女"(此后促生了"红袜组织"、"激进女性主义者"和"女性主义者")，波士顿的"16 号单元"和"面包与玫瑰"，每个组织都吸收了主要女性主义理论家和活动家的参与。仅"纽约激进妇女"一家组织就吸收了艾伦·威利斯、罗莎琳·巴珊德尔、凯西·萨拉切尔德、罗宾·摩根、凯特·米利特、舒拉米斯·费尔斯通等核心领导者和思想家。虽然该组织仅仅维持了一年，但却是卓越见解和鲜活力量的集中体现。妇女成员们来往于城市之间，走访旧日的邻友，这些组织的规模也通过个人关系网络不断激增。“杰里恩”(乔·弗里曼，此后成为运动的一名重要学者)在芝加哥创建了一份时事通讯——《妇女解放运动之声》，同时许多非正规的全国性会议也陆续举行，但没有人试图要建立全国范围的妇女解放组织，也没有人试图去制订统一的政治计划。许多年以来，激进女性主义者眼看着男人们利用组织结构来为权力斗争，她们不再相信一切等级结构和高调的个人领导机制。极端的分权成为了早期激进女性主义的关键特点，这种制度确保了政治上和意识形态上的灵活性，也为独创性的观点营造了自由的环境，使新的组织和宣言不断出现。但这种制度也促发了弗里曼所说的“无结构暴政”——私党和个人的号召有时会取代民主的决策。

早期妇女解放组织的抗议活动颇富创造性，其中包括 1968 年 9 月美国小姐庆典上一场十分有趣的“反游行”——女人们将腰褡和胸衣扔进垃圾桶，因而被戏称为“内衣焚烧者”。她们发行了《摆脱》(*Off Our Backs*)和《玩乐不再》(*No More Fun and Games*)等丰富多彩的激进杂志，并且组织了颇具震撼力的“畅言会”，数百名妇女在会上谈论她们自己所经历的流产、强奸和其他由男性带来的伤害。这些活动引起了媒体对运动的关注，也在全国范围内建立了草根阶层基础。在 1968 年和 1969 年以惊人速度传播的“意识觉醒”(CR)，虽然不那么具有戏剧性，却要更加关键。意识觉醒是指一小组妇女在数月或数年内定期地举行集会，讨论她们的生活条件，讨论男人们：父亲、同事、教授、男友和丈夫。男人们经常把这些会议嘲笑为“女人的闲话”，或者把女性组织者们称为“破坏家庭的人”，认为她们是要说服妻子们离开她们的丈夫。事实上，意识觉醒组织在女性世界中引起的“家政谈话”同真正的家政谈话有着根本的区别。女性加入这些组织，是因为她们想要公开地谈论她们的愤怒和挫折，谈论性和权力，谈论所有传统观念上的“禁区”话题。最早期的女性主义组织创制了一套意识觉醒规则——这些规则能够确保相互间的尊重，并且让每个成员拥有相等的发言时间——并将这种方式传播到了全国各地，纽约激进妇女和此后激进女性主义者的成员——凯西·萨拉切尔德，为这一方法的推广作出了主要的贡献。意识觉醒在各地萌芽发展，组织不需要正式的名称、机构或是入会仪式，只需要有一些女性担任发起者，需要大家对会议的程序有所了解——从一份时事通讯或是宣传册就很容易得到这些信息。像其他从激进女性主义派生出的方法和策略一样，意识觉醒也转而进入了主流自由主义女性主义的范畴，这也有助于女性主义的各个派系对妇女压迫问题达成共识。

1969～1974 年：女性主义的爆发——向主流进军

从 1969 年到 1974 年，新女性主义运动获得了短暂而卓越的成功，迅速地改变了文化的习俗，改变了几个世纪以来从未受过挑战的、被法律默认的性别歧视。但也是在同一时期，女性主义一面经历着飞速发展和多样意识形态，一面发生着一系列内部的隔阂与分裂。了解上述政治上的胜利和内部的分歧，以及二者之间的关系，对于理解女性主义和妇女解放的政策具有至关重要的意义。

从 1969 年末到 1970 年爆发的媒体关注，预示着巨大的成功浪潮。似乎是突然之间，全国性的报纸、杂志和电视节目都开始报导激进的女性发言人和理论家，她们受到重视的程度远远超过了一两年前——当时左翼出版物上发表的基本都是将女性主义者塑造成穿着迷你裙、不戴胸衣形象的卡通画。1970～1971 年间出现了许多颇具震撼力的书籍，其中包括凯特·米利特的《性政治》、舒拉米斯·费尔斯通的《性的辩证法》、罗宾·摩根的选集《妇女团结有力量》(*Sisterhood Is Powerful*)以及杰梅茵·格里尔的《女太监》。这些作者们都曾经上过《时代》杂志的封面。这种声望在运动内部引起了相当的不安，但也伴随着重要的政治胜利。全国妇女组织的主席贝蒂·弗里丹，在 1970 年 8 月 26 日发起了一场全国范围的"妇女争取平等运动"，数万名妇女在全国各地的城市中展开游行，她们的主要要求包括三点：生育自由和流产的合法化、男性承担起哺育后代的责任、废除各种职业歧视。同年，妇女公平行动联盟根据约翰逊总统在 1967 年颁布的行政命令——该命令禁止在获得联邦资助的机构中出现性别歧视——对数百所大学提出了共同起诉。这一诉讼显示出女性在雇佣和升职方面存在的广泛的不平等现象，同时也给高等教育带来了巨大的变化。纽约的女性主义者策划了一场惊心动魄的"粉碎行动"，她们占领了《妇女家庭杂志》的办公室长达十小时之久，并且同杂志的男性编辑展开了持久不懈的争论，直到杂志承诺发行由运动激进分子撰写的妇女解放特刊才最终罢休。女性主义者出奇制胜的妙计奏效了，运动的简介和组织指南被送到了数百万杂志读者的家里。在其持久的影响下，波士顿的一些激进女性主义者，终于受够了由男性统治的医药行业的性别歧视和误导，发行了一本名为《我们的身体，我们自己》的宣传册，向女性提供了有关生殖器官、妊娠、月经、发育期、成熟、绝经期和流产等等的极为宝贵的实用信息。这本小册子在三年内售出了二十五万本，

1973年该书由一家著名出版社再版(书籍的收益被用于运动的组织)，在接下来的几十年中又售出了四百万册，这催生了全国乃至国际妇女健康运动。

所有里程碑式的事件都发生在同一年里——1970年，但在接下来的几年里，运动的发展丝毫也没有减缓。更多的女性运动者经过选举进入了政府机关——她们通常都坚持反战的政纲——其中包括来此纽约城的贝拉·艾布扎格、伊丽莎白·霍尔茨曼和雪莉·齐休姆(第一位女性黑人议员)以及来自科罗拉多的帕特丽夏·施罗德。1971年，她们同弗里丹以及著名女性主义作家格洛丽亚·史丹能(Gloria Steinem)联合起来，创建了“全国妇女政治核心组织”。组织以帮助女性主义者获选政府职位作为明确的目标，就在几年之前，这是一步难以想象的进展。1972年是女性主义的收获之年，齐休姆在民主党总统初选中表现十分出色，她打破了两个禁锢——作为女性，作为黑人——国会最终通过了平等权利修正案，并将其送往各州赴审。民权法案中也新增了第九章，要求从幼儿园到大学的教育机构为女生提供和男生同样的体育设施。女性主义者也提出了一种新的对妇女的称谓方式——“女士”，这就使女性摆脱了婚姻状况的标签。一本以此为名的杂志——《女士》(*Ms.*)，仅试发刊就在八天内售出了三十万册，这显示出女性主义广泛的群众基础。全国妇女组织的成员也从成立时的仅仅三百人发展到了一万五千人(在1977年达到了四万人，到了80年代已经有数十万名成员)。比注册成员人数更重要的是其地方和州级组织紧密的自助性网络——全国妇女组织的支部到1974年已经达到了700个。此外，还有数千家独立的地方性团体致力于专门的问题——从贫穷妇女的强制性绝育到妇女书店和音乐节。全国妇女组织使女性主义成为了美国中部的一支有组织的政治力量，给主要大城市之外的女性带来了参与的机会。

1973年，最高法院对罗诉韦德案的裁决将隐私权写入了宪法，其中包括妇女控制自己身体的权利，这也使流产得以合法化。这是女性主义第二波最重要的一次胜利。早在1961年，一位加利福尼亚的激进分子，帕特·寇帝(Pat Cody)，就曾经成立了“人道流产协会”(Society for Humane Abortion)。寇帝等人——其中包括一些进步的男性医生和牧师——在1966年组织了“废除禁止流产法令全国联合会”(National Association to Repeal Abortion Laws)，一个州接着一个州地展开活动，获得了诸多的成果。一些秘密的咨询机构也加入到了活动当中，其中包括一家名为“简”(Jane)的组织，这是一个暗号，代表着芝加哥妇女解放联盟

(Chicago Women's Liberation Union)提供的流产咨询服务，这帮助了约一万一千名妇女，使她们能够获得安全、价廉的解决方法。随着女性主义的前进，流产合法化的运动也在不断发展。右派的组织明确地意识到，最高法院对妇女解放运动最激进的要求的妥协，对传统的性道德构成了强烈的冲击——对女性身体的父权式控制，正是这种性道德的根基。所谓的"无条件流产"打破了性别与生育之间最后的联系，意味着妇女可以和男人一样独立，这对许多人来说，无疑是社会动乱的可怕前兆。罗诉韦德案激起了大规模的反流产(或是"支持生命")运动，这在接下来的几十年中变得和女性主义同样强势、同样制度化，成为了一支永久的反对力量，使得妇女解放和妇女压迫的中心始终聚焦在性与生育的个人政治上。

在70年代接下来的几年里，新的重要组织不断成立，其中就包括了1974年组建的工会妇女联盟(Coalition of Labor Union Women)。1977年由联合国发起的休斯顿国际妇女大会吸引了来自全美五十个州的两千名官方代表和一万八千名观察员的参加，这是女性主义第二波的又一次胜利，证明了这场运动已经从政治生活的边缘挺入了中心地带。卡特总统任命了前国会议员贝拉·艾布扎格——一位长期的左派激进分子和公开的妇女解放论者——来担任美国代表团的主席；其鲜明的女性主义政纲也获得了承认。

女性主义取得了一次又一次的胜利，但两个主要问题也随之渐渐凸显出来：首先，中产阶级的白人在运动的参与者中占有很大的比例；其次，运动在政治上的成功主要依赖于主流中产阶级组织对已有激进观念的接受程度。《平等权利修正案》获得了通过，来自草根阶层的压力也促进了一系列女性保护立法改革，但这些都是由于一些组织——包括美国大学妇女联合会(American Association of University Women)、女性选民联盟(League of Women Voters)、基督教女青年会、女童子军、教会、工会、职业和学术组织——将女性主义的诉求放在了首要的位置，并且以华盛顿为基地建立起了有效的活动网络。《女士》杂志将新女性主义的成就和局限全面地展示了出来。这一杂志很快就获得了庞大的订户群，并且有效地推广了女性主义的核心观念，为独立于组织之外的女性运动者提供了良好的宣传。但杂志90%的读者都接受过大学教育(与全国范围内20%的比例形成对比)；四分之三的读者都有工作收入，其中三分之二是职业人员；几乎所有的读者年龄都在五十岁以下。与此相似，全国妇女组织的成员也在很大程度上都是受过大学教育的白人女性，并且半数成员的年龄不超过三十。

到了70年代中期，自由主义女性主义在立法上获得了成功，同时也将一些声望显赫的组织演变成了公开的女性主义阵营，这使一些激进女性主义者感到她们的运动已经遭到了“劫持”。《女士》杂志被谴责冲淡了妇女解放，杂志的编辑格洛丽亚·史丹能——基本可以称得上是当时全国最著名的女性主义者——也被称做是中情局的间谍。不过，内部的分歧和背叛的指控自女性主义第二波的诞生之日起就始终伴随其左右。最初的争论是由于一些认同于整体左派的女性希望能在左派内部进行组织建构，而其他人则自诩为“政客”，认为女性理应在男性领导的组织之外、以“女性”的身份来创建独立的组织——这些人自称为“激进女性主义者”。同时，就妇女压迫的主要来源也存在着根本上的意见分歧。这些“政客”们受到了马克思主义的影响，宣称妇女们一直以来掩盖了自身所受的压迫，并且自愿地在对父权制①进行着维护。激进女性主义者设立了一条“支持女性的边线”，认为女性能够意识到被压迫的状态，并且对其进行抵制。在这一边线以内，则存在着诸多不同的策略：女性是否应当致力于抵抗压迫性法律(如流产、婚姻、强奸的相关法律)的直接行动？还是应当关注通过意识觉醒来引起自身的改变？婚姻和两性关系是否能够接受？还是问题在于性本身——女性应当成为独身主义者、同男性断绝一切联系？以及最终，女性是否应当强调同男性的平等、强调共有的“人”的属性？还是应当强调女性迥异的、更高级的属性——作为生命的创造者和给养者？第一种策略是要将男性作为同盟，以女性主义来教育他们；而第二种策略则意在建立独立的女性文化和生活方式。

最早期的激进女性主义曾经尝试过上述的各种策略，随着新组织的形成和继之而来的内部分化，新的成员不断涌入，越来越多的新领导者也获得了发言权。但是，直到1970年，随着建立自治女性世界的呼声越来越大，女性同性恋关系才逐渐成为女性主义政治的恰当形式。就在1969年，贝蒂·弗里丹还和她在全国妇女组织中的盟友们共同撤除了纽约支部中的一些女同性恋者的领导职位，她们将这些女性称为“紫色威胁(Lavender Menace)”，担心女性同性恋会被恶意的媒体所利用，以此来否定女性主义的合法性。然而此后越来越多的激进女性开始将自己定义为“女性同人”，认为“女性主义是理论，女性同性恋是实践”。在同年5月由全国妇女组织发起的“联合女性第二次代表大会”(Second Congress

① 一种历史结构，在这种结构下，一部分男性统治着其他男性和全体女性。——译注

to Unite Women)上，一些女性突然占领了会场，她们身穿带有"紫色威胁"标志的T恤衫，鼓励妇女们无论身处何方，都要勇敢地"站出来"。华盛顿的"复仇女神"(The Furies)是最广为人知的组织之一，该组织切断了同男人的一切联系，将自身定义为"女同性恋女性主义"，这对其他所有的组织不啻是一场挑战。最终，女同性恋女性主义成功地将对性自由的认可写入了自身的议程。在一场纷争之后，全国妇女组织于1971年投票支持妇女选择个人性取向的权利，同性恋与异性恋的分歧之战终于告别了剑拔弩张的局面。

在70年代的早期和中期，自由主义女性主义越来越多地接受了激进女性主义的观点——关于性态、强奸和流产的"个人政治"同妇女在就业和教育中受到的歧视应该获得同样的重视。同时，许多激进女性主义者转向了一种纯文化上的女性主义——强调男性和女性间的永恒差异。在《第四世界宣言》(Fourth World Manifesto)和《母权》(Mother Right)等文章中，她们呼吁一种母权制的妇女政治，一个由女性统治的世界，或者是妇女退入到一个自给自足的独立世界。这导致在70年代和80年代间，出现了各种各样的由女性管理的机构：书店、咖啡馆、出版社、唱片公司、诊所、音乐节等等。这些机构的成员的领导者通常都是女同性恋者，她们对那些欣赏"全女性"环境带来的安全感和舒适感的中产阶级白人女性颇具吸引力。自由主义女性主义又一次以其无所不包的姿态融合了最为激进的力量，一方面弱化了妇女运动的革命性质，另一方面也对其起到了巩固作用。

同时还存在着另一股涌起而又沉寂的洪流，这就是社会主义女性主义。社会主义女性主义强调资本主义同父权制的关系，主要关注工人阶级妇女的问题。在70年代早期，数十家妇女解放组织在全国各地蔓延开来，正如1981年出版的《妇女与革命：马克思主义与女性主义的不幸结合》(*Women and Revolution: A Discussion of the Unhappy Marriage of Marxism and Feminism*)一书中所述，社会主义女性主义者对女性主义理论也有着突出的贡献。1975年，有超过一千名妇女参加了俄亥俄州黄温泉市的社会主义女性主义全国大会。但到了80年代，社会主义女性主义在本质上已经只是作为一种思潮而存在。

独立自主：黑人女性主义和奇卡诺女性主义

激进女性主义的政纲可能吸收甚至改变了自由主义女性主义，但这两个白人女性主义的派别面对制约着自身的种族分歧，都几乎无能为力。

女性主义第二波和妇女解放的全部历史，正如本章所述，在很大程度上都存在着肤色的界限。虽然在自由主义、激进主义、同性恋和异性恋女性之间存在着严重的纷争，但一些黑人女性将这场妇女解放运动描述成“白人妇女解放”，的确是说出了这一无情的事实。同时，非裔美国妇女和奇卡诺妇女一方面很少获得关注，一方面也面临着迥异的政治变革，她们都发展出了自己的女性主义，同白人女性主义的政纲存在着根本上的差异。白人女性主义者宣称所有妇女都受到同样的压迫，都是一个共同的团体；宣称(根据《红袜宣言》的措辞)“男人统治女人，一少部分男人统治整个世界”；宣称“所有其他形式的剥削和压迫(种族主义、资本主义、帝国主义等等)都是男性至上主义的延伸”。她们认为这些是妇女解放的关键前提条件。非裔美国妇女和奇卡诺妇女对此发起了挑战。从有色人种妇女的角度考虑，她们认为妇女运动应当仅仅关注于女性的斗争而忽视其他形式压迫的看法显得难以接受，同这样的运动存在联系，不啻同敌人合作。

以回顾的眼光来看，有色人种妇女理应否认妇女解放的这一主张——所有女性都在遭受着同样的压迫。认同这一观点就意味着否定自身时刻面临着的种族歧视。年轻白人女性离开所在的学生争取民主社会组织或是校园反战组织，去同她们自身受到的压迫作斗争，这是一回事；而一位黑人妇女或是奇卡诺妇女放弃自己民族对白人至上主义的斗争，去向性别歧视——来自她们的男性同胞的性别歧视——宣战，则是另一回事。在这种情况下，任何形式的女性主义运动通常都被认为是一种背叛，一种“认同白人身份”的背叛。一些黑人和奇卡诺民粹主义者持有强烈的父权制观念，极度地厌恶同性恋行为，并且坚持认为男性领导、女性跟随是天经地义的道理，这使得女性主义在有色人群中更加难以立足。

值得注意的是，白人女性主义始终未能将种族、阶级同性别联系起来——即使在最好的情况下，种族和阶级也只是作为高于一切的妇女解放问题的附加物。有色人种的女性则无法逃避这种决定着自身命运的联系。她和她所相识的女性不仅仅是性别歧视的受害者，同样也是种族歧视的受害者；更重要的是，她们中的大多数人都在贫困中挣扎。去研究院读书、获得专业性工作的机会——这是全国妇女组织创始者的核心问题——对黑人妇女和奇卡诺妇女来说，则至多是一个次要的问题。性别歧视，父权制和男性暴力对于有色人种妇女和白人妇女可能没有太大区别——同样地真实、同样地具有压迫性；而这些妇女身边的男性却常常在白人的世界里备受嘲弄。在有色人群中，维护自身的男性地位，不仅是对男人自己非常重要，对同他们一起生活的女儿、女友、妻子和母亲也同样重要。

有色人种妇女无可避免地生活在各种各样相互联系的压迫之中，这一现象被社会学者们称做"十字路口"。如果她们选择抵抗由于女性身份而受到的压迫，她们会在这一团体的内部和外部，以迥异的方式展开斗争。诚然，非裔美国妇女以及奇卡诺和其他有色人种妇女在主要的女性主义组织中都表现得非常激进(其中以非裔美国妇女最为突出)：艾迪·怀亚特(Addie Wyatt)和艾琳·哈奈兹(Aileen Hernandez)等黑人工会成员在全国妇女组织的成立过程中都起到了一定的作用；敢于仗义执言的纽约黑人激进分子弗罗伦斯·肯尼迪(Florynce Kennedy)在激进女性主义的圈子中也是个相当重要的人物。但总体来说，有色人种妇女成立了自己的组织，采用了自己的方式，她们始终在强调着自己的女性主义同白人女性主义的区别。

有色人种妇女第一次重要的尝试就持平了白人小规模组织的发展。1968年末，学生非暴力行动协调委员会中的女性成员成立了"黑人妇女解放委员会"(Black Women's Liberation Committee)。在几个月之内，她们决定要将委员会的影响扩大至所有的有色人种妇女，继而转为了独立的组织——第三世界妇女联盟。在弗兰西斯·毕尔(Frances Beal)的领导下，第三世界妇女联盟刊发了许多标新立异的文章，其中包括《同谁的平等?》和《双重危难：所为黑人和女性》。她们还创办了一本杂志，名为《三重危难》。第三世界妇女联盟从根本上批评了白人女性主义，认为白人女性主义鼓励白人妇女通过解放自我来加入到白人男性压迫他人的队伍当中。第三世界妇女联盟拥有明确的反资本主义、反帝国主义立场，但仍然面临着黑人男性的性别歧视，他们希望仍然能强迫女性扮演附属的角色，指责组织者们是在效颦"小资"和白人的价值观念。第三世界妇女联盟虽然在国内拥有数家支部，但始终未能成为全国性的组织。这也并不是第一个独立的黑人女性主义团体：早在60年代，纽约城外的弗农山和新罗谢尔就成立了地方性的团体，为黑人妇女的权利进行斗争，抵制黑人男性强迫她们扮演"民族的母亲"这一传统角色的行动。在一篇著名评论《弱小的黑人妇女》(曾在《妇女团结有力量》中以《节育宣言》之名发表)中，她们谴责了给节育贴上"白色阴谋"标签的行为，并且嘲笑了自命为革命者的男性的矫揉造作。

1970年，诗人托尼·凯德·班巴拉出版了一本重要的文选《黑女人》(*The Black Woman*)，书中从各种视角来讨论非裔美国妇女是否受到黑人男性的压迫，以及她们应该如何对待这个问题。越来越多的非正式地方性组织成立了，来讨论到底需要什么样的黑人女性主义。正如一位妇女所说：“白人女性受到的教育是如何成为淑女，而在我们的历史中，女性受到的教育是如何成为工人。”这一说法凸显了种族导致的历史传统上的巨大分歧。由于沉重的经济压力，由于大多数黑人女性不得不工作赚钱来养家糊口，白人女性主义对一些问题的轻重缓急的处理就显得不合时宜——为工人阶级妇女争取经济保障和法律保护，比起《平等权利修正案》和流产权利，对黑人妇女来说更加重要。同样，许多白人女性主义者认为家庭是压迫的来源，而有色人种妇女则更偏向于认为家庭是一个避难所，是值得去珍惜和保护的，是力量的来源。

1973年，在缺乏资金、成员，没有全国性组织结构的情况下，纽约城的三十名黑人妇女宣布全国黑人女性主义组织（National Black Feminist Organization，NBFO）成立。8月举行的新闻发布会带来了出人意料的结果——人们纷纷从全国各地致电咨询，要求开设支部。1973年年末，四百名妇女出席了全国黑人女性主义组织大会，很快便成立了数十个支部。组织还发表了一份震撼人心的宣言，宣言中定义了黑人女性所面临的性别压迫和种族压迫的独特结合：

> 在一个既存在种族歧视，又存在性别歧视的国家中，黑人妇女作为黑人和女性，生活在残酷的现实之中……黑人妇女不得不变得坚强，而现在我们却由于坚强地活了下来而受到迫害。一直以来，我们被白人种族主义者和黑人民粹主义者称做“母权制家长”……我们会继续提醒黑人解放运动，我们需要的不是半个民族的解放。

但是，在全部的进程中，有一个问题不断地浮出水面——黑人妇女是否应该使用“女性主义”这一词汇。到了1976年早期，全国黑人女性主义组织也由于内部的分歧而瘫痪解体。由于对全国黑人女性主义组织的不作为感到失望，另一个主要黑人女性主义组织于1974年成立，这就是波士顿地区康巴西河团体（Boston-area Combahee River Collective）。这一团体明确地接收女性同性恋者，并且支持她们的自我解放，这在黑人自由运动中是一个极具争议的问题。该团体最著名的成员是芭芭拉·史密斯，她多年以来担任“厨桌报业（Kitchen Table Press）”——一家重要的黑人女性主义出版社——的领导职位。还有一些组织也在全国黑人女性主义组织解体后依然延续了下来，例如由全国妇女组织第二任主席艾琳·哈奈兹等人于1973年在旧金山创建的黑人妇女组织行动会(Black Women Organized for Action)。

奇卡诺女性主义同白人女性主义保持着一定的距离，并且在奇卡诺运动中，也面临着来自男性甚至一部分女性的非难，在这一点上，奇卡诺女性主义和黑人女性主义有着许多共同之处。但奇卡诺女性主义却有其独特的发展道路。黑人妇女作为家庭的仆人受到奴役和性剥削，墨裔美国妇女则没有这种历史；哈佛社会学家、此后的美国参议员丹尼尔·帕特里克·莫尼汉在臭名昭著的1965年莫尼汉报告中对黑人妇女大加污蔑，墨裔美国妇女同样也没有经历过类似的事件。提交给美国劳工部的《黑人家庭：全国行动事件》(*The Negro Family: The Case for National Action*)一文宣称自奴隶制以来，一种病态的“母权制”已经毁坏了黑人家庭，并且造成了黑人群体的贫困状态。但是，奇卡诺女性主义者同样面临着来自男性文化民粹主义者的谴责——背叛自己的群体而投诚白人女性主义。作为回应，奇卡诺女性主义者坚持强调他们的女性主义是自身独特的女性主义，并且以墨西哥的女性革命者和社会领导人传统来作为佐证。她们通过强调妇女解放是奇卡诺解放的必要组成部分，在奇卡诺运动中开拓了一块女性的领地。相对非裔美国妇女，她们获得了更大的成功。

第一个奇卡诺女性主义组织于1969年早期在加利福尼亚长滩州立大学成立，同时在这所学校成立的还有阿芝台克奇卡诺学生运动组织(Movimiento Estudiantil Chicano de Aztlan，简称MEChA)，又称“库奥赫特莫克的女儿”(Las Hijas de Cuauhtemoc)，以阿芝台克最后一位抗击西班牙侵略者的帝王库奥赫特莫克而得名。这一组织持续了数年之久，宣传着独特的女性主义政纲，成为了奇卡诺运动整体中颇具成效的典型范例。组织的同名报纸也在1973年转为了全国性的杂志，更名为《妇女的遭遇》(Encuentro Femenil)。但是，“库奥赫特莫克的女儿”仍然受到男人们的嘲讽与诽谤，组织的创始人安娜·捏托—葛梅兹(Ana Nieto-Gomez)在获选阿芝台克奇卡诺学生运动组织地方支部的主席后，也被人将其模拟像处以绞刑。

更多的组织纷纷出现，逐渐形成了一场全国性的运动。1970年，墨西哥妇女委员会(Comision Femenil Mexicana)在全国墨裔美国人问题大会上成立；旧金山州立大学也创建了妇女理事会(Concilio Mujeres)。到了1971年5月，出席休斯顿全国奇卡诺妇女大会(Conferencia de Mujeres por la Raza)的女性已经达到了六百名。这还仅仅是开始：据一位学者估计，到1977年为止，奇卡诺女性主义的全国性集会、协商会、研讨会和核心小组会议已经举办了三四十次，发行的报刊也已有十几份。主流民权团体“墨裔美国人法律辩护和教育计划”(Mexican American Legal Defence and Education Project，简称 MALDEP)提出了“奇卡诺权利计划”，全国奇卡诺政治核心会议也于1973年设立。这些组织机构的激增为奇卡诺运动中的女性赢得了广泛的关注。

奇卡诺女性主义拥有许多独一无二的特点，它对“安哥拉”和白人女性主义所宣称的普遍性持有明确的批判态度。扎根于1910年至1920年墨西哥革命中印第安妇女领导人、修女、女性战士的传统，一些当代的卓越人物也是她们经验的来源，例如备受尊敬的农场工人联盟领导人杜拉莱斯·胡尔塔(Dolores Huerta)。她们同样大力宣扬家庭的重要性，认为以性别平等为基础的团结、坚固的家庭是整个民族解放的基石。一些奇卡诺妇女甚至否认男性气质是奇卡诺文化的一部分，她们认为墨裔美国男性们是从白人社会中因袭了男性至上的态度。但以回顾的眼光来看，更令人惊异的是奇卡诺女性主义(同黑人女性主义相类似)对自身的定义超越了白人女性主义的意识形态和政见，甚至有时与此截然相反。因此，当我们谈起妇女运动时，更准确的说法是“许多妇女运动”和“许多女性主义”。

永恒的革命和反革命

女性主义第二波没有终点或者结束，在接下来的几十年里几乎不存在严重的低潮期。60年代晚期和70年代早期富于斗争精神的小型团体，促生了数千名从事职业或政府工作的坚定的女性主义者；全国妇女组织不断发展，成为了持有各种信仰的激进女性的聚集地；在新需求的促发下，新的组织也不断建立。女性主义让世界看到了妇女所受的压迫，同时也从女性的视角以成熟、多样的方式看待世界，作为新左派最突出的重要影响之一，女性主义成了美国生活、文化和政治中永恒的一个部分。

然而，如果说妇女运动在性别关系中带来了根本上的革命——这对传统的、超越历史的父权制来说，是一场严重的危机——那么像大多数革命一样，它同样也激起了深彻的反革命运动，而领导这些反革命运动的，通常仍是妇女本身。要理解妇女自身的反女性主义的基础，一种方法是将女性主义同黑人自有运动相互比较。两个运动都对一种根深蒂固的特权制度发起了挑战。就像人们会为白人至上主义辩护，将其说成是一种似乎传统的“生活方式”，男性至上主义也被一些人认为是永恒的自然法则，其观点的基础在于只有妇女才能生育后代这一基本的生物现象。早些时候，黑人斗争和妇女斗争的这种相似性，是新女性主义产生的一个重要促进因素，但随着时间的推移，二者之间的差异也变得显而易见。

最明显的一点是，黑人自由运动理所当然可以代表所有的非裔美国人发言——几乎没有哪个黑人支持吉姆·克罗的种族隔离、支持保留蓄奴制，也没有人相信"黑人在生物学上比白人低劣"这一伪科学的论点。与此相反，许多妇女仍然乐于接受她们同男性的区别，乐于接受这种依赖他人的状态，因为她们作为主妇和母亲的身份在一个由男性统治的世界里仍然能够获得尊敬，获得生活上的保障。因此，虽然黑人反对民权运动令人难以想象，但自称反女性主义的妇女领导人和组织却大有所在，例如菲利斯·施拉夫利(Phyllis Schlafly)的鹰派论坛(Eagle Forum)以及拥有数百万名成员的"关注美国妇女组织(Concerned Women of America)"。在几十年中，民意测验显示大多数妇女都支持基本的女性主义目标，例如"同工同酬"，但自认为是女性主义者的，却只有很少一部分。一方面，女性主义带来了深刻的改变，所提倡的观点也得到了广泛的接受；另一方面，许多人对于运动本身却存在着极端的敌意。这种矛盾充分表现了妇女解放的革命性，也显示出这场革命远远没有结束。

第十二章　同性恋解放："走出私室，走向街道！"

我们是一个革命性质的同性恋组织，我们意识到只有取消既有的社会机构，才能获得所有人完全意义上的性解放。我们不接受社会强加给我们本性的性角色和定义。我们跨出了这些角色，跨出了这个天真的神话。我们要成为我们自已。同时，我们正在创造着新的社会形式和关系，这就是建立在团结、合作、人性之爱和不受约束的性态之上的关系。巴比伦让我们不得不承诺一件事情……革命。

——同性恋解放阵线(Gay Liberation Front)陈情书，1969 年 7 月 31 日

什么是女同性恋？女同性恋来自所有女性无法抑制的愤怒……女同性恋是男人发明的一个标签，只要任何一个女人敢于同他平等，敢于挑战他的特权，敢于把自身的需求放在首位，他就给她贴上这样的标签。妇女解放运动中的激进人士受到这样的遭遇，在漫长的历史中远不是第一次；年长些的女性还能够回忆起，就在不久之前，任何成功、独立、生活不是围绕着男人的女性，都会被冠以这个名字。因为在这个性别歧视的社会里，一个女人如果要独立，就意味着不能再做一个女人——她必须成为一个"戴客"①。这已经说得足够清楚了：女人和人是两个矛盾的词语。仍然，在大众的观点里，女同

① 即"dyke"，意为女同性恋，尤指其中扮演男性角色者。

性恋和其他女人只有一个本质的区别——这就是说，当卸下了所有衣装后，作为一个"女人"的关键，就是要同男人上床。

——激进女同志群(Radicalesbians)，《女人认同的女人》(The Woman-Identified Woman)，1970 年

到了 1965 年，同性爱运动已经经历了一段漫长而痛苦的历程。一批新的改革者，以华盛顿马特辛社目中无人、不知羞耻的弗兰克·卡莫尼为代表，已经接任了领导职位。公共抗议大张旗鼓地开始了——卡莫尼自己就曾经禁止过一对女同性恋者在示威时牵手。在旧金山，同性恋者在个人权利协会(SIR)的帮助下攻下了选举政治的滩头堡，同性恋激进分子也同自由派的新教教会结成了同盟——虽然他们在其他地方几乎没有容身之处。

在 1965 年前后，同其他的运动相比，同性恋运动依然收效甚微。只有极少的一部分同性恋者参与到了运动当中(据一位历史学者估计，到 60 年代晚期，数百万名同性恋者中仅有五千名加入了同性爱组织)，也只有一些领导者才是真正"走出了私室"，愿意公开承认他们的同性倾向。在同性恋人群中，几乎没有值得骄傲的领袖人物——当时即使是沃尔特·惠特曼的同性情感也得不到关注。同性恋者仍然被绑在耻辱柱上，人们认为这是一种精神疾病，认为他们具有性犯罪的倾向，尤其是对少年的猥亵。即使是纽约这样的自由城市中，警方也禁止学校雇用被认为是同性恋者的教师，许多公司一旦发现员工是同性恋者，就立即将其解雇。在全国范围内，警界也宣称任何参与同性恋活动——异性恋眼中的同性恋活动——的人，都对"公共安全"构成了威胁，必须受到严惩。女同性恋者如果留男性化的短发，穿牛仔裤或是其他被认定为非女性化的服装，都会被认为是在"模仿男人"；在同性恋酒吧中喝酒聊天的男人们则会被驱赶、殴打，甚至告发，他们的姓名也会在报纸上曝光。最严重的是，即使到了 60 年代晚期和 70 年代早期，精神病学家和心理学家在研究中仍然将同性恋行为视为一种精神疾病。几千名男女同性恋者接受了数年痛苦的治疗——有时还包括电击——以此来试图改变自身的性取向。

左派与同性恋恐慌

在这种情况下，同性爱运动从 1965 年到 1969 年夏天以谨慎的步伐前进着，最终凭借在纽约石墙酒吧的一场暴动正式成为了一支政治力量。从那时起，原先的小范围民权运动扩大了规模，演变成了同性恋解放运

动，开始为同性恋的权利展开斗争。当时，关注于身份认同、意识觉醒和自决自主的黑人权利、妇女解放等运动正在蓬勃发展，而同性爱激进分子仍然固守着自己独立、狭窄的政治舞台，其中一个原因，便是左派中——不论新、旧，还是二者之间——泛滥的同性恋恐慌和强制的异性恋取向。同性恋恐慌将左派统一了起来，这种恐慌在所有人中普遍存在。不论是苏联、古巴还是美国的共产主义者和马克思主义者，长期以来都将同性恋看做是资本主义导致的腐朽衰败的主要佐证。当权的共产主义者从不对同性恋少数群体给予保护和认可，从来不赞成他们的权利；而远离权力的共产主义者(包括在美国的共产党人)，也从来不承认同性恋者受到压迫。新左派无非是加大了筹码——旧左派大多数时候对同性恋者只是采取无视的态度(马特辛社的创始人哈里·海并非被共产党除名，而是自愿退党)，而新左派则认为他们应当受到指责和攻击。持有各种信仰的黑人民粹主义者，也都对那些软弱、娘娘腔的男同性恋者——不论是白人，还是"模仿"白人的黑人——及其同性恋行为大力谴责。学生争取民主社会组织中的白人男性纷纷效仿这种"硬汉派"的作风，迫切地想要证明自己的"男人的资格"，以指责对方是同性恋者为乐。最后，许多女性主义者由于对"强势的女人都仇恨男人"这一由来已久的污蔑十分敏感，都不惜一切代价要表明自己的异性恋取向。正如第十一章中所述，贝蒂·弗里丹甚至试图将她所谓的"紫色威胁"从全国妇女组织中清除干净。但是，所有这些组织和运动，从共产党到妇女解放，都包含着许多隐秘的同性恋者，他们不敢对异性恋的朋友们说出真相，甚至不敢参加同性爱集会。当所有这些同性恋者在 1969 年和之后最终"站出来"时，就仿佛是突然出现的一批组织者大军——头脑机智、经验丰富。("站出来"是同性恋解放运动关键的政治行动，这意味着他们不再隐藏自己的性取向，意味着把真相告诉亲人、同事、伙伴和朋友，不管付出多么大的代价。)

同性爱运动被孤立的另一个原因，在于其领导人认为同其他运动结盟无利可图。他们认为同性恋者的身份已经带来了很大的困难，又何必再去加上"共产主义者"或是"激进主义者"的标签？他们的目标是将同性恋者联合起来，其他问题在他们眼中都无足轻重。很快，这种目标单一的做法就受到了年轻左派同性恋者强烈的挑战，但这种观点仍然重复地出现——一次是当同性恋者在 70 年代早期进入了主流政治，一次是当著名的同性恋领导人在 90 年代提出了一种社会同化策略。在 60 年代晚期，即使是好斗成性的同性恋改革者——例如个人权利协会的领导人弗兰克·

卡莫尼，例如纽约马特辛社的主席迪克·列兹(Dick Leitsch)——关注的也仅仅是向自由派的政客和报刊进行游说。他们以全国有色人种促进会为榜样，同该组织一样，马特辛社和比利蒂斯的传人(DOB)的领导者也都主要是中年的中产阶级。同警方实际交锋，到街上游行示威，参加温和抵抗或是破坏活动，似乎是纯粹的愚行。在这种情况下，1969 年 6 月 28 日的午夜时分，一些年轻的街痞和异装癖者——这恰恰是同性恋中最受鄙视的群体——在石墙酒吧门外攻击了警方，开始了持续数天的巷战，从而导致了同性恋解放运动的爆发。他们这种迥异的方式更像是在瓦茨(Watts)、底特律和纽瓦克的情景——警方不过是在例行公事地执行逮捕任务，却发现自己瞬间就被愤怒的人群包围了。

1965～1968 年："石墙"之前：运动的酝酿

石墙事件引起了巨大的震惊，6 月 28 日成为了"同性恋光荣日(Gay Pride Day)"，每年此时都会举行全国范围的游行活动，石墙事件在此后的几十年中也产生了巨大的文化影响力，这削弱了人们对事件之前同性爱运动的关注，也模糊了这一运动在此前四年的发展规模。以回顾的眼光来看，我们能够发现美国同性恋者中正在酝酿着新的诉求，激进化的发展迫在眉睫。对基本民权的要求在 1962 年或 1964 年还被认为相当激进，但到了 1968 年就显得有些过气。这一现象的原因之一，是同性爱运动的规模终于开始向全国性运动发展。直到 60 年代晚期，同性爱运动还被局限在纽约和旧金山，仅在华盛顿、丹佛、旧金山等少数几个城市拥有前哨阵地，运动没有全国性的组织结构，没有年度大会，也没有定期的信息交流——除了通过《唯一》和《向导》(*The Ladder*)杂志的报导和个人之间的书信。但在 1965 年后，由于媒体给予了更多正面的关注，也由于同性恋领导人承诺要为平等权利而战斗，同性恋者们(尤其是男人)开始在休斯顿、凤凰城和辛辛那提等中部城市组成新的团体。1966 年，十五个地方性组织的领导人在堪萨斯城举行了"策划会议"，促生了第一家全国性的同性恋权利组织：同性恋组织北美联合会(North American Conference of Homophile Organizations，简称 NACHO)。到了 1969 年，联合会中已有五十间地方性组织——虽然这相对于 70 年代到 80 年代成立的数千家同性恋组织仍是一个小数目。1968 年，学生同性恋联盟(Student Homophile League)在哥伦比亚大学成立，这是历史上第一个校园同性恋团体(成人同性恋组织对"恋童癖"这一指控非常敏感，从来不招收二十一岁以下的成员)。同样在 1968 年，同性恋组织北美联合会提出了一句口号——“同性恋是好的”，在今天看来，这和“黑皮肤是美丽的”这一口号同样平常，但在当时却是个振聋发聩的宣言。

1965年之后，同性恋领导人开始在各处获得实质性的政治胜利，并且赢得了许多自由派政客的承认。1966年，“比利蒂斯的传人”说服了旧金山市政府许多部门的官员与同性恋群体一起举行公众会议。个人权利协会的选举之夜上，许多重要的民主党人也宣称要与他们结成同盟，其中包括70年代国会中势力最强大的自由主义者之一、众议院议员菲利普·波顿(Philip Burton)，以及20世纪下半叶加利福尼亚州最具影响力的黑人政治家、议员威利·布朗(Willie Brown)。1966年，马特辛社在纽约成功地说服了市长约翰·林赛(John Lindsay)，这位自由派共和党人同意结束警方大范围的同性恋诱捕行动——这一行动曾经给许多男同性恋者的生活造成了巨大的痛苦。1967年，纽约市公务员制度委员会(New York City Civil Service Commission)也开始取消对市政府雇佣同性恋者的限制。

60年代晚期，美国公民自由联盟和美国民主行动等政府自由主义的支柱性组织，都开始支持结束对同性恋者的歧视，支持成年人掌握自己私生活的权利。在当时只有两个州的法律不把鸡奸(通常被定义为一切口交和肛交)定为重罪的情况下，这无疑是一次巨大的突破。代表着主流新教教派的全国基督教协进会(National Council of Churches)也开始正式会见同性恋激进分子，重新考虑自身的立场。事实上，现在主流同性恋团体的许多核心机构的成立都远早于石墙事件。1968年，《支持者》(*The Advocate*)杂志作为一份正式油印出版的时事通讯开始在洛杉矶发行，现在杂志已经成为了一份主要的同性恋周刊，读者达到了数十万。同样在1968年，特洛伊·佩雷(Troy Perry)神父在洛杉矶的一间起居室里创立了大都会社区教会(Metropolitan Community Church)，这在此后成为了公认的新教派别，在国内拥有数百间教堂。

从同性恋领导人的角度来看，所有这些都意味着他们正在逐渐赢得社会的宽容，逐渐推翻合法化的歧视。当时同样也能看到愤怒的激进主义的影子，一些同性恋者无法容忍社会的漠视，他们要求“不同”的权利，甚至是要光明正大地表示这种“不同”。1967年早期，在洛杉矶酒吧暴力搜捕事件之后，数百名男同性恋者在日落大道上举行了示威集会，这是一次前所未有的行动，洛杉矶警局举国闻名的强力镇压和公开的同性恋恐慌，更使这场运动显得尤为突出。1968年，从个人权利协会分离出来的同性恋自由委员会(Committee for Homosexual Freedom)在旧金山成立。仅是把"同性恋"放在组织的名称中，就是一种相当激进的做法，委员会的创始人也强烈地谴责其他同性恋领导人谨小慎微的态度，号召要发起一场"同性恋革命"。该地区最著名的地下刊物，《伯克利吟游者》(*Berkeley Bard*)，刊登了他们半裸相拥的照片。这些人大多是年轻的激进分子，他们对麦卡锡主义笼罩下的50年代所知甚少，他们想要成为"运动"的一部分，想要融入整体的新左派，他们要获得自身的解放，要勇敢而坚定地表达自己，不论要通过怎样的手段，付出怎样的代价。石墙事件给他们带来了这样的机会——以自我保护的方式。

石墙暴动和同性恋解放的出现

"石墙"拥有许多种含义。最初，这只是格林威治村中心喜来登广场上一间没有营业执照的破旧的酒馆，来这家酒馆的人多是街痞、未成年的逃犯和异装癖者——正是同性恋群体中最难缠的那些人，同性恋组织者们把他们看做瘟疫，唯恐避之不及。但是从1969年6月27日起，警方的例行搜捕引起了群众的暴乱之后，"石墙"便不再仅仅是一家酒馆。似乎是突然之间——不知是因为一些异装者在被粗暴地推进警车时不断奋力地挣扎，还是因为长期以来酝酿的仇恨——旁观的同性恋者开始向警方投掷酒瓶、石头和硬币。警察们受到围攻，无力抵抗，最终在酒吧中被关押了接近一小时，直到增援人员到达才获得释放，此时聚集人数已达到两千名。在此后的数天内，格林威治村街上的群众暴乱和警方的暴力镇压一直没有间断，头破血流的激战场面中夹杂着一种狂欢的气氛——据说异装癖者为了嘲弄纽约警局臭名昭著的战术警力，甚至排成一行跳起了踢踏舞。

仅仅是这些因素，就足以给石墙运动带来重要的历史地位，因为此前同性恋者从未展开过这种规模的公开反击，从未挑战过警方对社区的控制权利。但在此之外，"石墙"作为一场关键性的战役——类似桑特堡(Fort Sumter)之战和珍珠港突袭——还代表着意识上的巨大变更。这场觉醒带来了新的组织策略，也带来了新的语言。"同性爱"这个词立刻就变得多余了，马特辛社和比利蒂斯的传人也是这个道理。对"男同性恋(gay)"、"女同性恋(lesbian)"、"同性恋(homosexual)"等词语的忌讳不再存在。同政府官员们彬彬有礼的会晤被激烈的交锋所取代；"听听同性恋者的声音"在纽约也成为了嘹亮的口号。他们放弃了对社会同化和宽容的追求，开始强调差异和自身的荣耀感。他们不再满足于免受侵扰，开始提出权力的诉求——就像其他受压迫者所发起的运动一样。

但是，尽管同其他解放运动存在着诸多相似之处，在同性恋解放运动的初期(1969～1975 年前后)，同性恋者是否应当同左派运动联合起来始终是一个颇具争议的问题。随着时间的变化，大家对单一目标的策略渐渐达成了共识，这种共识标志着从同性恋解放运动向同性恋权利运动的转变。同时，同性爱运动中隐藏的不满情绪也浮出了水面——随着女同性恋者被妇女解放运动赋予了越来越多的权力，她们开始向男同性恋的性别歧视发起强有力的挑战。许多“女人认同的女人”从运动中分离出去，组成了独立的全女性团体，这场特殊的女同性恋—女性主义运动在妇女解放运动和同性恋权利运动之间，找到了一块狭窄的容身之处。

石墙事件发生一个月后，一群青年激进分子在纽约马特辛社的协助下举行了一次集会，会上他们决定要自己开创一条新的道路，同时与新左派建立联系，这标志着同性恋解放运动的诞生。7 月 27 日，暴动满一个月纪念时，他们在距离石墙酒吧仅几个街区的华盛顿广场公园策划了一次抗议集会，许多新的领导人——例如玛莎・雪莉(Martha Shelley)、曾经的雅皮派吉姆・弗拉特(Jim Fouratt)以及马蒂・罗宾逊(Marty Robinson)——面向五百名同性恋者发表了激进的讲话。7 月 31 日，他们再一次举行会议，效仿越南的“民族解放阵线”，将组织的名称定为“同性恋解放阵线”(Gay Liberation Front，简称 GLF)。他们很快开始散发一份传单，传单的标题颇具煽动性：“你认为同性恋是在反叛吗？你说对了！”传单上还介绍了每周定期的集会，他们宣称：“我们要在革命运动中找到自己的位置。”很快，同性恋解放阵线就成为了一片毫无拘束的自由天地：一些激进分子在同性恋集会上大肆谴责温和派的态度，另一些人则组织起了“意识觉醒”活动；同性恋解放同第三世界革命、黑人权力运动、社会主义和越战的关系问题也经常会引起激烈的争论。同性恋解放阵线还派出成员高举着旗帜参加主要的反战游行，这更是给温和派带来了极大的震惊。他们的成功示范星火燎原般引起了很大的反响，洛杉矶、费城、旧金山和芝加哥也纷纷成立了同性恋解放阵线，相似的组织更是如雨后春笋一般在各地不断涌现。纽约同性恋解放阵线分划成了十九个“单元”，每个单元负责不同的事务，并每周定期举行联络舞会，这种舞会取代了价格昂贵的有黑手党背景的酒吧，事实证明这一改革在政治上和经济上是一次巨大的成功。他们还曾经包围了纽约《乡村之声》(*Village Voice*)的报社——这份报纸的视角非常独特，在读者中也享有盛名，报社中存在很强的同性恋恐慌，甚至在一篇报导中将石墙暴动称做“大规模变态叛乱”，还审查删改了同性恋解放阵线分类宣传单中的“同性恋”字眼——并且获得了立刻的让步。

同性恋解放阵线在巅峰时期和新左派的联系也成为了其日后的动力。1969年是极为重要的一年——越南缓议运动停止了全国大部分地区整整一天的工作事务；黑豹党领导着国内的激进思想；青年贵族党成功建立；妇女解放运动得到了媒体巨大的关注；新的革命活动不断涌现。在这种情况下，一年之前还被认为是离经叛道的行为——同性恋者不仅宣扬要对自身的取向感到自豪，还摆出了一副革命的姿态——现在只是诸多变更中的一个。在纽约，甚至在西海岸，反战运动为同性恋解放运动者提供了一个机会，使他们能像非裔美国人或是奇卡诺人一样融入到新左派之中，同时保持自己的独立身份。1969、1970和1971年，巨大的反战联盟成为了同性恋群体的公共聚集地，让他们能够作为一个团体"站出来"，给他们带来了举行独立会议的绝佳时机。战争在新的运动和旧日的同性爱者之间划出了明确的界限。人们不难预料，个人权利协会和马特辛社大力支持同性恋者参战服役的权利，他们对越战不曾表示出任何明确的姿态。颇为讽刺的是，在拒服兵役宣传册的指导下，经常有年轻的异性恋者在义务兵表格中填写自己具有同性恋倾向，以此来逃避入伍。在新的同性恋解放团体中，许多领导人都直接来自反战运动，莫里斯·凯特(Morris Kight)就是其中之一，他曾经担任陶氏行动委员会(Dow Action Committee)的地方领导人(陶氏化学公司作为固体汽油的制造商，是抵抗者进行联合的主要对象)，还于1969年12月创立了洛杉矶的同性恋解放阵线。

政治转向：从"同性恋解放"到"同性恋权利"

很快，纽约同性恋解放阵线中的一部分成员对组织的策略——同整体新左派结成坚固的同盟——提出了异议。在1969年12月，他们针对是否应该向黑豹党捐款展开了一场激烈的争论，于是在特里·罗宾逊(Terry Robinson)、吉姆·奥斯(Jim Owles)和亚瑟·埃文斯(Arthur Evans)的带领下，一部分人从组织中分离出来，成立了同性恋行动联盟(Gay Activists Alliance，简称GAA)。从此之后，随着同性恋解放阵线逐渐衰落，同性恋行动联盟开始占据主导地位，成为了全国最具影响力的同性恋组织，成为了这一新兴运动的先锋。同性恋行动联盟的两个关键立场定义了它的性质。首先，该组织的章程明确规定这是一个单一目的的组织，只涉及同性恋相关的事务。他们不争论左翼的理论、资本主义的实质或是否同黑豹党结盟，这就使他们能够更关注于行动。其次，这种正式的章程规范了组织的运作：干事们由选举产生，会员必须缴纳会费，而这些都被同性恋解放阵线视为精英主义和等级制度，他们宁可通过共识来展开工作，没有选举，也没有正式的领导者。

对于组织结构和工作效率的强调，并没有削弱同性恋行动联盟的斗志。一部分自由派决策者一方面害怕被指控为顽固不化，另一方面有时也会需要同性恋者的选票，同性恋行动联盟向这些从政者发起了强大的攻势，也正是以此建立了自身的威望。他们的目的只有一个——在纽约市通过禁止歧视同性恋的法令。为了能在纽约的政界中造成影响，同性恋行动联盟采取了“粉碎”计划——突然的、意料之外的、面对面的行动，这种行动会将他们的目标置于一种尴尬的境地，也会引来媒体的关注。约翰·林赛市长——当时这位自由派民主党人正计划参加1972年的总统大选——是同性恋行动联盟“粉碎”行动的最主要目标。他们在博物馆开幕仪式上，在摄影棚录制电视节目的过程中，甚至是在格雷西大厦①里和林赛展开了正面交锋。林赛的高级副官们——包括警方的指挥官和教育界领导者理事会的成员——也都是他们的目标。他们的第一次同性恋静坐示威活动就占领了州级共和党委员会的总部，但这也导致五人因非暴力反抗而被捕。

同性恋行动联盟很快取得了成果。在1970年，和平运动者、女性主义立法工作者贝拉·艾布扎格在初选中竞争曼哈顿的议会席位，其对手是一位民主党的在任者。在同性恋行动联盟的支持下，她在一家大型男同性恋浴场中展开了竞选活动。艾布扎格激动地拥抱了同性恋者，他们也作出了热烈的回应，很大一部分人成为了她的竞选活动志愿者和选民。其他许多自由派民主党人也从艾布扎格这场出人意料的胜利中获得了启示。国会议员爱德·科赫(Ed Koch)就采取了相应的策略，大力反对同性恋所受到的就业歧视和惩治鸡奸的法律。当格林威治村另一间酒吧发生的搜捕导致167名男同性恋者入狱，并引起了同性恋行动联盟愤怒的抗议时，科赫站在他的选民的立场上，公开地对警方专员进行干预。其他拒绝作出回答或是迎合同性恋恐慌的自由派人士，都遭到了无情的谩骂和公开的羞辱。1971年5月，同性恋行动联盟扩大了自身在纽约同性恋文化中的影响力——他们买下了曼哈顿南部一间老旧的消防站，在门外挂起了巨大的横幅，开始每周定期举行舞会。这些大规模的举措显示出他们丰富的经验，也会带来丰厚的成果。

---

① 纽约市市长官邸。——译注

全国范围内的青年同性恋解放论者都将目光转向了纽约。他们阅读同性恋解放阵线和同性恋行动联盟的通讯报道，邀请组织者们到家里造访(同性恋行动联盟管他们叫做"先驱者")，并且效仿他们利用媒体的技巧，以他们为榜样，致力于在酒吧之外为同性恋群体建立公共的空间。不断涌现的抗议活动和组织建设给1970年和1971年带来了喧嚣，也带来了高潮，许多"第一次"都是在这一时期出现。新的同性恋解放阵线在洛杉矶小试牛刀，包围了西好莱坞的一家饭店，"巴尼小餐馆"——这家餐馆虽然拥有大批的同性恋顾客，却还是贴出了这样的标语："同性恋变态滚开"。直到1970年早期，经过了数月的静坐和"静餐"活动，标语终于被撤了下来。1971年晚期，第一家同性恋社区服务中心在洛杉矶成立了，这是一家法律承认的慈善机构，卫生、教育、福利部门都向其提供稳定的捐款。就在此前的1970年5月，在明尼阿波利斯市，两个中产阶级的年轻人，杰克·贝克(Jack Baker)和麦克·麦康奈尔(Mike McConnell)也展开了他们自己的"粉碎"行动——申请结婚证书。他们成为了同性恋争取权利的第一个典范。1971年春天，贝克在明尼苏达州立大学获选学生团体主席，媒体对此大加报导——此前在美国没有公开的同性恋者获选过任何职务。波士顿也出现了许多新的发展，其中包括报刊(《法格莱格》报，即 *Fag Rag*)、定期的广播节目、同性爱社区卫生服务中心，以及同性恋演讲筹划署(Gay Speakers Bureau)。同性恋者还计划在麻省理工学院举行一个"同性恋交际会"，这引起了巨大的纷争。1970年6月，旧金山、洛杉矶和纽约举行了第一次石墙事件的纪念活动。这次活动使此前任何同性恋示威活动都显得黯然失色。两万五千名活动参与者站满了纽约中央公园的"山羊草坪"——这甚至上了《纽约时报》的头版——他们是要向世界展示，一个新的、自觉的、政治化的少数派团体已经诞生了。

虽然在湾区，个人权利协会在石墙事件若干年之前就开始进行选举动员，但旧金山终于还是持平了纽约。贝拉·艾布扎格之后，下一个公开争取同性恋人群选票的从政者同样也是个异性恋的白人女性，黛安·费斯汀(Dianne Feinstein)。1971年，作为一位城市监管人，费斯汀参与了旧金山市长的竞选，虽然最后惜败，但竞选活动仍是可圈可点；之后她最终获选了市长，并在90年代成为美国参议员。更具纪念意义的是，1971年理查德·霍吉斯托(Richard Hongisto)在城市治安官的竞选中获胜。霍吉斯托是一个特立独行的人物——一位具有左翼倾向的执法人员。

他的竞选活动的焦点，是结束警方肆意对少数民族、激进人士和同性恋者施暴的行为；他的竞选徽章是治安官徽章同和平符号重叠的图案。这种竞选活动的侧重帮助他击败了保守的、反对同性恋的在任者。当霍吉斯托获胜后，旧金山的同性恋者在市政厅中——这里曾经有他们最可怕的敌人——终于有了一位朋友。正是在这种氛围中，移居纽约的哈维·弥尔克(Harvey Milk)以其领袖魅力将卡斯楚区转变成了同性恋政治权力的基地。作为公认的"卡斯楚街市长"，弥尔克于 1977 年获选了城市监管人。1978 年，另一位保守的监管人，曾经的警官丹·怀特(Dan White)，将弥尔克和自由派市长乔治·莫斯肯(George Moscone)谋杀在他们的办公室中。

1971 年早期，弗兰克·卡莫尼从哥伦比亚区获选进入国会，这是所有这些突破中最突出的一个。国会曾经给予过哥伦比亚区一个免投票的议会席位，这场特殊的选举计划在 3 月举行。同性恋运动的核心成员意识到这是一个将同性恋权利植入地方和国家政界的绝佳机会，他们选中了卡莫尼，因为他是城市中突出的同性恋运动者，并且已经拥有了十年的活动历史。他不仅是一名口才出众的哈佛大学博士，还代表着打破传统的新势力。同性恋者纷纷出资赞助——从酒吧、浴室的老板到同性恋色情杂志的出版商。他们所面临的第一个挑战，是让卡莫尼作为个人自由党(Personal Freedom Party)的候选人写入选票的名单，而这就需要八千个签名。这是一个艰难的任务，因为任何要求签名的人都会被认为是同性恋者，因为这需要"站出来"。在这个关键时刻，同性恋行动联盟作为这一全国运动中的突击队"站了出来"。在几个周末的时间里，数十名运动参与者来到了华盛顿，在同性恋酒吧和社区气氛比较自由的停车场中寻找签名。他们终于让卡莫尼登上了选票的名单，卡莫尼也攻势强烈地展开了竞选活动，作为一名正式的候选人不时地进行着辩论和演讲。他最终赢得了 1.6%的选票，在候选人中位居第四，但这是一场精神上和政治上象征性的胜利。他的支持者们很快成立了华盛顿同性恋运动者联盟(Washington D. C. Gay Activists Alliance)，这种由同性恋产业支持、几乎全部由男性经办的组织模式，以及他们对合法性和认可的不懈的追求，给此后整整一个时代的选举策划运动带来了深远的影响。

从 1972 年开始，同性恋权利运动的重点逐渐地转向选举政治，在民主党中，他们不再局限于纽约和旧金山，而是占领了一块全国性的阵地。这种同性恋政治职业化的倾向反映出大多数"站了出来"的同性恋者已经不再专注于激烈的抗议活动。在1969年至1971年的激进主义的影响下，在像旧金山卡斯楚区这样公开的同性恋活动地出现了同性恋社区，这里同性恋者可以拥有更多的自由，可以享受此前许诺的"无条件"的性解放——直到80年代晚期艾滋病的流行。同性恋行为开始激增，生活方式也变得更加公开，不再有此前的躲藏和畏缩。至于女同性恋者到底如何融入了这个由男性统治的寻欢作乐的世界，至今还没有公认的结论。

1972年早期，当总统初选不断升温时，吉姆·福斯特(Jim Forster)在旧金山成立了爱丽丝·B. 托克拉斯(托克拉斯和她的情人，作家格特鲁格·斯坦〈Gertrude Stein〉是两次世界大战期间巴黎一对著名的女同性恋者。)民主纪念协进会(Alice B. Toklas Memorial Democratic Club)，这件事情具有尤其重要的意义。该组织在幕后支持了乔治·麦戈文的总统竞选，帮助他取得了加利福尼亚初选的关键胜利。福斯特一直期待着麦戈文能够支持同性恋权利的政治条款，这是1972年冬天八十六个不同的组织在芝加哥所确定的主要目标。他们取得了卓越的成功，四位民主党候选人(麦戈文、约翰·林赛、黑人女性议员雪莉·齐休姆，甚至还有前副总统休伯特·汉弗莱)都以某种方式对同性恋权利表示了支持。就林赛的情况来说，迫于竞选的压力，1972年3月，在同性恋行动联盟向他"宣战之后"，他促使纽约城通过禁止歧视同性恋的行政法令。但是，在8月迈阿密的民主党大会上，麦戈文的同性恋支持者却被置于举步维艰的困境。由于已经开始担心被指控为激进主义，麦戈文的助手说服了纲领委员会拒绝支持流产权和同性恋权利法案。他们所做出的唯一让步，是允许男女各一位同性恋者在凌晨四点时，有十分钟的时间为他们的少数群体辩护。这成了又一个"第一次"——同性恋者第一次在主要的政党大会上致辞——但是代表们对他们不是忽视，就是嘲笑。代表们的侮辱和麦戈文含糊其辞的做法大大激怒了纽约同性恋行动联盟的领导者，他们占领了他的竞选办公室，强迫他对这种歧视作出强烈谴责。

虽然存在着这一令人不快的经历，但麦戈文的竞选仍然是同性恋者向主流政界迈出的一大步。在波士顿，一个秘密的同性恋者巴尼·弗兰克(Barney Frank)，在同性恋者群体的支持下得到了州立法机关的一个席位，并许诺要大力促进反歧视法令的通过。(弗兰克在1981年进入国会，最后终于表明了自己的性取向。现在他已经成为民主党国会领导层的一部分，并且是全国同性恋政治家中最具影响力的一个。)此后在1974年，伊莱恩·诺波(Elaine Noble)，一位激进的公开女同性恋者，在进步团体中赢得了广泛的支持，并最终获选马萨诸塞州议会代表，取得了一场具有历史意义的胜利。

当时同性恋权利运动最重要的胜利发生在医学界。同性恋者长期以来都不得不面对将他们定义为疾病的“指控”。1973 年 12 月 15 日，美国精神病学协会通过投票，决定在该行业的标准手册，《诊断与统计手册》(*Diagnostic and Statistical Manual*)上将同性恋从精神疾病的目录中取消。自从二战以来，将同性恋定性为疾病的诊断，让军队、政府机构和私人员工对同性恋者的歧视变得合法化。数千名精神病学者在他们的职业培训中都将同性恋作为一种病理来研究，其中许多人数年以来还试图将同性恋者“治愈”，让他们成为“正常”的异性恋者。来自外界的持续压力，促使坚信同性恋属于可治愈疾病的医生进行真诚的自我反省，并最终让美国精神病学协会改变了自身的观点。

与美国精神病学协会的抗争(以及此后协会内部的争斗)开始于其 1971 年 5 月的大会，在会上，男同性恋者们打断了有关同性恋的会议进程，他们通过扬声器大声呼喊，并且跑上了会场，表达了他们对自己被认定为疾病患者的愤怒。他们的要求十分简单：关于同性恋的讨论应该允许同性恋者的参与。这次愤怒的爆发促使 1972 年大会上召开了一场座谈会，弗兰克·卡莫尼等领导者也都参与了这次会议。会议成立了一个特别委员会来研究这个问题，在大量的听证和调查后，委员会得出结论，认为将同性恋归为精神疾病只是一个推论，而非经过了验证的假说。1973 年，美国精神病学协会投票决定将同性恋从《诊断与统计手册》上取消，并且通过了一项决议，支持同性恋人群的平等和完整的公民权利。这一决议对于同性恋者无疑是一座里程碑，其重要性不亚于罗诉韦德案对于女性主义的重要性。这从根本上改变了同性恋者在美国社会中的地位，为他们在争取公民权利的路上扫清了巨大的障碍。

伊莱恩·诺波在 1974 年选举中的胜利和美国精神病学协会在 1973 年的决议，显示出同性恋者在这几年间已经取得了巨大的进展。1968 年，由一位女同性恋者来担任州立法者在大家看来还是不可思议，而 1974 年这却真实地发生了，甚至几乎没有引起骚动。让所有人都感到惊讶的是，同性恋者进入自由派民主党政坛几乎和黑人激进分子、反战运动者和女性主义者一样简单——虽然很快民主党中的新右派组织者们就开始对“旧金山民主党”进行攻击，认为他们是一个颓丧而无耻的党派。与此相似，认为同性恋者是“病态”、堕落和神经反常的看法仍然被大部分人所接受，职业、医药和法律界的权威也一再重申这一观点——将这些反对力量一举击败看起来还需要很长的时间。事实上，许多同性爱运动者已经认可了这种"疾病"和"异态"的诊断——他们只是要求社会能够任其自生自灭。而到了70年代中期，那样的日子看上去已经非常遥远了，仿佛只是50年代的一块残骸。

女同性恋者和"女人①的文化"

但是，这种表面上的胜利——来自社会上更多的接受，自身宣称的权利和力量，海岸城市中出现的同性恋社区——并不是1969年到1975年间故事的全部。还有一种冲突也始终没有走出人们的视野，这就是男同性恋者对运动的统治所激起的愤怒。同性恋解放阵线、同性恋行动联盟及当时其他组织运动的大多数领导者都是男性，较为突出的女性只有玛莎·雪莉和伊莱恩·诺波等极少数人。白人男性统治了这一运动，就像在黑人权利运动和妇女解放运动独立发展之前他们统治着新左派一样。这种相似的愤怒之情让许多女同性恋者也采取了相似的策略。此前比利蒂斯传人中的女性成员长期以来都对马特辛社怀有不满，不希望被他们当做附属的组织。而现在这些成员和年轻的女同性恋者组成的运动不得不腹背受敌——贝蒂·弗里丹等女性主义者，甚至是许多激进的女性主义者，都将她们看做是一种尴尬的存在。

作为回应，女同性恋者也在两条阵线上展开了斗争，结果也是喜忧参半。在萌芽的女性主义运动中，她们在很大程度上取得了认可，达成了同盟。她们的首次攻势是在1970年5月，在全国妇女组织的联合女性第二次代表大会上发起了著名的"粉碎"行动，同异性恋的女性正面交锋。正如此前所讨论的，弗里丹虽然成功地将同性恋妇女从纽约全国妇女组织最大的支部中短暂地驱逐出去，但最终在1971年的大会上落败，全国最大的女性主义团体也成为了同性恋权利坚定的支持者。很大一部分激进主义女性主义者都坚信"女性主义是理论，女性同性恋是实践"，从而断绝了同男性的一切关系。不久之后兴起了一种新形式的女性主义，这就是"政治女同志"，这一女性主义派别一方面认同女性，另一方面在是否和男性发生性关系上则没有严格的规定。而对一些终生保持同性恋取

① 原文"女人"一词为"womyn"，这是女性主义者为避免"women（女人）"中出现的"men（男人）"而创造的词汇。——译注

向的妇女来说，这构成了一种侵犯——她们认为性取向不是一个可以选择的问题。从这一点我们可以看出同性恋与异性恋的分歧之战给妇女解放运动带来的纷扰与动荡，但同时也显示出女性主义者不再将异性恋默认为常态——这是一个巨大的进步。

女同性恋者在和男同性恋的交锋中就不那么幸运了，事实证明，不论男人的性取向如何，性别歧视的问题始终存在。男同性恋者在一个时期内专注于酒吧和寻求性经历的亚文化和许多女同性恋者大不相同。70年代早期，男同性恋者的自由公共空间迅速地拓展，在卡斯楚等区域内布满了迪斯科舞厅和浴室，而女同性恋者则渐渐撤回了她们自己的“女人的世界”。甚至在纽约同性恋解放阵线和同性恋行动联盟成立的早期，男性对周末舞会的统治就已经成为了争论的焦点。在舞会上，女性们最先是自行组织结伴跳舞，之后就常常选择离去。另一个分歧的问题是关于“异装癖”，也就是男性性别转化者。女同性恋者受女性主义分析的影响变得更加激进，她们认为男性夸张地采用女性化的装扮(衣裙、化妆品、高跟鞋、假发以及填充了的胸衣)对她们是一种侮辱，是在戏仿她们所受到的压迫，就像白人装扮成黑人一样。于是，在短短几年之内，这种“同性恋女性主义”便扎下了根基，她们游离于同性恋权利运动之外，在女性主义内部艰难地与其共存。激进女性主义渐渐放弃了剑拔弩张的姿态，演变成了文化女性主义，关注女性同男性根本上的不同，以及女性之间的同胞关系。许多女同性恋者认为女性伴侣比任何男性都更加相投，不论他是同性恋还是异性恋。此后，男女同性恋者之间的矛盾得到了弥合，他们共同构成了一个政治阵线，但他们经历上的巨大差异却始终没有消失。

70年代，同性恋权利运动蒙上了越来越多的主流色彩。1973年，全国同性恋工作组织(National Gay Task Force)①成立了，这一组织是一个自觉的宣传游说性组织，刻意地避免了同性恋行动联盟因此著名的对抗性策略。此后，该组织和人权战线(Human Rights Campaign)等组织一起成为了美国同性恋者的标志。这一组织始终对异装癖者、“皮革男孩”和其他顽固的性解放论者持反对态度。对于这些组织和数千名从70年代开始“站出来”的同性恋男女来说，艰难的公民权利，同性爱运动悄无声息的发展，以及石墙事件之后四五年内全力以赴的动员活动，都成了一段记忆的神话。缓慢的进展和突然的胜利都很容易被遗忘。就像非裔美

① 也即此后的全国男女同性恋工作组织(National Gay and Lesbian Task Force)。

国人和其他有色人种最终争取到了选举权和公平就业机会一样，男女同性恋运动者获得的政治空间也被认为是自然演变的结果，虽然仍有许多恐怖的事件——例如马修·谢巴德(Matthew Shepard)由于同性恋取向而被残虐致死——提醒我们，许多美国人依旧恐惧和仇恨着同性恋者，并且仅仅是因为他们的存在。但是，如果要理解同性恋解放和同性恋权利运动究竟获得了多少成果，就必须要牢记是在什么样的美国社会中，法律界、政府和医药界都会坚持认为一种特殊的性取向必然是一种病态，甚至是一种罪行。

第十三章　胜利与失败：新左派带来的民主化进程

新左派为什么没能得以延续？这个问题人们问了许多次，但却总是基于一个错误的前提——长远看来，新左派唯一切实的成功只能是成立新的政治党派和相应的组织机构。很明显，这并没有发生。一种更好的提问方式是：新左派给美国社会带来了什么样的永久性影响？这种影响的哪一个方面最为成功？为什么？新左派在多大范围内永久地改变了美国，又因为什么没能保持成功？要想得到这些问题的答案，我们需要回顾一下新左派从60年代晚期至70年代中期，作为"运动"的整体的演变。

1968～1975年：融入主流

1968年之后的五年里，已有的运动显著成长，并且纷纷转向了左派，同时新兴的运动也在飞速发展。人们不得不学习一种全新的政治语言："非裔美国人"代替了"黑鬼"，"女士"代替了"太太"和"小姐"，其他词汇还包括"性别歧视"、"父权制"、"同性恋恐慌"、"奇卡诺"、"有色人种"、"第三世界"和"联盟"等等。新的选民群体进入了政治、学术和媒体舞台。持续了几个世纪的观念——标准意义的美国人是白种、异性恋的男性，不论他们的阶级地位，不论是贫穷还是富有——被瞬间彻底地推翻了。这一文化上、法律上和政治上的革命引起了狂恣的愤怒和激烈的抵抗，这不止是来自白人男性，同时也来自数百万坚持旧秩序中女性被限定的传统角色的妇女。

随着战争的结束，随着尼克松陷入水门事件的沼泽，1968～1972年的激进浪潮无可避免地渐渐式微。在数年的分歧之后，一种政治上的消沉笼罩着美国政界。杰拉德·福特总统在1974年9月宣布"我们国家长期的噩梦"终于结束了，紧接着是尼克松的被迫离任以及福特对他的赦免，此时国内大多数人都和他达成了一致，都迫切地希望回归到一种正常的生活。社会结构和经济上巨大的变更作为一个重要的因素，显示着一个时代的结束。自50年代起，新左派在经济繁荣的促进下稳步地发展，工作机会不断增加，最低工资的购买力也有了显著提升(以2000年的美元价值来计算，1966年每小时工资最高曾达到8.17美元)。住宅、医疗保险和高等教育的花费远比今天廉价，组织筹备的费用也相对较低。只要一些印刷机、电动打字机、二手家具和极少的员工薪金，就可以维持一个组织的运行；学生非暴力行动协调委员会地方联络员们的工资只相当于现在的每周50至60美元，而这在当时完全能够满足他们的花销。在这种所谓的"丰裕社会"(或者"后匮乏社会")里，许多中产阶级的年轻人都把赚钱看得不那么重要，因为手中的钱已经足够了，这就给新左派提供了一个契机。随着滞胀①和70年代早期开始的地方性经济衰退以及物价上涨情况下的高失业率的出现，所有这些都开始迅速地变化。这一部分是由于越战的大量花费，一部分是由于1973年10月石油输出国组织(Organization of Petroleum Exporting Countries，简称OPEC，包括全部主要的阿拉伯国家)对美国实施的石油禁运——这是因为美国在同年的"赎罪日战争(Yom Kippur war)"中支持了以色列对埃及和叙利亚的进攻。这一事件带来的能源危机——加油站前的长队和飙升的燃料价格——给美国社会当头浇了一盆冷水。这使数十年以来美国社会的主体第一次为经济感到忧虑，也冷却了60年代晚期革命的狂喜。

在这种情况下，一些学者宣称新左派就这样消亡了，像一个少年的爱情。事实上，它的命运比这要复杂得多。确实有一些运动衰落了，原因很明显，反战运动一旦达到了目的就迅速地淡出了人们的视线，虽然它仍然影响了接下来数十年中的新和平和反干涉运动。但是也有一些运动在70、80和90年代中持续地发展，例如妇女运动和同性恋运动。这些运动共同的模式是扎下了组织上的根基，不断地在权力的战场中——

① 经济停滞状况下的通货膨胀。——译注

不论是国会还是市政厅——寻求着发言权，寻求着立足之地。将这种制度化和新左派的“死亡”混淆，就是混淆了运动最广义的政治目标——获得权力，带来改变。因此，不能因为一些运动及其成功的活动融入了主流的公民社会，就误认为激进主义已经灭亡。毕竟，严肃激进主义者的目标理应是不再“激进”，不再在边缘地带为了引起人们的关注而高呼，而是展开针对统辖方式的严肃协商。以此为评判的标准，新左派赢得了许多胜利。

正如此前的章节所述，对1968年后十年中新左派的介绍，可以追溯到各个不同运动的独立、自觉的发展。将激进分子们不分种族、性别和政治立场联合起来的尝试，大多数都失败了，不论是1967年11月的“全国新政大会(National Conference for a New Politics)”——会议试图让金博士参加1968年的总统竞选，让和平运动者本杰明·斯波克博士做他的竞选伙伴——还是1970年8月黑豹党的革命者宪政大会(Revolutionary People's Constitutional Convention)。在60年代晚期，新左派甚至是一个更加多元的“运动的运动”，这些运动的共同之处，是对冷战自由主义、白人至上主义以及美国所扮演的世界主宰角色的抵制。这些运动打破了旧日的冷战共识，并且在“单一目标”政治上取得了卓越的成功——它们在这个世纪中的表现始终可圈可点。统一运动的出现则十分少见，例如1969年至1971年的大规模反战游行，为休伊·牛顿(Huey Newton)等被监禁的领导者进行法律辩护，以及在旧金山和纽约等左翼势力范围中进行的选举活动，在这些情况下，来自各个运动背景的积极分子联合了所有的支持者，达成了胜利的同盟。

但是在70年代早期，有两项重要的举措，试图将新左派的众多运动联合成一个并行的、多目标的运动。其中一件是尝试创立一个新的共产党，以全面的马列主义策略来通过革命夺取权力，这种所谓“党派创建”的努力，显示出左派人士重新给予了马克思主义理论和社会主义实践高度的关注。虽然数千名经验丰富的运动者参与了这一尝试，但这个“新共产主义”计划最终遭遇了失败，计划错误地估计了70年代美国的政治局面和气候。事实证明，新共产主义意识形态上的尖锐腔调和组织的僵化停滞已经无法与时代同步，不能跟上新左派自身给美国文化带来的自由、宽容的多元化倾向——任何人都可以掌握自己的节奏。

激进化的自由主义是70年代早期的主要趋势，这让全部的新左派，从黑人权力运动到同性恋解放运动，都进入了选举政治和民主党的舞台。这种“新政”最突出的表现是1972年麦戈文的竞选，并且在此之后延续了很长时间。其最终的结果，是自40年代起第一次在全国的政界中形成了稳定的左翼代表。在某种意义上，在70年代新左派达成的广泛的选举联盟中，温和派和保守派人士仍然存在。

1970年后，在新左派的最后一个阶段，同样在高等教育群体中出现了缓步发展的革命。很多新左派的成员都来自大学校园，许多人现在成为了研究生和助理教授。他们重新回到运动当中，决心建立一个新的学术机制，要将年轻人培养成具有判断力的思想者，而非沉默不语的白领工人。这一占领学术界的计划十分成功。人文社科的各个部分都从内部展开了激进的革命，具有左翼背景的学者们也争取到了权威性的位置。最终，当70年代中期新左派的许多运动融入了美国社会的结构时(民主党、大学、教会、工会和游说性组织)，针对许多问题——美国对第三世界国家的干预、激进环保主义、妇女遭受的暴力、消费者权利和住房供给等等——又出现了新兴的运动，其中一部分萌芽自早先的反战组织、民粹组织和女性组织，另一部分则是新生的运动，但所有这些运动都延续到了70年代晚期，80年代，以及此后。

上述的四种现象——激进化自由主义的“新政”；新共产主义运动；激进分子占领高等教育界的运动；60年代后的新社会运动——共同构成了新左派最后的舞台。我们需要评估新左派的成就和失误，评估它在哪种程度上击溃了冷战自由主义，在哪种程度上因其政治权力、民众支持和组织能力的不足而无法对美国社会进行革命性的重建，但在此之前，我们需要对上述四种现象进行简要的考察。60年代晚期也存在这一个巨大的文化分水岭，我们同样要对此进行分析研究。本章的倒数第二节将讨论60年代晚期和70年代早期白人青年反文化运动的兴起，它的历史根源、同新左派的联系，以及在70年代之后另类的反文化如何被一种新生的主流大众文化所容纳。

激进化的自由主义

这些运动的历史——反战运动，黑种、红种、棕种、黄种人权力运动，妇女解放运动和同性恋解放运动——共同记录了曾经统治着全国政治生活的冷战保守自由主义的倒台，从哈里·S. 杜鲁门、德怀特·艾森豪威尔到约翰·F. 肯尼迪和林登·约翰逊。大多数运动都争取在选举政治中占据一席之地，争取在民主党中得到发言权，争取为他们的选民群体获得即得的切实利益。几个例子就足以证明这一点：反战组织者为1968年尤金·麦卡锡和1972年乔治·麦戈文的竞选进行动员；阿米力·巴拉卡和休伊·P. 牛顿等黑人权力运动领导人为了赢得市政竞选而全力以赴；女性主义者创建了全国妇女政治核心组织，以大规模的游说行动来促进《平等权利修正案》的通过；国会黑人核心组织作为民主党中新生势力的兴起；印度支那和平运动和同性恋行动联盟巨大的游说力量；昙花一现的种族联合党；以及最后，越来越多的激进分子获选地方、州级和全国性公务职位——几乎都是以民主党的身份，其中一些成为了相当著名的人物，例如代表员罗恩·戴伦斯和贝拉·艾布扎格，但更多的人则在各级政府中默默无闻地工作。

许多左翼人士将此谴责为背叛，但为什么这一发展具有如此激进的性质？一个关键的因素，是这些来自和平运动、妇女运动、黑人运动等等的获选官员不再持有反共产主义的传统观点——这在二十多年来一直是进入主流政界的通行证。他们对这种观点持以嘲笑和无视的态度，对任何复兴麦卡锡主义的提议都全力地反击。任何拥有激进背景的人都成为了左翼分子的盟友，甚至有时还包括真正的共产党成员——这些新的激进派政客事实上是在说："这又能怎么样？"他们都是后越战的从政者，是战争失败的受益人，而这种姿态本身就显示出了美国政界的巨大变更——一些有抱负的政治领导人不会再受到胁迫，亦步亦趋地支持美国的外交政策。这一发展还得到了许多即时的收效，一些过去的自由主义者纷纷转向了左派，中央情报局等一度神圣不可侵犯的组织，也成为了公众的笑柄和谴责的对象。

那些国家安全的管理者们，白人新教徒精英阶层，从1945年开始就在世界范围内从事着建立政权和颠覆政权的活动，也正是他们让美国卷入了越战，然而在1973年到1975年，他们的权威却受到了强烈的质疑。新左派这场最后的胜利开始于国会的几场听证会，这些听证会是为了调查美国为协助巴西等拉丁美洲反共军事独裁政权而提出的警队培训计划，并最终曝光了美国所实施的严酷的刑讯和镇压。1973年8月，国会免除了尼克松延长美国在印度支那军事行动的权利，重申了在对外事务和军事事务上的权威。接着在1975年，参议员弗兰克·丘奇(Frank Church)

和代表员奥蒂斯·派克(Otis Pike)集合了参众两院的听证会，来调查中情局等情报机构在国外的活动，以及联邦调查局在国内的作为。他们集中关注的问题包括推翻和暗杀菲德尔·卡斯特罗的行动，包括在1973年9月在为颠覆由社会主义者萨尔瓦多·阿兰德领导的智利民主政权的军事政变中美国所扮演的角色，还包括联邦调查局在国内策划的渗透和破坏左翼团体的“反情报项目”。在每一个事件中，国务院、中情局和联邦调查局官员的公开证词以及两个委员会成员所发现的文件都令人极为震惊。国会的档案中记载了数年以来针对古巴的大规模破坏活动和恐怖主义行为。中情局承认多次雇用黑手党成员和迈阿密的古巴流亡者，来试图暗杀卡斯特罗。中情局和国务卿基辛格也被迫供认美国在1970年阿兰德就职之前，曾密谋暗杀智利武装军队的领袖、策划军事政变，并在接下来的三年中不断为扰乱阿兰德政权的活动提供资金。中情局局长理查德·赫尔姆斯(Richard Helms)也因就这一活动对国会提供虚假证词而被指控为重罪，他对这一指控未作任何争辩。调查还揭露了在越南的“凤凰计划”的内幕，在这一计划中，中情局为了清除民族解放阵线的市民基础，残杀了数万名手无寸铁的越南平民。

赫尔姆斯并不是唯一一个丢了脸的高级官员。尼克松已经被批准卸任了，但他的一部分内阁官员又被判处犯有严重的罪行。联邦调查局局长L·帕特里克·格雷(L. Patrick Gray)在供认销毁了重要文件后也被迫离职。水门事件和对国家安全机构内幕的揭露令共和党名誉扫地，同时也让国会的自由派成员获得了更多的权力。虽然70年代通常被描述为美国在60年代后的“右转”时期，但1974年民主党在竞选中大获全胜，以此而获选的“水门阶层”却是战后美国历史上最自由的一届国会，这些年轻的民主党人自然地认为他们必须听从激进的选民群体。尼克松的“帝王总统”作风和中情局的滥用职权令国会感到受挫，这也导致了一系列重要法规的诞生，这些法规打破了美国外交政策制定中权力的平衡，也把“越南综合征”变成了未来几十年的现实情况。安哥拉作为葡萄牙在南非的殖民地，长期以来都存在着武装争取独立的斗争，这种斗争在1974年至1975年间达到了历史的高峰。中情局也同白人统治下的南非政府联合起来，试图阻止得到古巴支持的激进团体“安哥拉人民解放运动”(Popular Movement for the Liberation of Angola)的上台。爱荷华州的参议员迪克·克拉克(Dick Clark)为了防止“秘密行动”发展到无法控制的局面，成功地通过立法阻止了中情局对安哥拉内战的干涉，这是冷战历史上前所未有的成果。从1976年开始，爱荷华州的国会议员(此后的参议员)汤姆·哈金等人提出了一系列外交援助法规的修正案，要求美国不能向任何违反人权的政府提供军事和经济上的帮助。虽然此后历任总统都选择规避这一法规，但这却成为了七八十年代众多反干涉运动的基石。

在1976年的总统大选中，美国对第三世界的干涉主义受到了更多的限制。民主党候选人是曾经的佐治亚州州长，温和派人士吉姆·卡特。他以人权问题作为攻击福特总统的切入口，在1976年10月一场重要的辩论会上他发言说："我注意到福特先生对智利的监狱问题没有作任何评论。这个典型的例子让我们看到，当局推翻了由选举产生的政府，并且协助建立了一个军事独裁的政权。"卡特在当选后保持着人权维护者的立场，在其政府中任命了曾经的民权运动和反战运动的激进分子担任高层管理者，其中还包括行动队(当时还包括和平队)和国务院人权局的领导职位。卡特也向同性恋和女性主义社群伸出了援助之手，让他们得以进入白宫。但是从更广义上来看，卡特的当选显示出了新激进自由主义的局限——在民主党中虽然占有重要地位，但还远不是具有支配性的力量。民主党人在1976年分裂成了许多派别，其中有很大一部分人支持乔治·华莱士的保守民粹主义，以及参议员亨利·杰克逊(Henry Jackson)对冷战自由主义进行的新保守主义的修正。在左翼方面，许多自由派人士则成为了麦戈文的选民。在这片拥挤的战场上，卡特作为中立派候选人最终突出了重围。

1976年的选举为民主党人建立了一种模式，这种模式一直延续到了下个世纪，他们成为了调和不同利益的中间人，从彻底的激进主义者到美国政府的各个部门。早在肯尼迪和约翰逊政府一方面对民权运动进行控制，一方面又试图从中获利时，民主党就开始争取激进分子的选票，他们对运动投入了大量的资金，他们需要得到黑人选民的支持，减少共和党的得票数。从1964年开始，约翰逊的"向贫穷宣战"活动赢得了数百名激进者的支持，从曾经的校园激进分子到工人阶级的母亲们，他们负责管理乡间的儿童早期教育机构，推进城市中的社区活动计划，以及在校园办公室招收非裔、拉丁裔和美国本土的学生。如果越战从未发生，或者是在短时间内成功地结束，这种融洽的模式也许会延续下来，但是战争让激进分子和更多的自由主义者不得不同约翰逊政府和尼克松政府决裂。权力的平衡被打破了，激进分子们不再作为个人孤军奋战，他们开始争取权力和政治职位，开始取代传统的卫道士。最明显的证据是在1972年的民主党大会上，全国的媒体惊讶地报道了女性主义者和黑人运动者填满了伊利诺依州和纽约州支持麦戈文的选票。在80年代和90年代，民主党以多元融合的特点争取到大量进步选民的模式——女性主义者、男女同性恋者、环境保护论者、工人阶级、非裔和拉丁裔美国人——已经显得司空见惯，但在70年代，这仍是一场巨大的冲击。

美国马克思主义的复兴

70年代，激进分子融入民主党的浪潮掩盖了更加严重的左翼倾向，这便是社会主义、马克思主义和新共产主义团体。在新左派的历史中，社会主义几乎始终是一个次要的问题。许多运动参与者都许诺要实现社会主义，金博士在1965年就低调地宣称要争取“民主社会主义”，学生争取民主社会组织领导人伯纳戴·多恩在1968年也声称她是一位“革命共产主义者”，但实际的组织运动却都是围绕着特定的问题，而非向资本主义本身发起挑战。新左派人士更加重视中国和古巴的社会主义进程，并且阅读独立的社会主义报刊，例如《每月评论》(*Monthly Review*)和《卫报》(*Guardian*)。但是这种关注并未带来实际的行动，即使是共产党和社会主义工人党等马克思主义政党也仅仅聚焦于对各种运动产生影响，而非组织和平或是其他形式的革命。学生争取民主社会组织曾经试图给美国带来彻底的改革，但由于组织松散以及没有采取正确的策略，他们的抱负并未实现，该组织也于1969年解体。黑豹党成员和其他革命性的民族主义者也大多怀有雄心壮志，他们的黑人权利运动远远超越了“区域自治”，但他们所代表的也只是黑人群体中的极少数。在60年代晚期，来自各个种族的许多激进主义者都寄希望于黑豹党，把他们看做是多种族社会主义革命的先锋队，但政府的压迫、自身的暴力倾向以及在休伊·P. 牛顿身边聚集起的宗派团体把黑豹党变成了奥克兰的地方性政治帮派，他们的梦想破灭了。

70年代早期，新左派的各个部分中都出现了马克思主义的重要复兴。在某些方面，这甚至持平了民主党中激进自由主义和麦戈文派系的出现——在这两种情况下，激进主义者都是在追求长期的收获，希望能建设一个全新的美国，而没有注意越战的紧迫性。这种对社会主义的关注以许多不同的形式出现。一些既有的马克思主义政党由于参与领导了反战运动，成员人数增长到了2000名。安吉拉·戴维斯(Angela Davis)的防卫战也让大家重拾了对共产党的兴趣，尤其是年轻的非裔美国人。但在另一方面，成立于1900年的社会党党内强烈反共的右翼分子在1972年决定放弃麦戈文，支持尼克松，这最终带来了党派的解体。

最重要的一项发展，是数千名经验丰富的青年激进分子吸收了受中国和古巴影响的第三世界马克思主义，并且着手创办一个比美国共产党更左倾的党派——新共产党。这些青年来自衰退的学生争取民主社会组织，独立的反战团体，以及种族联合党、非洲民族大会、黑人革命工人联盟、青年贵族党、非洲解放支持委员会等有色人种的组织。旧的秩序和权力结构出现了明显的动摇，在这些组织者们看来，革命近在眼前。1968年，许多国家和地区都发生了动乱，从巴黎到墨西哥城，到捷克斯洛伐克，都存在着挑战权威的学生运动，这些运动也都受到了血腥的镇压。数十个国家中出现了游击队组织，尤其是阿根廷和乌拉圭等军事统治下的拉丁美洲国家；"气象员"不再是一个孤立的现象。中国则长期充斥着所谓草根阶层反抗官僚机构的起义——"文化大革命"(虽然"革命"实际上是共产党领导层不同派系策划的民众暴动)。革命在美国也呼之欲出，许多全国性的民意测验显示，数百万名高校学生中有一大部分人认为根本性改革的时机已经成熟。虽然学生争取民主社会组织在1969年解体，但曾经的骨干成员又组建了"必胜纵队(Venceremos Brigades)"，在1969年到1970年间"纵队"的数千名青年激进分子打破了美国的通行禁令，前往古巴协助甘蔗收割。

"必胜纵队"只是显而易见的革命浪潮的一个表现，黑人革命工人联盟也在底特律的汽车工厂策划了"野猫式"罢工，年轻的白人工厂工人群体——其中很多是越战回国的老兵——也发生了类似的暴动。在这种环境下，监狱囚犯中也出现了更加激进的运动，尤其是非裔美国人群体。许多阅读过弗朗兹·法农(Frantz Fanon)、艾尔德里奇·科里佛(Eldridge Cleaver)、马尔科姆·X、胡志明、非洲革命者加米尔卡·加布拉尔(Amilcar Cabral)和切·格瓦拉的著作的囚犯在狱中接触到了黑豹党的党员，到1970年，全国的许多监狱都变成了学校和革命的场所。这场监狱运动作为最终的证明，显示出美国社会正在从内部腐朽，变更的契机已经到来。1971年8月，乔治·杰克逊在圣昆丁的监狱操场上被射杀(见

第九章)，一个月之后，纽约阿提卡监狱中的一千两百名犯人发动了起义，把狱警劫为人质，要求通过谈判改变这种残暴的环境。州长纳尔逊·洛克菲勒则命令州警队和狱警发起了大规模的进攻，导致二十九名犯人和所有十名人质丧生。“阿提卡”于是成为了被压迫者策划暴动和抵抗的代名词，虽然短短几年之后就被人们遗忘。

在 1968 年至 1973 年间被压迫者和压迫者不断实施的暴行，让接近一万名来自各个种族的青年激进分子坚信，美国迫切需要一个新的马列主义政党。美国共产党主要关注影响主流自由派政治，而不是切实地发展革命的策略。他们不喜欢美国共产党这种谨小慎微的风格，将其谴责为“改良主义”。而对于苏联，他们甚至持有更深的敌意，认为正是苏联背叛了马克思主义(如果要贴上意识形态的标签，这便是“修正主义”)。从 1968 年起，这些战斗者们开始进入工厂工作，在主要的城市中心创建了学习小组(即“前党派组织”)，通过阅读毛主席著作来研究如何才能发展正确的共产主义革命。虽然大多数新共产主义运动通常被描述为毛泽东主义(例如亲中国共产主义)，但同样也受到了古巴和越南革命的战斗精神的激励——这些小国家面对强大的美国发起了勇敢的抵抗。他们的第三世界马克思主义更多地关注反种族歧视和反帝国主义，而不是美国共产党、社会主义者和托派分子历来所关注的工人阶级和行业工会。

从理论上讲，数千名来自反战组织、校园、黑人权利运动，来自奇卡诺、波多黎各和亚裔美国人运动的热情洋溢、纪律严明的青年激进分子，是组建新的革命力量的理想人选。但在连续数年紧张的党派建设之后，结果却令人失望。新共产主义运动虽然贯穿了整个 80 年代，但从 1975 年起开始迅速地衰退，最明显的问题是新共产主义者们无法就如何联合成一个统一政党的策略问题达成一致。意见的分歧从一开始严重地限制了运动的发展。不计其数的“联盟”和“政党”纷纷成立，包括革命联盟(Revolutionary Union)、十月联盟(October League)、革命斗争联盟(League of Revolutionary Struggle)、共产主义工人党(Communist Workers Party)、共产主义劳动党(Communist Labor Party)和路线组织(Line of March)等等，其中革命联盟此后成为了革命共产党(Revolutionary Communist Party)，十月联盟促生了马列主义的共产党。所有这些组织都拥有自己的刊物，拥有中央委员会和发动革命的详细“计划书”，而支持这些的都是仅仅几百名成员的劳动。这种宗派主义的后果不言而喻，选择离开的人比他们招募来的成员还要多得多。

在革命时期，即使是教条而独裁的组织，只要懂得孤注一掷为权力而战，都能获得成功。新共产主义者失败的真正原因，在于同他们所有的理论相悖，70年代并不是一个革命时期。和美国历史上其他的激进分子一样，他们都极大地低估了美国资本主义和“资产阶级民主”的力量。即使在其最孱弱的时期，即使当越战给武装军队带来了极大的混乱，当城市贫民区和校园中出现了大规模的社会动乱，革命的危机也从未接近美国，美国的大多数民众也从未拒绝国家的法制和权威。事实上，70年代对美国秩序最大的威胁并不是来自新左派，而是来自国家自身，来自政府擅用权力打击敌对国家，来自尼克松白宫中的权术阴谋。在1973年至1974年间，两党的政治精英决心调查水门事件的罪行，迫使尼克松离任，这让新共产主义者看到了国家体制巨大的弹性。那时他们已经遭遇到了许多准革命者的共同命运，他们局限在自己的集体中，所学习的各种马克思主义，都同世界上最强大的资本主义民主几乎毫不相关，他们狂热地投入到小范围的地方性活动中，试图建立起工人阶级基础，他们同美国，同历史的脉搏失去了联系。

虽然新共产主义者没能建立一个新的马列主义政党，但也留下了宝贵的遗产。他们中的大多数人都从事着工人阶级的工作，在码头，在医院，在钢铁和汽车工厂，甚至在煤矿。他们是当地工会最热情的支持者，许多人都获得了地方性甚至更高的职位。他们播下的种子在接下来的十年里获得了丰收，将垂死的美国工人运动转变成了新的社会意识，复兴了对贫苦民众、妇女、移民者和服务行业人员的组织工作。新共产主义运动曾经的成员同样也在1984和1988年耶西·杰克逊的总统竞选中起到了重要的作用，他们试图在美国政界建立起一个新的进步团体——彩虹联盟(Rainbow Coalition)。

新共产主义组织者们并不是70年代复兴的社会主义潮流唯一的受益者。几个世代以来，普通市民们第一次能够在主要城市的街道或是大学城中，看到由昔日左派分子经营的数百家地下报社、合作社、餐馆、书店以及他们制作的系列影片，能够接触到各式各样的社会主义和激进主义观念。大学学生的课程中也增加了马克思主义和其他各种左翼思潮研究。新左派让数百万美国人或多或少地接受了社会主义或其他形式的激进社会改革，让他们相信资本主义并不能带来“最好的世界”。在接下来的十年里，他们中的大多数人都追随着民主党，对继承新左派遗志的各种单目标运动也给予了支持。从回顾的角度来看，由于任何试图打破政府支持下的两党机制的人——不论右翼、左翼还是中立——都面临着极度的困难，新左派的众多运动并没有造就一个统一的政治联盟，也就不足为奇了。新左派虽然没有建立新型的党派，但却在其他战场上获得了胜利，一个尤为重要的原因，是其在高等教育界所占据的支配地位。

左派学院

从 60 年代开始，保守派就在不断地谴责学术界的左派或者说“左派学院”的兴起。在冷战结束以后，右翼的学者宣称，世界上仅存的马克思主义者就是美国重点大学英语系的教授。但这种嘲讽也的确说明了事实，在新左派的羁旅中，政治和思想上的激进主义在许多学科中找到了惬意的容身之处。有趣的是，许多学术界以外的左翼激进分子同样也对左派学院保持着警惕。

保守派自然地抵制任何对既有秩序的批判，也同样对提出批判意见的知识分子持怀疑态度。他们对左派学院大加谴责，因为他们不希望自己的政治对手来教育下一代。但是许多实践左派分子对教授们的失望则更加复杂。激进分子们担心——这种担心有时不无道理——学术会成为无所作为的绝佳的借口。不受监督、离群索居的学院生活有时会导致自我放纵，会削弱对工人阶级利益和政治动态的关注。但是对知识分子的这一质疑忽视了最关键的方面。首先，保守派之所以会对大量激进的教工密切关注，正说明了教学自身就是一种激进主义的形式。尽责的教师能给社会的未来带来最强的影响，无论他们的政见是右派还是左派。许多撰写教科书、设计课程、指导研究生、进行课堂教学的激进学者，都为新左派长远的胜利作出了贡献。但是要理解这一现状的原因，我们就必须回顾五六十年代美国高等教育的状态，回顾教授们所传授的内容。

首先，除了曾经的黑人大学和女子大学，高校的教授几乎是清一色的白人男性。1956 年 2 月，布鲁克林大学聘请了著名的黑人历史学家约翰·霍普·富兰克林(John Hope Franklin)担任历史系主任，这成了纽约时报的头版新闻——在当时，几乎没有黑人学者在白人高校中执教的先例。女性学者的情况只是略有改善，高校中的女性少之又少，所得的报酬也不及男性教授。她们在这一职业中毫无优势，老教授们大都非正式地聘用其他男性教授的男性学生，这就是所谓的“校友关系网”。学生在四年的学士攻读生涯中经常碰不到一位女性教授。直到1969年，哈佛大学的几百名终身教授中还只有两名是女性，这个比例十分具有代表性。学术研究方面也同样受到了极大的限制。虽然在战后的几年中，美国许多学术领域都取得了可喜的成绩，尤其是物理学，但与左派相关的学术探求仍然受到禁止和嘲笑。1965年，在美国的大多数高校研究马克思主义理论或是社会主义的长期历史，都面临着相当大的困难。任何一个相关学科(经济学、历史学和其他社会科学)的课程对此都不作任何介绍，只有麦迪逊和伯克利等大学中治学严谨的学者才有能力教授这些学派的思想。妇女和有色人种的处境则更加艰难，“妇女研究”和“黑人研究”等词汇都被认为是荒唐的措辞。就文学、历史、艺术，甚至社会的研究而言，除了作为“社会问题”加以考察，这个世界大多数的居民似乎并不存在。美国高校认真教授的只是片面的“西方传统”，对白人至上主义、殖民主义和父权制度或者免究其责，或者视而不见。

新左派改变了一切。在60年代晚期和70年代，大多数学术协会和专业协会都成立了激进派核心小组，新的学术周刊和团体也不断涌现，所有这些都只有一个目标——瓦解陈旧的传统秩序。数千名曾经的大学生激进分子回到了学校攻读研究生学位，他们给学校带来了激进的思想和实际的经验。学术界以惊人的速度接受并包容了这一冲击，在某些方面甚至是屈服，这部分地是由于新左派的学者提出了创新的研究方法，并且通常比年长的教授们更富于世界主义精神。激进主义并未伤害学术研究，而是为它提供了帮助。在越战的影响下，对第三世界马克思主义和革命民族主义的了解成为了学术界的财富。一些高校在妇女公平行动联盟诉讼的压力下，放弃了排挤女性的制度；对女性历史和斗争的研究也在学术界获得了一定的重视。

在接下来的几十年中，左派学院在许多学科中都占据了领导地位，例如在历史学领域，两个主要专业协会的成员从70年代开始就成为了植根“激进派历史”的著名学者。这让日后的怀疑论者认为学术激进主义不过是追求功名的手段，但这一指控实在是毫无凭据。许多讲师、研究生和独立学者创立了诸如激进政治经济联盟(Union for Radical Political Economics)、《叛逆社会学报》(*Insurgent Sociologist*)、《黑人学者》(*Black Scholar*)、马克思主义文学小组(Marxist Literary Group)、《社会文本》

(*Social Text*)、《符号》(*Signs*)、《女性主义研究》(*Feminist Studies*)、《激进历史评论》(*Radical History Review*)、《激进美国》(*Radical America*)、《激进教师》(*Radical Teacher*)、北美拉丁美洲协会(North American Congress on Latin America)、伯克郡妇女历史协会(Berkshire Conference on Women's History)、男女同性恋研究中心(Center for Lesbian and Gay Studies)、关心亚洲学者委员会(Committee of Concerned Asian Scholars)、中东研究信息计划(Middle East Research and Information Project)以及纽约城的社会学者年会，他们都相信，他们正在发动一场会给美国社会带来深远影响的政治斗争。他们的努力遭到了数十年的抵抗，这种抵抗在90年代对所谓"政治正确性"的攻击中达到了最高峰。事实证明，他们确实是对的。

新社会运动

我们不难预见，即使新左派围绕着民主党左翼合并成了一系列进步组织，新的激进运动仍会在七八十年代继续出现。革命毕竟没有发生。即使经历了越战严峻的考验，美国仍然是世界历史上最强势的超级大国。欧洲殖民主义和白人殖民者的统治仍然在第三世界中受到抵抗，尤其是非洲国家。在国内，新左派的成果持续受到逐渐兴起的新右派的攻击。60年代，新右派向左派发起了强有力的"反动员"运动，罗纳德·里根等政治家在运动中脱颖而出。最后，新的关注焦点也不断出现，尤其是环境政治和消费政治。

许多后60年代的激进运动都有新左派的组织渊源。在70年代，许多城市中的女性主义者都关注男性暴力的普遍问题，并且提出了实际的解决方案——包括庇护所和帮助热线——来为女性提供警方无法提供的保护。这一庇护运动迅速制度化，深入到数百个城镇，改变了美国"家庭关系"的面貌。其他女性主义者则致力于修改强奸法律，并且发起了"夺回我们的夜晚"城市街道游行。另一条阵线上，在美国支持智利政变之后，旧日反战运动的成员将目光转向了拉丁美洲，开展了反抗奥古斯托·皮诺切特(Augusto Pinochet)将军独裁政权的声援运动。当里根政府企图在本土附近再次发起越战，证明美国可以击败以农民为基础的马克思主义游击队时，这一运动演变成了80年代声势浩大的中美洲运动。对非洲反殖民斗争和解放斗争的声援同样在不断扩大，尤其是对南非白人至上主义政权的反抗，这也促生了 80 年代大规模的反种族隔离运动。

在新左派的觉醒中还出现了一些前所未有的运动，特别是环保主义——国家历史上规模最大的市民运动——以及对核动力的强烈反对。70 年代晚期，在新英格兰和加利福尼亚出现了针对核电站的“直接行动”，同时，“绿色和平”国际组织以阻挡捕鲸船、爬上政府大楼悬挂巨型条幅等轰动一时的抗议活动为基础，开创了一种全新的政治模式。70 年代晚期，对核战争的关注也渐渐凸显，这导致了 80 年代大型的冻结核武器运动。消费者权利也成为了与环保主义相关的新焦点，由拉尔夫·内德(Ralph Nader)创建的公共市民(Public Citizen)和公益调查组织(Public Interest Research Groups)对这一运动起到了很大的领导作用。1970 年美国发起了第一个“地球日”活动，此后不久又通过了保护水域环境的法规。塞拉俱乐部(Sierra Club)等传统的环保组织也出现了显著的发展，他们联合了数千家地方、州级和全国性的新生环境组织，开展了从推进清洁空气标准到阻止极地野生动物保护区石油开采在内的各种各样的工作。学生争取民主社会组织中曾经负责社区管理的激进分子，也通过“公民行动(Citizen Action)”等挨家挨户游说的活动形式建立起了大型的专业设施。民权运动和黑人权利运动曾经的成员也在 80 年代集中到了耶西·杰克逊神父领导的“彩虹联盟”，这是对 20 世纪下半叶新左派在全国选举政治舞台上实力的最佳证明。

70 年代和 80 年代新运动的激增，是新左派持续胜利的最好佐证。为了筹集资金，招收新的支持者，为了重新点燃运动的热情，激进分子们本能地依赖于曾经的传统，唤起了人们对越战和反战斗争、公民权利的道德尊严、妇女在罗诉韦德案之前的从属地位、石墙事件和其他分水岭的种种回忆。在所谓 80 年代的里根革命时期，他们还协助发起了一系列的反抗活动，但这种力量最终慢慢地消逝，到 90 年代似乎已经被人遗忘。

“绿化美国”：反文化的意义

人人都知道曾经出现过一种“反文化”。大家在提起 60 年代时，会无可避免地联想到一群毫无顾忌的白人青年，联想到“嬉皮士”和“怪人”，联想到他们穿着破旧的服装，留着长发，脸上带着吸食了毒品后的微笑，时而伴随着嘈杂的音乐跳舞，时而凝视着太空的情景。这种对于嬉皮文化的强调通常会扭曲我们对新左派的理解，尤其是当音乐电视将甲壳虫乐队的唱片封面和反战游行搭配在一起，或是将吉米·亨德里克斯(Jimi Hendrix)焚烧吉他的场景同黑豹党的纪录片联系起来。政治成了一系列的形象切换，对反文化和激进运动的混淆加深了人们的误解——新左派基本上是一群无聊放纵的白人青年昙花一现的热情。反文化并不是广义新左派的同义词，新左派的领导者大多属于有色人种，但二者之间无疑存在着联系。对数千名运动的参与者来说——他们不可能全部是青年或者白人——踏入政界的第一步是一种象征性的体制反叛，例如蓬乱的发型和怪异的衣着，这就能将这些人同社区和学校中的主流模式明显地区分开来。对于生活在激进主义尚未深入的城市和大学城之外的人来说，这种做法尤为有效。

反文化的大众影响力实际上只存在于 1965 年至 1973 年前后的一段时间，在这一时期，很大一部分白人青年公开地抵制父辈们的所有生活方式。在旧金山的海特—爱什伯里区、纽约的下东区和其他的底层贫民城区中，渐渐聚集起了成百乃至上千人，他们吸食致幻类药品，还建立起了逃避现实的临时社区。全国各地也纷纷效仿这一举措。到 1969 年，嬉皮士(现在叫做“怪人”)的生活方式已经广泛传播，并且促发了一次大型的群落集会——纽约北部的“‘和平与爱’伍德斯托克音乐节”。旧金山海特区的“爱之夏”活动和伍德斯托克音乐节是反文化最关键的代表，但这场运动(如果可以称之为“运动”)规模更大、更加普遍，持续的时间也比通常所公认的长出许多，在某些地区一直延续到了 70 年代晚期。这场运动同乡村地方自治也保持着联系，并且迷恋于非物质的追求和麻醉药品——这从 18 世纪开始就在美国不断地出现。

虽然这在当时看来是一个自发的现象，但实际上嬉皮士和“怪人”们的根源可以追溯到四五十年代，有时甚至更早之前。所有这些同晚期 60 年代相关的实践——无政府主义公社、神经麻痹药品的实验、对非欧洲思想的追求以及以简化生活为目的的替代性技术和设计理论的发展——其实早有先例，这就是 1945 年后渗透美国文化表层的多样的波西米亚亚文化。除了这些直接的先例，60 年代晚期的反文化运动还从 1945 年到 1965 年间美国文化社会的变革中吸取了充足的养分。当电视表演、杂志、电影和报刊的大众文化仍然保持着谨慎停滞的风格时，各种先锋艺术已经出现了相当的活力，从实验剧场到歌舞团，从抽象画到现代爵士乐。长期以来对于性的法律限制，从避孕措施到亨利·米勒(Henry Miller)、威廉·巴罗斯(William Burroughs)等作者作品的销售，都在法庭上受到了严峻的挑战。但最重要的是，事实证明奢侈的消费主义和社会巨大动荡的联系，对融入1965年后大众反文化的众多事件和各种亚文化——不止是“垮掉”的文化，民谣文化，颓废文化，还包括摇滚文化，海浪音乐文化，以及所谓青少年犯罪者的“朋克文化”——起到了很大的促进作用。

但所有这些根源都不具备明显的政治性。将它们结合成政治性反文化的，是1964到1966年间社会、人口、经济和政治因素的融合。在战后经济繁荣的高峰期，一个新兴的青年阶级作为社会主要消费者具有巨大的影响力，他们显而易见地控制了大众流行文化。到1965年，在这一人口因素的影响下，革命已经显得近在咫尺，一家知名杂志把这一现象称做“青年的震颤”。就拥有的力量和对社会潮流的引领而言，青年人占据着统治地位。每个人都希望年轻，都模仿着青年的行为方式，这被一位近代历史学家叫做“再青春文化”。美国历史上最年轻的总统约翰·F.肯尼迪(在当选时只有四十三岁)和他三十一岁的妻子杰姬，便是这种文化最好的体现，他们拥有着迷人的外表和大方的举止，显示出年轻人热情随性的魅力。

青年文化地位的上升，本身并不会造成彻底抵抗成年人权威优势的反文化。最令人震惊的发展，是青年人开始明确地表达他们热切的欲求，开始向往和“丰裕社会”所提供的一切有所不同的事物。他们用“真实”来描述自己的欲求，这意味着抵制人造、追求自然。他们认为在新建的奢华城区和壮观的“巨型大学”中丝毫没有真实性，萨维奥·马里奥就是在这种愤怒声中成为了英雄。为了追求真实性，为了寻找更真实的自我，他们开始尝试具有强烈致幻作用的麻醉品。这驱使他们回到海特·爱什伯里等旧城区，继而又回到了数千个偏远的乡村公社。这也可以解释他们对简朴的崇拜，对“塑料鞋，塑料人”(“创造之母”乐队的一句歌词)的轻视。他们也因此放弃了正装、领带、腰带、佩饰和内衣，放弃了理发、化妆、做新潮的发型，而是选择了“自然”的头发和“自然”(不修边幅、污浊邋遢)的身体；保守派人士虽然对嬉皮士的邋遢作风耿耿于怀，但他们很多人也确实乐于选择衣衫褴褛、体味强烈的生活方式。

然而，与真实性相比，嬉皮士们(以及他们的后继者——“怪人”们)

更渴望的是一种游戏精神。在一个崇尚工作和责任，崇尚成就和物质的社会里，他们渴望笑声、虚妄和幻想。他们玩笑地模仿着一切——农民、印第安人、牛仔、前线战士、游击队员、罪犯和小丑。反文化即使在最严肃的时期，也像是一个大型马戏团、游乐场，成年的孩子们在这里举行着狂欢的化装舞会。这种形象和风尚特殊的拼图十分令人神往——早上你还是格罗尼默(Geronimo)，下午就可以成为大卫·克罗(Davy Crockett)——但也具有很大的局限性。就像彼得·潘一样，反文化主义者们宣称即使世界不断改变，他们也永远不会长大。

在政治和文化动力的驱使下，嬉皮文化从1965年开始繁荣兴盛。这在对白人至上主义和种族隔离制度十年大规模抵抗运动的高峰出现，具有相当的必然性。黑人激进分子带来一种审视美国的别样视角，也带来了真实性和为信仰而斗争的有力榜样。同时，越南战争正将美国社会沿着两代人的间隙两极分化。新的药品(尤其是致幻剂LSD)和新的文化形式(甲壳虫等能够对流行文化带来强大影响的严肃摇滚乐队)也在同一时期出现，进一步促进了青年人以自己的全新方式生活。在短短几年之内，很大一部分白人青年就已经远离了家庭稳定、消费充足的“美国梦”。

反文化以致幻药品、放荡的游乐、自由无政府主义为基础，人人都各行其是，在这种程度上，确实具有反政治的性质。当提莫西·里瑞(Timothy Leary)鼓励人们“融入，崛起，退出(tune in, turn on and drop out)①”时，他是认为同嬉皮文化相关的不是抗议和革命，而是新世纪的唯灵论，是对60年代之后白人中产阶级特有的“个人成长”的痴迷。反文化不止是一场政治运动，也是一场文化运动，这是由于来自以尼克松为代表的势力——政府机构，大多数成年人和传统社会，所谓“沉默的大多数”——歇斯底里的敌意。这引起了警察、教师、政客和家长们强烈的愤怒，他们一致地公开表态，个人生活方式上的差别会构成一场对道德和秩序蓄意的挑战，蓄长发、说“操”这样的词汇或是吸食大麻都是一种政治上的反抗。在越战的高峰时期，美国各地的高校针对男生留过耳长发的权利都展开了长久的立法之战。这些激战在70年代早期结束，大家已经不再密切关注个人的形象、言论和消费的标准，反文化表面上丧失了政治上的激进性，然而实际却在很大程度上以与新左派相同的方式融入

① 暗藏性含义。——译注

了美国社会。但在此之前，60年代晚期的几年中，许多成年人都将嬉皮士看做是同黑豹党和学生争取民主社会组织一样的威胁。

1969年大获成功的电影《逍遥骑士》显示了反文化是如何以至多是“暧昧”的策略，消解了青年人反叛、逃避和牺牲的有力形象。这部电影以四十万的投资创造了超过四千万的票房，带来了一种全新的好莱坞独立电影人体系。电影的剧情很简单：两个嬉皮毒品贩子在大赚了一笔之后，骑着他们改装过的摩托车离开旧金山，打算到新奥尔良参加马蒂·格拉斯狂欢节，途中他们在一个废弃的公社中休息时遇到了几个危险的“红脖子”①。在南方腹地“黑色地带”的一条路上，电影的主角、美利坚船长(由魅力无穷的彼得·方达扮演)对他的伙伴比利(由留着漂亮的胡须、风流成性的丹尼斯·霍珀扮演)说，“我们完了”，紧接着，一些驾驶着小型货车的人用散弹猎枪将他们打死，没有任何原因。

《逍遥骑士》表达了(甚至助长了)一个观点——这些“怪人”们的存在本身就是一种创新，一种对社会的挑战。电影在整体上给人以冷峻和超现实的感觉，就好像我们所有的信念都值得怀疑，这正如电影宣传语所表现的——“一个人去寻找美利坚，最终一无所获”。这种政策多是关于风格和存在，而非实际的作为。对某些人来说，这还远远不够。

这种无组织形式的反文化感染了上百万人，在其内部也出现了两种截然不同的激进主义方向。第一种激进主义包含了一系列曾经声名显赫的组织：旧金山掘金者(San Francisco's Diggers)、纽约雅皮士组织和底特律白豹党(White Panther Party)。旧金山掘金者把海特区看成是乌托邦政治的实践，向他们捐献食物，并且占领了街道举行公社的典礼仪式。纽约雅皮士组织是掘金者组织的一个副产物，我们在第八章中已作过详细介绍。底特律白豹党曾经资助过一个著名的摇滚乐队，MC5(the Motor City Five)，也曾经策划过游击队冲突。所有这些组织都希望能以和平或者其他形式将处于非法地位的反文化变成真正的革命基地。虽然他们在60年代晚期带来了一些最具启蒙性的运动和出色的游击剧②，但这些都以失败告终。这种政策的基础，被白豹党领导人约翰·辛克莱(John Sinclair)称做“性、毒品、摇滚”以及“街头的放荡”，一旦这些行为不再

① 指美国南方保守的露天劳动者。——译注

② 指美国示威群众在公共场所或街头演出的反政府、反战短剧，常为哑剧。——译注

受到压迫和诋毁，政策也就失去了意义。到70年代中期，异性恋的美国公民已经吸取了很多嬉皮士的风格和习惯：留着长发、行为古怪已经不再引起巨大的关注；数百万人参加过“派对”；吸食过毒品的人，都成为了总统候选人、国会领导者和最高法院的官员。即使在此之前，掘金者和雅皮士们也不得不承认，许多嬉皮士只是想着“崛起”和“退出”，革命政策对他们而言索然无味。

但是，阿比·霍夫曼、杰里·鲁宾和约翰·辛克莱这种打破常规引人注目的做法——虽然有时显得十分可笑——只是反文化政治的一种形式。60年代晚期出现的意识形态和实践虽然不那么戏剧化，但却获得了更长远的成功。斯图尔特·布兰德(Stewart Brand)和史蒂夫·乔布斯(Steve Jobs)等创新思想家在环保巡游的基础上——这种想法来自“替代性技术”，以及伯克明斯特·福勒(Buckminster Fuller)等空想思想家——开创了一种新的生活方式，著名的畅销杂志《全球目录》(*Whole Earth Catalogue*)便是这种生活方式的缩影。他们避开了革命，希望通过新型、低成本的能源和个人化的信息技术让公司资本主义自行衰退。当时拥有一台台式个人电脑还是科幻小说中的场景，现在已经成了日常生活的一个部分。这种注重实际的“生活政治”给后世带来了深远的影响，并且通过有组织的环保主义和广泛的新文化实践——从有机食品生产，循环再利用，到因特网给社会组织和经济生活带来的划时代的改变——融入了社会的主流。

反文化模糊的界限给研究讨论带来了困难。是不是每一个衣衫褴褛、发型凌乱的男孩，每一个穿着带补丁的牛仔裤、戴着老奶奶的眼镜的女孩，每一个偷偷吸毒、服用致幻剂的学生，都是1968年反文化运动的一员？是不是只有住进了海特区或是公社，才算真正的“怪人”？是不是所有美国小镇中的长发青年只要出入当地的“毒品商店”，阅读R. 克鲁伯(R. Crumb)的黄色漫画，就也拥有了这种身份？最后，最重要的一点并不是你的样子，而是你在人们眼中的样子：一个穿着牛仔裤的长发少年在纽约或是旧金山也许并不显眼，但到了印第安纳或是亚拉巴马的乡村地带，就会立即被贴上“嬉皮士”的标签、当做“嬉皮士”来对待。

对于反文化运动的政治因素，我们不能像对其他打破陈规的行动(基于非法药品对反文化实践的重要意义，甚至还包括违反法律的行动)一样盖棺定论。其原因十分复杂。新左派每一场政治运动最突出的特点，便是它们和政治权利机构的关系，以及为其带来的变革。白人青年反文化运动最突出的特点，在于虽然它确实在对主流社会进行抵抗，但同时也深深地植入了一种商业化的典型资本主义大众文化。这种联系最明显的表现，便是像甲壳虫乐队、滚石乐队、大门乐队、感恩死者乐队、杰弗逊飞机乐队、奶油乐队、鲍勃·迪伦、吉米·亨德里克斯这样出色的表演者都被认为是时代的英雄，即使他们为哥伦比亚广播公司、华纳兄弟和国会唱片公司等大型企业带来了丰厚的收益。音乐和其他传媒方式(《逍遥骑士》等电影，《滚石》等杂志，《长发》等戏剧，以及以放送音乐专辑为主的调频广播)成为了打开商业和流行市场的契机。领导这些媒体的，是一个充满活力的“嬉皮资本家”阶层，他们对海特区和其他嬉皮士聚集地的贡献，同任何政治激进分子一样重要。从回顾的角度来看，一些人认为反文化最大的政治效果或许是将激进的风格同世界商业联系了起来，是给新左派涂上了“嬉皮”色彩，或者像托马斯·弗兰克(Thomas Frank)一本书的书名所说，是对“潮流的征服”。弗兰克在这本书中写道：“从最初直到现在，商业始终尾随着反文化的脚步，但它所具有的却只是一种伪造的反文化，一种商业复制品，这种亦步亦趋的模仿只是为了满足赞助公司和数百万电视观众的趣味。”

把反文化说成是一场投机买卖，把它的政策说成是自欺欺人，多少有些过于简单。尼克松和J. 埃德加·胡佛等当权者，以及他们所领导、代表的数千万民众，都给予了反文化相当的重要性。历史学家乔恩·维尼尔(Jon Wiener)——维尼尔曾经根据《信息自由法》(70年代早期另一座立法上的里程碑)迫使联邦调查局公布了有关约翰·列侬的大量秘密档案——所记录的当时的一个事件，证明了“流行反文化”同激进主义结合的巨大潜能。列侬从未忘记他的工人阶级背景，并在60年代晚期彻底地投身左翼政治。随着1972年大选的临近，他决定举办一系列演唱会，来动员新一批十八岁的选民阻止尼克松连任。1971年12月，列侬在密歇根大学同史蒂夫·汪德(Stevie Wonder)、艾伦·金斯堡(Allen Ginsberg)以及主要的民谣和爵士乐歌手共同组织了一场演唱会。司法部很快相应展开了驱逐行动，这一行动持续长达18个月。

列侬不仅是一个摇滚巨星，还是位严肃的艺术家。这两种身份给他的言词和行动带来了独一无二的重要性。很少有人像他和他的爱人大野洋子一样，为新左派投入了这么深的热情。他们1972年的专辑《纽约时光》的曲目中，许多内容都是关于约翰·辛克莱(受到毒品指控而入狱，这也是许多激进主义者的共同遭遇)、安吉拉·戴维斯、阿提卡暴动以及不列颠对北爱尔兰和平抗议者的屠杀，其中一首《女性是世界的黑奴》至今依然振聋发聩。但是，同美国的反文化密切联系的主要音乐家、作家和画家，在不同的方面都是真正的"批判"知识分子。他们以自身的立场和作品，传达着反抗的必要性，传达着正直人格的不可或缺。鲍勃·迪伦发行了有关乔治·杰克逊的单曲，滚石乐队在摇滚纪录片《给我庇护》中唱着战争、强奸和杀戮，当吉姆·莫里森(Jim Morrison)高喊着突出重围，珍妮斯·乔普林(Janis Joplin)在《我和博比·麦克吉》中哀恸地唱着自由和失落，尼尔·杨(Neil Young)为俄亥俄肯特州立大学的枪杀默哀，吉米·亨德里克斯把《星条旗永不落》变成了一首刺耳的交响曲，这些都远离传统流行音乐一贯的浪漫风格。至少在几年之内，反文化华丽的反叛都在表达旧世界正在彻底地腐化，一场革命和一个新的世界已经近在咫尺。这是个危险的观念。

总述：新民主秩序的诞生

这种在30年代出现、在二战时期成熟，由围绕着税收—支出自由主义的民主党带领的政治共识，被历史学家们称为"新政秩序"。这是理解冷战自由主义的基础和机制的有效途径。新左派的胜利，在于通过强调边缘群体的存在和权利——这一群体是美国社会的主要组成部分：妇女、有色人种、男女同性恋者、左派分子和各个阶层的波西米亚人——瓦解了这一共识。60年代和70年代早期运动赢得的让步构成了一系列新的基础和机制，这就是新政秩序，在这种秩序下，种族统治、白人至上主义、异性恋标准和强制性的爱国主义在街头巷尾，在教室，在法庭，在立法和商业上，都受到了挑战。

在这种意义上就其成就而言，新左派从未结束，它最大的成功，就是成为了日常政治生活的一部分。抗议集会和温和抵抗行动已经稀松平常，公开表达一种激进观点也不再会带来失业和社会的排斥，对种族和性别歧视的制裁不仅受到立法的保护，而且得到了执法的加强。一度骄傲自闭、拒绝承认许多美国公民受到的沉重压迫的冷战美国，现在已经不复存在。替代它的是一个没有极权、共识的松散社会，用愤怒的保守主义者帕特里克·布坎南(Patrick Buchanan)在八九十年代的言论形容，这是一场蓄势待发的文化苦战。

但是这场基础改革的胜利，这场文化革命的兴起，并不能完全归功于新左派的运动。白种异性恋多数派中的许多人，都对左派对于美国权力的苛责及其诉诸法律要求平等权利的行为怀有敌意。从这种对旧种族性别制度的忠诚，对“大政府”的敌意，以及一种根深蒂固的反共主义，发展出了一场70年代的“新右派”运动。这一新生的激进保守派创建了他们自己的“运动的运动”，关注的焦点包括对流产的强烈反对、学校合并、机会均等行动①、同性恋权利、美国对巴拿马运河的侵占、枪支管理、色情文学、双语教育、性教育等众多方面。新右派坚定地投身于选举政治，在几十年内控制了民主党，并且逐渐地侵蚀了政府的每个层面，从地方学校董事会到联邦司法机构。这导致了80年代所谓的“里根革命”，这场运动在90年代被纽特·金瑞奇(Newt Gingrich)等人大大地扩展，并在乔治·W. 布什当政时期达到了巅峰。这对20世纪全部的传统或者革新——从进步时代的起源，到新政，到新左派和60年代；不论是激进路线，还是自由路线——都是一种极大的威胁。

新左派存在一个持续的悖论，一方面，新左派把美国变成了一个更加民主和平等的国家，另一方面，国内的贫富差距也不断增大。在八九十年代，对后工业资本主义大规模的调整，把财富集中到了人口上层的三分之一，尤其是最顶层的3%或2%，底层的三分之一则更加贫穷，中层的人们不得不付出加倍的努力来维持现状。在里根当权时期产生了一个全新的富豪阶层，而数百万个高薪的工厂职位却被“出口”到了海外，收入微薄的服务业工人——大多是移民者和妇女——地位则大大提高。许多丧失了高薪工作的工人阶级白人男性都和右派产生了共鸣，认为是黑人、移民者、女性主义者和同性恋者造成了他们的困境。这些“里根民主人士”、曾经的南方白人民主党的党员以及新兴的城郊保守中产阶级，成为了协助共和党占领大部分政府机构的选民群体。而民主党在有色人种和妇女(大约半数的白人女性支持民主党，而白人男性则绝大部分都是共和党员，这就是所谓的“性别沟”)中的支持率只出现了微弱的上升。和选举政治这场艰苦的僵局相比，许多地区的选民对政治的漠然更加值得

① 在就业和教育方面为妇女、黑人、少数民族等受歧视的社会人群提供均等机会。——译注

关注，合法选民参加投票的比例在 90 年代始终低于 50%。

权利的平等和财富的悬殊？民主的进步和对政治的漠然？这就是 60 年代后美国颠倒的后现代社会，关注旧日冷战美国的运动和意识形态也几乎没有什么结果。新左派及其政治上的后继者对种族主义、帝国主义和性别歧视提出了有力的批判，但对于这个极端原则化复杂化的世界，这个在全球商业资本控制下，给许多人带来了真正的生活丰裕，却加重了更多人的贫穷的世界，新左派不能给予合理的改变。比尔·克林顿是 90 年代的最终结果，他有着反战运动的政治根源，接受温和的女性主义和同性恋权利，大力提倡种族平等，支持机会均等行动——但同时也在利用共和党在国会的投票，来推行一个严格的"自由贸易"议程，这一议程的受益人，是跨国公司以及他在华尔街的支持者。

在 21 世纪早期，新左派的胜利仍然将"两个美国"禁锢在政治和文化的僵局中，而 80 年代出生的新一代已经无法相信，仅在几十年前，人们会由于肤色无法参加投票，由于性别无法得到工作，或者只是由于同性间的爱情而锒铛入狱。在这种意义上，新左派运动只是延续了一个传统——为民主而战，为美国独立时的宣言而战，为所有公民的平等，为他们天赋的生命、自由和幸福而战。这种斗争必将继续，只要美国民主的承诺尚未实现。